行動主義の心理学

Behaviorism

John B. Watson

J.B.ワトソン

安田一郎◉訳

ちとせプレス

一九三〇年版の献辞

スタンレー・レザー氏〔ウォルター・トンプソン広告会社社長〕に捧ぐ。産業と科学に対する氏の尽きることなき関心のおかげで、私は本書を著す機会にめぐまれた。

一九五九年版の献辞

『行動主義の心理学』のこの新版を、アメリカ心理学会会員に捧げる。同学会が、一九五七年九月二日、ニューヨークで著者につぎの感謝状を与えられたお礼として。

感謝状

ジョン・B・ワトソン博士に。

博士の業績は、現代心理学の形式と本質を決定した重要な因子の一つでした。博士は、心理思想に革命をひき起こされました。博士の著書は、その後の実りある研究の出発点になりました。

まえがき

一九一二年にはっきりとした形で提唱されてからこのかたの行動主義運動の歴史をふりかえってみると、ちょっと見ただけでは、なぜ行動主義がこのような嵐にたえずさらされなければならなかったかがわからないだろう。

私が一九一二年にコロンビア大学で行った講義と初期の著作で展開しようと努めた行動主義というものは、一つのことをなす試みであった。すなわち、多数の研究者が人間以下の動物の研究で多年の間有益だと信じてきたのと同一の種類の操作と同一の記述用語を、人間の実験的研究に応用することであった。そのときわれわれは、人間は行動のタイプという点でだけ、他の動物と違っている、と信じたのである。この確信は今でも変わらない。

私がこの確信を強制したために、波瀾が起こったのだと、思う。それは、ダーウィンの『種の起源』が出版されたときあらわれたのと同じ型の反抗を招いた。人間は、自分を他の動物と同じ綱に分類されたがらない。人間は、自分は動物だが、「プラスX」をもっているということを喜んで認める。問題を起こすのは、この「プラスX」である。この「プラスX」の中に、宗教、来世の生命、道徳、子供の愛、両親の愛、愛国心等々として分類されるあらゆるものが入っている。心理学者としてのあなたが、ずっと科学的でありたいなら、あなたが屠殺した牡ウシの行動を記述するのに用いたのとまったく同じことばで、人間の行動を記述しなければならないというちょっとこわい事実が、多くの内気な魂を行動主義から遠ざけたし、今も遠ざけているのだ。

この反抗は、私の同僚が主張したように、行動主義者がその発見と確信を提出した仕方のために起こったのではない。われわれは、広告屋のくせにとか、いかめしい学術雑誌よりもむしろ一般の刊行物に結論を発表したとか、他の人が心理学の分野になんにも貢献しなかったかのように書いているとか、ボルシェヴィーキとか、と非難された。これらはみな、行動主義がだれかの聖なるウシの蹄を踏んだこと、すなわち行動主義が既存の事物の秩序をおびやかしていることを示す感情的な批判である。行動主義を受け入れることは、確立された古い慣習を捨てることを意味するし、快適な内観心理学を捨てることを意味する。そして内観心理学というものは、人々の慣習と一致するか、一致しないときでも、非常にあいまいなことばを用いているので、読者がそれに反発してはいけないものなのだ。

この嵐の結果、何が起こったか。第一に、新しい文献——批判の文献——があらわれた。このうちのあるものは個人的なもので、悪口雑言でさえあった。私は批判に決して答えなかった。ただまれに、行動主義を弁護するために立ち上がった人がいた。どの行動主義者も実験結果と理論を提出するのに忙しかったので、批判に答える暇がなかった。私がこれらの批判的な文を振り返ってみると、われわれが批判に答える労をとったならば、われわれの科学は明瞭になったろうと思いたい。というのは、われわれの立場のひどい誤解と曲解が心理学の文献の中に入り込んだからである。

しかしこのような批判があらわれたのは、むしろ当然だった。年配の心理学者の多くは、設備のいい実験室と多数の内観心理学の刊行物をもっていた。ところが行動主義は新しい実験室と、講義用の新しい用語を必要とする状態だった。また教授の経済生活さえあきらかにおびやかされていた。さらに、内観心理学派の二、三の年配の指導者のもとで訓練された青年たちは、先生のために強い槍をもって立ち上がる義務があると感じていた。ローバックの『行動主義と心理学』（一九二三年）は、この古典的な例である。ついでに言うと、彼はその中で、騎士道のルールをすべて危うく破りそうになっている。

しかし行動主義は大っぴらに受け入れられなくても、その影響は誕生以来一八年の間に大きくなった。このことを納得するには、行動主義誕生前一五年と誕生後一五年から一八年の間の雑誌の目次と表題について比較することと、以前と以後に書かれた本を比較することが必要である。研究題目が行動主義的になったばかりでなく、言いあらわすことばが行動主義的になった。今日、どんな大学も行動主義の講義を除外することができない。その方法と仮説を受け入れている大学もあるし、批判の目的で表面上それを教えている大学もある。若い世代の学生は、行動主義への手引きを少なくとも要求しているというのが真相である。

この版を書き直すにあたって、私は莫大な時間と努力を費やした。私も出版社も、初版〔一九二四年版〕の形式とスタイルに満足していなかった。初版は、一連の講義を印刷して大急ぎで出版したものであった。この新版では、まず第一に、私は、講演者が聴衆を居眠りさせないようにするために用いるあらゆる手管を取り去って、本のスタイルを変えようと努めた。また私は、すべての講演者に共通な大げさな話の多くを取り除こうと努めた。私は完全に新しい材料――最近の文献からの新しい結果と、私の理論的見地の変更にもとづく新しい材料――を一〇〇ページほどつけ加えた。また私は、二五〜三〇ページの古くなった資料を削除した。とはいえ、一般的に言うと、私の見解は根本的には変わっていない。

私はジェンニングスの近著『人間性の生物学的基礎』(一九三〇年)に深い感銘をうけた。私は、遺伝子についての氏のすぐれた叙述を長々と引用したことについて、氏にとくにお礼を申し上げたい。さらに私は、初版とこの第二版について私に与えられた援助に対して、K・S・ラシュレー教授、H・M・ジョンソン博士、および私の会社の同僚ミス・アン・ユンカーに感謝を述べたい。

一九三〇年八月

ジョン・B・ワトソン

目次

＊訳注を〔　〕に示した。

第1章　行動主義とは何か

古い心理学と新しい心理学の比較

What is Behaviorism?

アメリカの心理学では、対立する二つの見方が今なお盛んに行われている。それは、内観心理学、つまり主観的心理学と、行動主義、つまり客観的心理学である。[1] 一九一二年に行動主義が登場するまで、内観心理学が、アメリカの大学の心理学を完全に支配していた。

二〇世紀の前半における内観心理学のすぐれた指導者は、コーネル大学のティチナーとハーヴァード大学のウィリアム・ジェームズであった。一九一〇年にジェームズが死に、ついで一九二七年にティチナーが死んだため、内観心理学は、精神上の指導者を失なった。ティチナーの心理学は多くの点でウィリアム・ジェームズのとは異なっていたが、その根本的な仮定は同じだった。まず第一に、両者はドイツの生まれだった。第二に——そしてもっと重要なことだが——両者は、心理学の主題は意識だ、と主張した。

行動主義は、これとは逆に、人間の心理学の主題は、人間の行動だ、と主張する。行動主義は、意識というものは、明確な概念でも、有益な概念でもない、と主張する。つねに実験家として訓練されている行動主義者は、さらに、意識というものがある、という信仰は、迷信と魔術のあの大昔に生まれたものだ、と主張する。

今日でさえ、大多数の人々は、野蛮状態からまだ一歩も前進していない。彼らは、魔術を信じたがっている。野蛮人は、呪文をかけると、雨が降ったり、豊作や豊猟がもたらされると信じ、ヴーズー教〔アメリカ南部と南インドの黒人の間に行われている宗教〕の敵意をもった医師が、個人や種族全体に災害をもたらすと信じ、敵があなたの爪の切り屑や髪の毛を一房手に入れると、あなたに有害なまじないをかけたり、あなたの行動を支配できると信じている。いつの時代にも、魔法は、人々の興味をよんだし、ニュースになった。ほとんどどの時代にも、新しい魔法――悪魔の力によるものにせよ、よい精によるものにせよ――と新しい魔法使いが存在していた。モーゼは自己の魔法をもっていた。すなわち、彼は、岩をこわして、水を湧き出させた。キリストは、自己の魔法をもっていた。すなわち、彼は、水をブドウ酒に変え、死者をよみがえらせた。クエ〔フランス、のちアメリカの催眠術師〕は魔術的なきまり文句〔「私は毎日毎日ますますよくなる」という句〕をもち、エディ夫人〔クリスチャン・サイエンスとよばれる宗派の創始者〕も、これに似たものをもっていた。

魔法は永久に生きる。時代が進むにつれて、批判的に消化されず、数かぎりなく語られたこれらの物語の多くは、人々の民間伝承に織りこまれて行った。そして今度は、民間伝承が組織化されて宗教になった。また宗教は、その国の政治的・経済的な網目に取り入れられた。そのとき、宗教は、道具として使われる。大衆は、老婆の話のすべてを受け入れざるをえない。そして人々は、それを真理として、自分の子供のそのまた子供にまで伝えた。

われわれが、どれほど野蛮時代の遺物を身につけているかは、ほとんど信じられないくらいである。われわれはだれ一人、それから免がれることができない。大学教育さえも、それを直せないように思われる。どちらかといえば、大学教育はそれを強化しているように思われる。というのは、大学自体にも、同じ遺物をもった教師がたくさんいるからである。わが国のいちばん偉い生物学者や物理学者や化学者の中にも、研究室の外では、宗教的な概念に結晶した民間伝承にたよっている人がいる。これらの概念は野蛮な過去の遺産だが、これは、科学的心理学の成立と発達を非常に妨げてきた。

このような概念の一例

このような宗教的な概念の一例は、どの人も、**肉体**から分離し、肉体とは区別される**魂**をもっている、という考えである。この魂は、実際には、神の一部分である。この古代の考え方から、「二元論」とよばれる哲学上の主張が生まれた。このドグマは、大昔から、人間の心理学に存在していた。これまで魂に触れた人はいなかったし、試験管の中でそれを見た人はいなかったし、また日常生活の他のものの場合のように、なんらかの方法でそれと関係をもった人は一人もいなかった。そのくせ、その存在を疑うと異端者になり、昔は、首をはねられることさえあった。今日でも、公の地位にいる人は、あえてそれに疑いをさしはさまない。

ルネッサンスとともに始まった物理学の発達とともに、魂という息がつまるようなこの雲からの解放が、いくらか行われた。魂ということばを入れないで、天文学、天体とその運動、重力等々のことを考えることができた人もいた。昔の科学者は、がいして信心深いキリスト教徒だったが、彼らは試験管の外に魂をおき始めた。

けれども、心理学と哲学は、非物質的な対象を取り扱っていると考えられていたので、教会のことばから逃れるのは困難だった。だから肉体とは異なった、精神とか、魂という概念は、ほとんど本質的には変えられないで、一九世紀の後半まで伝えられた。

実験心理学の真の父、ヴントは、一八七九年に、科学的な心理学を望んでいたことはたしかである。しかし彼は、いちばん顕著な型の二元論的な哲学のなかで成長したので、心身問題をきっぱり解決する自信がなかった。それで、彼の心理学——それは現在に至るまで最高の権威を振るっていた——は、折衷にならざるをえなかった。つまり彼は、魂ということばを、**意識**ということばにおきかえた。意識は魂とまったく同じく、観察できない。われわれは、突然それをのぞき、いわば気づかれないように、それをつかまえて、観察するのである（**内観**）。

ヴントには、たくさんの弟子がいた。ちょうど現在、フロイトのもとで精神分析を勉強するためにウィーンに行くのがはやっているように、四〇年まえには、ライプチヒ大学のヴントのもとで勉強するのが流行した。帰国した人々は、ジョーンズ・ホプキンス大学、ペンシルヴァニア大学、コロンビア大学、クラーク大学、コーネル大学に実験室をたてた。すべての人は、意識とよばれる（ほとんど音のように）つかまえどころのないものと戦いをする準備をした。

心理学のこの偉大な米独学派の背後にある主要な概念が、どんなに非科学的かを示すために、しばらくウィリアム・ジェームズの心理学の定義を見てみよう。すなわち、「心理学は意識状態自体の記述と説明である」と。つまり彼は、これから証明しようとしていることを仮定する定義から出発し、人による論証（argumentum ad hominem）〔たとえば彼は道徳家だから、彼の議論も正しいというように、相手の地位、職業、性格、主義を利用して、その議論を非難し、あるいは弁護すること〕によって、困難な点を避けている。意識——おお、そうだ、だれもかれも、この「意識」がなにかを知っているに違いない。われわれが赤という感覚、一つの知覚、一つの思考をもつとき、なにかをしようと思うとき、なにかをしようと決意するとき、あるいはなにかをしたいとき、われわれは意識している。

他の内観主義者もみな、これと同じく非論理的である。つまり彼らはみな、意識とは何かを教えてくれなくて、仮定によって意識の中へ物を入れるだけである。そして彼らが意識を分析したとき、彼らが意識の中に入れたものを意識の中で発見しても、それはあたりまえの話である。その結果、ある心理学者によってなされた意識の分析の中に、あなたは、**感覚**という要素や、感覚の幻影である**表象**のような要素を発見する。また他の心理学者の分析では、あなたは、感覚だけでなく、いわゆる**感情的な要素**を発見する。また別の心理学者の分析では、あなたは、**意志**のような要素——意識の中のいわゆる**欲求的な要素**——を発見する。ある心理学者の分析では、あなたは、ある型の何百という感覚を発見する。別の心理学者は、そういう型は、二、三しかない、と主張する。そして、こういうふうに進んで行く。実際、意識とよばれる触れることのできないもののごくわずかの分析のために、印刷された何千ページが出版された。それではどういうふうにして、その研究に着手するのか。化合物を分析するように分析するのでもないし、植物の生長の仕方を分析するように、分析するのでもない。いや、こういうものは、物質的なものだ。われわれが意識とよんでいるものは、内観——われわれの内で起こっているものをじっと見ること——によってのみ、分析されるのだ。

意識のようなものがあり、またそれは内観によって分析できる、という大前提の結果、個々の心理学者の数と同数の分析があることになる。そこには、実験的に心理学上の問題に取り組んで、それを解決する手段もないし、多数の方法を標準化する手段もない。

行動主義者の出現

一九一二年に、客観的心理学者、つまり行動主義者は、自分たちはもはやヴントの公式で研究するのに甘んじることはできない、という結論に到達した。彼らは、ヴントの研究室が設立されてから、三〇年も心理学が不毛だったのは、いわゆるドイツの内観心理学が間違った仮定の上に立っているという――宗教的な心身問題を含んでいる心理学は、決して実証可能な結論に到達できないという――決定的な証拠だ、と感じた。彼らは、心理学を断念するか、それとも心理学を自然科学たらしめよう、と決心した。彼らは、兄弟の科学である医学、化学、物理学が進歩しているのをまのあたりに見た。この分野における新発見はいずれも、非常に重要であった。一つの研究室で分離されたものは、他の研究室でも分離することができた。どの新しい要素も、すぐさま科学全体のたて糸、よこ糸としてとり入れられた。この例としては、無線電信、ラジウム、インシュリン〔膵臓ホルモン〕、サイロキシン〔甲状腺ホルモン〕を挙げるだけでも十分である。このようにして分離された要素や、このように公式化された方法は、人間の業績の中ですぐさま機能を果たし始めた。

心理学の主題と方法を各研究者について同一にする最初の努力として、行動主義者は、すべての中世的な概念を追い払って、彼らなりに、心理学の課題を公式であらわし始めた。彼らは、感覚、知覚、心像、欲望、目標、思考、および情動のようなあらゆる術語を、主観的に定義されているという理由で、彼らの学問上のことばから振るい落としてしまった。

行動主義者の綱領

行動主義者はこうたずねる。「われわれは、観察できるものを、なぜ心理学の真の分野にしないのか。われわれは、観察できるものに範囲をかぎって、これらのものだけについて、法則をたてようではないか」と。さて、われわれは、何を観察できるのか。われわれは、**行動**——生体がなし、あるいは言うこと——を観察できる。そこで直ちに、こう強調しよう。しゃべるということは、すること、すなわち行動することだと。人の目につくようにおおっぴらにしゃべること、あるいは自分自身にむかってしゃべること（つまり考えること）は、野球と同じく、客観的な行動の一つの型である。

行動主義者がもっている物差し、あるいは測量桿は、つねにこうである。すなわち、私が見ている行動のこの一片は、「刺激と反応」ということばで記述できるかと。ここで刺激というのは、一般の環境にあるなんらかのものか、あるいは動物の生理学的条件のために組織自体に起こる変化のことである。たとえば、動物に性活動をさせないでおくとき起こる変化、動物に餌を与えないでおくとき起こる変化、巣を作らせないようにしておくとき起こる変化のことである。一方、反応というのは、動物がすること、という意味である。たとえば、光のほうへ向きをかえること、光から遠ざかること、音のほうへ跳ぶこと、あるいは摩天楼を建設すること、設計図を書くこと、赤ん坊をもつこと、本を書くこと等々の高度に組織化された活動のことである。

行動主義者のいくつかの特殊な課題

そこで、行動主義者は、他の科学者のように研究していることが、おわかりになったろう。彼の唯一の目的は、行動についての事実を集め——データを実証し——それを論理と数学（あらゆる科学者の道具）にゆだねることである。彼は、新生児を実験保育園に連れて行き、つぎの課題をたて始める。この赤ん坊は今何をしているか。赤ん坊をこのように行動させている刺激は何かと。行動主義者は、ほほをくすぐる刺激が、刺激された側に口を曲げる反応を起こすのを発見する。乳首の刺激は、吸う反応をよび起こす。手のひらにおいた棒の刺激は、手を閉じさせる。この棒をもち上げると、手と腕でからだ全体をぶらさげる。目の前をすみやかに横切る影で赤ん坊を刺激しても、赤ん坊が生後六五日ぐらいにならないと、まばたきが起こらない。赤ん坊を、リンゴ、キャンデーの棒、あるいはその他のもので刺激しても、赤ん坊が生後一二〇日ぐらいにならないと、それに手を伸ばそうとしない。普通に育てられた赤ん坊は、どんな年齢でも、ヘビ、魚、暗闇、燃える紙、鳥、ネコ、イヌ、サルで刺激されたとき、われわれが、「恐れ」とよんでいる反応型（客観的にするために、われわれはそれを反応「X」とよんでも差し支えないが、この型は、息をひそめる、全身をこわばらせる、からだを刺激の源から遠ざける、走って逃げる、這って逃げることである。一七六ページ参照）を起こさないだろう。他方、恐れ反応をよび起こすちょうど二つのものがある。すなわち、大きな音と、支えのないこと、である。

さて、行動主義者は、保育園の外で育てられた子供の観察から、これらの何百というものが、恐れ反応をよび起こすのを発見する。したがって、つぎの科学的な疑問が起こる。生まれたときには、二つの刺激しか恐れを起こさないのに、どうしてこれらのすべての刺激が恐れを起こすようになるのかと。疑問が思弁的なものでないことに、どうか注意していただきたい。それは、実験によって答えることができる。そして実験は再現されうるし、またもとの観察が健全なら、他のすべての研究室で、同一のことが発見できる。簡単なテストをして、あなた自身これを納得してほしい。

もしあなたが、ヘビ、ネズミ、あるいはイヌをとり、これらを見たことがないか、あるいは別のものでおびえたことがない赤ん坊に見せたまえ。すると、赤ん坊は、これらの動物のこの部分やあの部分をつつきながら、それをいじる。これを一〇日間つづける。ついにあなたは、この子はいつもそのイヌの方へ行き、決してそれから逃げない（陽性反応）ことと、この子はイヌに決して恐れ反応を示さないことを、論理的に確信するだろう。これとは逆に、鉄の棒をとり、幼児の頭の後で、はげしく打ってみたまえ。すぐに恐れ反応が起こる。さてつぎのことをしてみよう。あなたが幼児に動物を示し、彼がそれに手を伸ばした瞬間に、彼の頭の後ろで、鉄の棒を叩く。この実験を、三、四回くり返す。新しく、重要な変化があらわれる。その動物は、今や、鉄の棒と同一の反応、すなわち恐れ反応をよび起こす。行動主義心理学では、これを、**条件情動反応**——**条件反射**の一形式——とよんでいる。

条件反射についてのわれわれの研究から、われわれは、イヌに対する子供の恐れを、意識とか、その他のいわゆる精神過程をもち出さないで、徹底的に自然科学の土台で、説明できるようになった。一匹のイヌが子供のほうへ急いでやってき、彼に跳びかかり、彼を押し倒し、同時に大声で吠える。このように結合した刺激が、イヌが赤ん坊の視野に入るとすぐ赤ん坊をイヌから逃走さすに必要なすべてであることが多い。

これ以外にも、たくさんの条件情動反応がある。たとえば、**愛情**と結びついた条件反応がある。母親が、子供を愛撫したり、ゆすったり、あるいはからだを洗うとき性器を刺激すると、その子は、だきついたり、ゴボゴボ言ったり、クックッ笑ったりする。これは無学習の原初反応である。やがて、この反応は、条件づけられる。すなわち、母親を見ただけでも、実際にからだを接触したときと同種の反応が起こる。**怒り**でも、これと似た事実が見られる。赤ん坊の動く手足をおさえつける刺激は、われわれが怒りとよんでいる無学習の原初反応をよび起こす。まもなく子供は、扱い方が下手な看護師を見ただけでも、発作を起こす。こうして、われわれは、情動反応というものははじめは、割に簡単なものだが、まもなく家庭生活がそれをおそろしく複雑にするということを発見する。

行動主義者は、大人についても課題をたてている。われわれは、どういう方法を系統的に使えば、大人を条件づけられるか。たとえば、彼に、仕事の習慣を教えるには、また科学上の習慣を教えるには、どういう方法を用いればいいか。手を使う習慣（技術と熟練）と喉頭の習慣（談話と思考の習慣）は、学習という仕事が完成しないうちに、形成されねばならないし、結び合わさっていなければならない。これらの仕事の習慣が形成されたのちに、彼の能率の水準を高く、そしてたえず上向きに保っておくためには、われわれは、変化する刺激のどういう体系で、彼を取り巻いたらいいか。

職業上の習慣のほかに、情動生活の問題がある。そのどれくらいが、子供時代からもちこされたのか。そのどういう部分が、その人の現在の適応と干渉するのか。どういうふうにして、われわれは、その中のこの部分を、その人からなくすことができるか。すなわち、無条件づけが必要なときには、どういうふうにして、彼を無条件づけし、条件づけが必要なときには、どういうふうにして、彼を条件づけるのか。実際、われわれは、形成しなければならない情動の習慣――もっといいことばを使えば、内臓の習慣（このことばの意味は、胃、腸、呼吸、および循環は条件づけられる。つまり習慣を形成する、ということである）――の量と種類についてほとんど知らない。われわれが知っているのは、それは多数形成されるということと、それらは重要だということだけである。

手を使う技術やことばを使う技術を欠いているとか、手を使ったり、ことばを使うのが下手くそだというためより、内臓の習慣が貧弱で、不完全なために、家庭生活やビジネス活動で浮き沈みする大人が、この世では多いようである。今日大きな組織における大問題の一つは、パーソナリティーの適応の問題である。会社に入る男女は、自分の仕事については非常に熟練しているが、他の人々とうまくやって行く方法を知らないため失敗している。

行動主義者のこの研究方法は、心理学の外に何を残すか

心理学の問題に対する行動主義者の研究方法をざっと見渡したのちに、人々は、つぎのようにいうくせがある。「うん、こういうやり方で人間の行動を研究するのは価値がある。だけど、行動の研究が、心理学のすべてじゃない。その他にたくさんのものが残っている。ぼくは、感覚、知覚、概念をもっていないのかね。ぼくは、ものを忘れたり、記憶したり、ものを想像したりしないのかね。ぼくが昔聞いたり、見たりした視覚像や聴覚像を、今もっていないのかね。ぼくが現実に見たことも、聞いたこともないことを、見たり聞いたりすることはできないのかね。ぼくが注意深かったり、不注意だったりできないのかね。実際にはよくあることだが、ぼくはあることをしようとすることもできないのではないかね。あるいは、し

ないようにすることもできないのでないかね。あるものは、ぼくに快感をよび起こし、他のものは不快感をよび起こさないのかね。行動主義っていうのは、ぼくたちが小さい子供のときから信じていたあらゆることを、ぼくたちから取り上げようとしているのだね」。あなたは、他の多くの人と同じく、内観心理学で教育されたので、あなたがこういう質問をするのはもっともだし、古い術語を追い払って、行動主義の術語で、あなたの精神生活を述べるのはむずかしいこともお気づきだろう。行動主義は、新しい酒である。だから、それは古い酒ぶくろに入りたくない。あなたが行動主義にもっと深く入られるまでは、さしずめ、あなたの自然の反抗心をなだめ、せいぜい行動主義の綱領を受け入れられるのが賢明である。あなたが行動主義とともに前進されたら、あとで、今あなたがいだかれた疑問が完全に満足の行く自然科学のやり方で答えられるのに気づかれるだろう。どうか急いで、つぎのことをつけ加えさせていただきたい。もし行動主義者が、あなたが使うくせのある、「主観的なことば」というのは、一体どういう意味なのか、と質問するなら、行動主義者はやがてあなたを、矛盾のため、ものも言えなくさすことができるだろう。じぶんは、それがどういう意味なのか知っていない、とかぶとを脱がすことさえできる。あなたは、社会的な因襲と、ことばの上の因襲から、それを無批判的に使っているのである。

行動主義を理解する手はじめは人々を観察することである

これが、行動主義の根本的な出発点である。しかしあなたはやがて、心理学を研究するいちばん容易で、いちばん自然な方法である自己観察をしないでは、それは不可能なことに気づかれるだろう。あなたは、自分自身については、いちばん基本的な反応型しか観察できない。しかしあなたがあなたの隣りの人がしていることを研究し始めるや、その人が行動している理由を述べたり、またその人をあなたの予想通りに振る舞わせるような状況を作る（刺激を提示する）のが、すぐにうまくなるのに気づかれるだろう。

行動主義の定義

定義というものは、今日では、昔ほど人気がない。ある科学、たとえば物理学の定義は、どうしても他の科学の定義を含んでしまう。そして行動主義の場合も、これと同じである。今のところ一つの科学を定義するにあたってわれわれがすることができることは、われわれがわれわれの科学として特別に主張した、自然科学全体の中の一部分のまわりを、ぐるっと取り巻くことだけである。

上に述べた前がきからすでにおわかりのように、行動主義は、人間の適応自体の分野全体を扱う自然科学である。そのいちばん親しい科学上の友人は、生理学である。実際、私たちが先に進むにつれて、行動主義は生理学と区別できるのか、とあなたはいぶかられるかもしれない。行動主義は、問題の組み合わせ方だけで生理学と異なっているが、原理、あるいは中心的な観点では、それと異なっていない。生理学は、動物の諸部分の働き——たとえば消化系、循環系、神経系、排泄系、神経、および筋肉反応の力学——に特別関心をもっている。これに対して、行動主義は、これらの諸部分の働きのすべてにはげしい関心をもっているとはいえ、真に関心があるのは、個体としての動物が、朝から晩まで、また晩から朝まで、しているることである。

行動主義者の関心は、人間の行うことに向けられているが、彼の関心は思弁家の関心以上である。行動主義者は、物理学者が自然現象を支配し、操作するように、人間の行動を支配したい。人間の活動を予言し、支配することは、行動主義心理学の仕事である。これを行うためには、実験的方法で、科学的なデータを集めなければならない。そのときはじめて、訓練された行動主義者は、この刺激を与えれば、どういう反応が起こるかを予言できるし、またその反応を告げれば、どういう状況、あるいは刺激がその反応をひき起こしたかをあてることができる。

そこで、しばらくの間刺激と反応という二つのことばをもっと近くで眺めてみよう。

刺激とは何か

もし私が突然あなたの目に強い光線をあてると、あなたの瞳孔は急に収縮する。もしあなたが坐っている部屋の光を突然さえぎるなら、瞳孔は散大し始めるだろう。もしピストルを突然あなたの後ろで発射するなら、あなたは跳び上り、見廻すだろう。もし硫化水素を突然あなたの居間に放出するなら、あなたは鼻をおさえ始め、おそらくその部屋を立ち去りさえするだろう。もし部屋を突然暖かくするなら、あなたは上着のボタンをはずし始めるだろうし、汗をかくだろう。もし部屋が寒くなるなら、別な反応が起こるだろう。

また、われわれのからだの内部には、刺激が作用を及ぼすことのできる同じく大きな領域がある。たとえば、晩餐のちょうどまえには、胃の筋肉は、食物がないために、律動的に収縮したり、拡張する。食物をたべるやこの収縮は止む。小さなバルーン〔風船〕を呑み、それに記録装置をつけると、食物が胃にない場合の胃の反応と、食物が胃にあるときには反応がないことを、たやすく記録できる。男性では、ともかく、ある液体〔精液〕の圧力が、性活動を起こす。女性では、ある化学物質の存在が、類似の方法でおそらく、あらわな性活動を起こすのだろう。腕、脚、胴の筋肉は、血液からやってくる刺激を受けるのみでなく、それ自身の反応によっても刺激される。すなわち、筋肉はたえず緊張している。この緊張の増加——ある運動をしているときがそうである——が一つの刺激になって、この刺激が、同一の筋肉、あるいはからだの遠い部分の筋肉に別の反応を起こす。この緊張の減少——筋肉が弛緩する場合がそうである——は、同じく、一つの刺激になる。

このように、生体はたえず刺激——目、耳、鼻、および口を通してやってくる——にさらされている。つまり、いわゆる環境の対象にさらされている。それと同時に、運動をしているときはからだの内部も組織自体の変化から生ずる刺激にさらされている。どうかあなたは、からだの内部は、からだの外とは異なっているとか、からだの外より神秘的だとか、いう考えをもたないで欲しい。

進化の過程を通して、人間は、目、耳、鼻、舌、皮膚、三半規管のような感覚器官[2]——特別の型の刺激がいちばん効果を与える分化した領域——を身につけた。この他に、筋肉系全体——横紋筋（腕、脚、および胴の大きな赤色筋）と平滑筋（胃、腸、血管の中空器官を作っている筋）——がある。このように、筋肉は反応器官であるだけでなく、感覚器官でもある。横紋筋と平滑筋の二つは、人間の行動で非常に大きな役割を演じていることが、先に行ってからおわかりになるだろう。われわれにいちばんなじみがあり、また個性的な反応は、平滑筋と内臓の中の組織の変化によって生じた刺激のために起こる。

訓練はどういうふうにして、刺激の種類を拡大するか

行動主義者が研究の対象としてとりあげる問題の一つは、個人が反応する刺激の種類はますます増加す

るという事実である。実際それはたいへん顕著なので、一目見ると、われわれが上にあげた公式、すなわち反応は予言できる、という公式を疑いたくなるほどである。もしあなたが、人間の成長と発達を見守るなら、非常に多数の刺激が新生児にある反応を起こすが、他の多くの刺激は反応を起こさないことに気づくだろう。ともかくそれらは、のちによび起こすのと同一の反応をよび起こさない。たとえばあなたが、生まれたばかりの赤ん坊に一本のクレヨン、一枚の紙、ベートーヴェンの交響曲の印刷された楽譜を見せても、うるところはない。

つまり、ある刺激が有効になるまえには、習慣が形成されていなければならない。あとで、われわれは普通は反応を起こさない刺激に、反応を起こさせる方法を述べよう。われわれがこれを記述するために用いている一般的なことばは、「条件づけ」である。条件反応については、第2章でもっとくわしく述べよう。

ある一定の反応が将来どうなるか、を予言する行動主義者の課題をたいへん困難なものにするのは、いちばん幼い子供時代の条件づけである。ウマを見ても普通、恐れ反応は起こらない。ところが三、四〇人の人の中にはウマの近くに行かないようにするため、ある区画《ブロック》を通る人が必ず一人はいる。行動主義を研究したところで、学生が、あなたを見て、このような事態が起こることを予言できないだろう。しかし行動主義者がそういう反応を見るなら、彼が、異常型の成人の反応をひき起こしたこの人の幼いころの経験にはどういう状況があったかを、おおよそ述べるのはいたってやさしい。われわれは、一般的にいって、隣りの人はこれから何をしようとしているか、を予言できるという理論に立脚して毎日を送っている。これ以外に、われわれが仲間とともにくらすことができる土台はないのだ。

行動主義者のいう反応とはどういう意味か

さきに、生体は、生まれてから死ぬまで、からだの外からの刺激と、からだ自体の内から起こる刺激にさらされている、と述べた。さて生体は、刺激にさらされているとき、何かをする。生体は反応し、運動する。反応は、器具を使わなければ観察できないほど、わずかかもしれない。反応は、ただ単に、呼吸の変化、血圧の増減だけに限られているかもしれない。しかしいちばんよく観察されるものは、全身の運動、腕、脚、胴の運動、あるいはすべての動く部分が結合した運動である。

いつもとはいえないが、普通生体がある刺激に対してなす反応によって、適応がもたらされる。適応ということばの意味は、刺激が反応をもはや起こさないように、生体が運動によって生理学的状態を変えることである。これは少しこみ入っているように聞こえるかもしれないが、例をあげれば明らかになるだろう。もし私が空腹なら、胃の収縮が始まり、私をあちこちに駆りたてる。この落ち着きのない探索運動のさい、私が木にリンゴを見つけるなら、私はすぐ木に登り、リンゴをとり、たべ始める。たべすぎると、胃の収縮は止む。リンゴは依然として私のまわりになっているが、私はそれをもがないし、たべない。今度は、冷い風が私を刺激する。私は、風が吹きつけないところまで、動いて行く。戸外で、私は穴を掘りさえするかもしれない。風から逃れると、それはもはや、私をさらに動かすように、刺激しない。性的興奮のさいには、男性は、言うことをきく女性をとりこにしようと、出掛けるかもしれない。ひとたび性的活動が完了するや、落ち着きのない探索運動は消滅する。女性はもはや男性を性活動へかりたてない。

行動主義者は、このように反応を強調するために、これまでよく批判された。行動主義者は、わずかの筋肉反応を記録することしか関心がない、と思っている心理学者がいるらしい。しかしこれほど、真理からへだたっているものはない。行動主義者は、第一に、全体としての人間の行動に関心をもっているのだ、ともう一度強調しよう。朝から晩まで、彼は、一人の人が日常の義務的な仕事を遂行しているのを、見守っている。もしその仕事が煉瓦積みなら、行動主義者は、その人が種々の条件下で積むことのできる煉瓦の数を勘定したいし、疲労のため休まないで何日ぐらいやって行くことができるか、仕事を学ぶのに何日ぐらいかかるか、彼の能率を改善できるかどうか、すなわちはるかに短い期間に同一の量の仕事を彼にさすことができるかどうか、を知りたい。いいかえると、行動主義者が関心をもっている反応というものは、「彼は何をしているのか、またなぜそうしているのか」という問いに対する常識的な答えである。たしかに以上が大まかな答えだが、これで以て、行動主義者の綱領を、行動主義者は単に筋肉生理学者だ、というふうにゆがめることはできない。

行動主義者は、どの有効刺激にも一つの反応があり、その反応はすぐに起こる、と主張する。有効刺激というのは、感覚器官から筋肉への感覚衝撃が通過するさい受ける正常の抵抗を克服するほどに強い刺激、という意味である。この点で、心理学者や精神分析学者がときどきあなたに言うことと混同してはいけない。もしあなたが彼らの書いていることを読むと、あなたは、刺激というものは、今日加えられると、その作用は、おそらく翌日、おそらく二、三カ月後、あるいは二、三年後にあらわれる、と信じるらしい。しかし行動主義者は、このような神話的な考えを信じない。なるほど私は、あなたに、「明日一時にレストラン・リッツでお待ち願えませんか。ご一しょに昼食をしましょう」と言語刺激を与えることができる。あなたはすぐ「承知しました。そちらにうかがいます」と返事をする。さて、それからのち、どういうことが起こるか。われわれは今のところ、こんなむずかしい問題に答えようとは思わない。しかし私はこういってよいだろう。われわれは、言語習慣のなかに一つの機制《メカニズム》をもっていて、この機制によって時々刻々この刺激は伝えられ、ついに最終の反応が起こる。つまり翌日の一時にレストラン・リッツに行くと。

反応の一般的な分類

反応の常識的な二つの分類は、「外部」反応と「内部」反応である。しかしこのことばより、「あらわな」反応と「かくれた」反応、ということばのほうがいいだろう。外部反応、あるいはあらわな反応というのは、人間が普通していることをいう。すなわち、かがんでテニスのボールをとる。手紙をかく。自動車の内に入り、運転し始める。地面に穴を掘る。坐って、講義を書く。女性とダンスをする。ある女性といちゃつく。ある女性に恋愛をする。われわれは、このようなことを観察するのに器具を必要としない。他方、からだの内部の筋肉系、あるいは腺系に完全にかぎられている反応がある。一人の子供、あるいは空腹な大人が、パイがたくさん飾ってあるショー・ウィンドーの前にじっと立っている。あなたは最初は、「彼は何もしていない」とか、「ちょうどパイを見ている」と、感歎の叫びを発するかもしれない。ところが、ある器具を使うと、唾液腺が分泌しているとか、胃が律動的に収縮したり、拡張しているとか、血液のいちじるしい変化が起こっているとか、内分泌腺が血液に物質を放出しているとか、いうことがわかるだろう。内部反応、あるいはかくれた反応は、観察しにくい。それは、この反応が外部反応、あるいはあらわな反応ともともと違うためでなくて、かくれていて目に見えないためにすぎない。

別の一般的な分類は、学習された反応と無学習の反応である。私はさきに、われわれが反応する刺激の種類はたえず増加している、ということを述べた。行動主義者はその研究から、大人がしていることの多くは、現実に学習されたものである、ということを発見した。しかしわれわれは、大人のしていることの多くは、本能的、すなわち「無学習」だ、と考える習慣がある。われわれは現在、ほとんど「本能」ということばを投げすてようとしている。それでも、われわれがしていることの中には、学習するには及ばないものがたくさんある。たとえば、汗をかくこと、呼吸をすること、心臓が拍動すること、消化すること、目を光源のほうへ向けること、瞳孔が収縮すること、大きな音が鳴ったとき、恐れ反応を示すこと等である。そこで第二の分類法として、「学習反応」をとり上げ、それに複雑な習慣のすべてと、条件反応のすべてを含ませよう。また「無学習反応」をとり上げよう。これは条件づけの過程や習慣形成が優勢になるまえのいちばん幼い赤ん坊のときに行うすべてのことである。

反応を分類する別の純論理的な方法は、反応の出発点になる感覚器官によって反応を命名することである。まず、視覚的無条件反応がある。たとえば、生まれたばかりの赤ん坊が光源のほうへ目を向けることがそれである。これとは逆に、視覚的学習反応は、たとえば、印刷された楽譜、言語に対する反応である。また運動感覚的[3]無学習反応がある。これは、たとえば、長い間ねじられていた腕の位置に、泣き声で幼児が反応する場合である。また運動感覚的学習反応がある。たとえば、暗がりで精巧なものを扱う場合とか、曲りくねった迷路を歩く場合である。また内臓的無学習反応がある。たとえば、生後三日に食物がないため胃の収縮が起こり、赤ん坊が泣き声を発する場合である。これと逆なものは、学習された条件反応、あるいは内臓の条件反応である。たとえば、パン屋のショー・ウィンドーのパイを見て、空腹な学校の生徒の口につばがたまる場合である。

刺激と反応について述べたことから、行動主義心理学では、どういう問題を研究しなければならないかがおわかりになったろうし、また行動主義心理学が、刺激を与えると、反応を予言できること――あるいは起こっている反応を見ると、その反応を起こしたのはどういう刺激かを述べることができること――を、なぜ目標としているかがおわかりになったろう。

行動主義は心理学的な問題を研究する上の方法論にすぎないか、それともそれは心理学の実際の一体系か

心理学が、「精神」とか、「意識」とかいうことばなしですますことができるなら、また実際そういうものが存在しているという客観的な証拠を心理学が発見することができないなら、今日精神とか意識とかいう概念のまわりに築かれている哲学や、いわゆる社会科学はどうなるのか。ほとんど毎日のように、行動主義者は、あるときは友情ある質問形式で、あるときはそんなに親切でなく、上に述べた質問を受ける。行動主義は、自己の存在を主張するため戦っているが、この問題に答えるのを恐れている。行動主義の主張は新しく、またその分野はあまりにも未開拓なので、後日哲学や社会科学に、「君たちも、君たちの前提をあらためて吟味しなければならない」と立ち上がっていうことができる、と考える余裕さえない。それゆえ、このように質問されたときの行動主義者の一つの答えは、つぎの通りである。「私は今のところこのような問題で自分をわずらわしたくない。行動主義は、現在のところ、心理学上の問題を解決しつつある満足すべき一つの方法だし、真に心理学上の問題に対する方法論的な研究方法《アプローチ》だ」と。今日、行動主義は堅固に守られている。それは、心理学上の問題を研究する道を発見したし、その結果えられた公式は、

ますます正当になりつつある。
行動主義は、一つの体系だ、というふりをちっとも見せないかもしれない。実際、あらゆる科学の分野における体系は、時代おくれになっている。われわれは、観察から事実を集める。ときどきわれわれは、一群の事実を選び、それについてある一般的な結論を引き出す。二、三年して、よりよい方法で新しい実験データが集められたときには、これらの試論的な一般的結論は修正されねばならない。どの科学の分野も——動物学も、生理学も、化学も、物理学も——多かれ少なかれ、流動状態にある。実験的方法、この方法によって事実を集めること、これらの事実が、ときに一つの理論、あるいは一つの仮説に統一され、試論になること、こういったことは科学における手続きである。この規準から判断すると、行動主義は真の自然科学ということができる。

注

（1）過去二、三〇年間に、多少目立っているが、一時的な、別の見方が二、三出現した。それは、デューイー、エンジェルおよびジャッドのいわゆる機能心理学と、ウェルトハイマー、コフカおよびケーラーのゲシュタルト心理学である。この二つの見方は、内観心理学の、いってみれば、私生児だと私は考えている。機能心理学が流行したのは（今日ではこの名を聞くことがめずらしくなったが）、生理学的に順応する精神機能をやかましく言ったためである。順応機能をもった精神は、調整する「守護神」のようなものだ。その背後の哲学は、バークレーの古き、よき哲学（相互作用、すなわち神による肉体の支配）の匂いがプンプンする。

一方ゲシュタルト心理学は、「布置反応」（真に先天的な！）を、声を大にして唱えている。心理学理論として、それは大躍進をとげることはできないだろう。それは、カントの構想力の扱い方（ゲシュタルト心理学はそれに少し似ている）と同じくあいまいである。その背後にある真理の中核は、ウィリアム・ジェームズが『心理学原理』の感覚と知覚の章で、もっとうまく、もっとはっきり述べたものである。これらの章は、ゲシュタルト心理学の後援者によって、都合のいいように読まれている。それはやはり内観心理学である。ついでにいうと、ゲシュタルト心理学を勉強する人にいささか副読本の役をするのは、ホッブハウスの『進化している精神』である。

（2）第3章で、感覚器官の構造とからだの残りの部分との一般的な関係を述べるつもりである。

（3）運動感覚というのは、筋肉感覚のことである。筋肉には、感覚神経終末枝が来ている。筋肉を動かすと、この感覚神経終末枝が刺激される。つまり筋肉自体の運動が、運動感覚、あるいは筋肉感覚に対する刺激になる。

第2章　人間の行動を研究する方法

問題、方法、テクニック、結果の見本

How to Study Human Behavior

心理学的問題の分析

人々はなぜ、今現に行っているように行動するのか――一行動主義者として研究している私は、どうすれば人々を昨日とは違ったふうに、今日行動さすことができるか。われわれは、訓練（条件づけ）によって、どの程度行動を変えることができるか。これらは、行動主義心理学の大きな課題のうちのいくつかである。これらの目標を達成するために、行動主義者は、他の科学者と同じく、観察しなければならない。

数種の異なったレベルの心理学的観察がある。毎日われわれは、わずかの行動をなにげなく観察している。われわれは行動を純化するため、実験に訴えない場合が多い。すなわちわれわれが隣りの人の日常生活について行っている観察では、器具を使った、統制《コントロール》されたテクニックの必要がない。

たとえば、統制されない簡単な観察をとりあげよう。一児の母親が椅子で眠っている。私は彼女に話しかける。しかし私の声は、反応を起こさない。私は、庭でイヌを静かに吠えさす。それも反応を起こさない。つぎに私は、彼女の子供の寝室に行き、子供を泣かす。たちまち母親は、椅子からとび起き子供の部屋に走って行く。

別の簡単な例。エアダール〔テリアの一種のイヌ〕が、私の足もとでねている。私が新聞紙をバサバサいわすと、何が起こるか。呼吸の変化が起こるだけだ。私が小さいノートを投げれば、何が起こるか。呼吸の変化が起こる。脈拍は速くなり、尾と脚のかすかな運動が起こる。私は、イヌにさわらないようにして立ち上がる。すぐにイヌはとび起き、今にもじゃれようとしたり、けんかをしようとしたり、たべようとする。

この二つの例では、私は、どうすれば一定の方向に被験者を行動さすことができるかを発見するために、刺激――被験者の環境にある対象――をあやつったのである。

人間は何十万年の間生存してきた。その間にわれわれは、いろいろな刺激が人間の行動にどういう作用を及ぼすかについて、たくさんの資料を集めるのに成功した。これらの資料の多くは、何回も何回もくり返された同一の事件を観察して――無批判的なのはたしかだが――集められたものである。われわれはこれらを集め、ある結論を引き出した。人間は、どういうやりかたで社会生活を営んでいるかについて、われわれのもっている資料の多くは、このようにして得られたものである。実験的な統制は欠けていた。これらの資料は――妥当なものにせよ、妥当でないものにせよ――われわれが社会についてもっている資料のすべてである。それは、他人の行動を「支配」する上のわれわれの指針になる。われわれは、従業員のサラリーをふやし、ボーナスをだし、彼らが結婚できるように月賦で住宅を提供する。そのほか、われわれは、浴場や運動場を作ってやる。われわれは、ある人が反応を起こすように、たえず刺激をあやつり、その人の前にこの刺激やあの刺激や、それらの組み合わせを見せびらかす。このときわれわれは、その人の起こす反応が、「進歩と調和し」、「望ましく」、「よい」ことを希望している（社会のいう「望ましい」、「よい」、「進歩と調和している」というのは、是認され、確立された物事の伝統的な秩序をかき乱さない反応、ということである）。

他方、常識的な観察者は、別の道を通って研究することもある。個体は何かをしている。つまり反応し、行動している。この観察者は、自分の方法を社会的に有効にするために、また別のときに（また別の人に）この反応を再現することができるように、この特別な反応をひき起こした状況が何かを決定しようとする。

実験的統制下の観察

これまでに述べた観察では、実験、あるいはテクニックの問題は入ってこなかった。その観察と結論は、科学的な正確さを欠いていた。そこでもっと複雑な行動――実験的な統制が入ったのちはじめて理解されうるような行動――をとり上げてみよう。混んだ講義室で、大勢の男女があくびをしたり、居眠りをしているのをみてみたまえ。なぜ彼らは眠くなったのか。講義がつまらないためか。それとも換気が悪いためか。昔の理論によると、これはこう説明された。すなわち、「混んだ部屋では、酸素は急速に消費される。このため、部屋の中の炭酸ガスは過剰になる。炭酸ガスは諸君には有毒である。炭酸ガスのために、諸君はあくびをしたり、眠くなったりする。もしその張力があまり高いと、諸君は死んでしまいさえする」と。しかし私がこの説明に満足しないで、実験を始めたとしよう。私は被験者をしめきった部屋に入れる。ついに炭酸ガスの張力が混んだ劇場よりも高くなる。被験者は眠くなる。つぎに私は部屋に新鮮な酸素を送る。やはり被験者は眠くなる。私が扇風機を廻し、空気を動かし、冷たくするだけで、ねむけはなくなってしまう。そこでわれわれは、こう結論する。からだの周囲――とくに皮膚と衣服の間の動かない空気が存在している空間――の熱が増加するために、あくびが出たり眠くなるのだ。炭酸ガスの張力の増加――それは事実であるが――は反応となんら関係がないと。科学的な方法は反応をひき起こす刺激を発見さすだけでなく、その刺激を除いたり、変えたりして、効果的に反応を支配する方法をも教えてくれる。

心理学的な問題と解決の一般的な性質

われわれは、すべての心理学的問題とその解決を、刺激と反応ということばに翻訳することができる。われわれは、刺激（もっと複雑には状況）に対してはS、反応に対してはR、という略号を使おう。そうすると心理学的な問題は、つぎのように図式で示すことができる。

与えられた		?（決定されるべき）
S	……………………	R
?（決定されるべき）		（与えられた）
S	……………………	R

そしてつぎのとき、問題は説明されたことになる。

決定された		?（決定されるべき）
S	……………………	R

刺激のとりかえ、すなわち刺激の条件づけ

われわれはこれまで、その方法を非常に簡単に述べた。私は、反応をよび起こすに必要な刺激を、一種の実体としてどこかに存在し、被験者に発見され、提示されるのを待っているだけだ、とあなたに信じさせた。また反応は、生体が適当に刺激されるやいなや、ひき起こされる準備のできている一定の種類のもの、あるいは実体であるかのようにお話しした。少し観察すると、われわれの公式は厳密でなく、変える必要のあることがわかる。ある刺激は、はじめ加えられたときには、なんらいちじるしい効果を及ぼさないか、あるいは確実になんら効果がないように見えるが、のちに効果を及ぼすようになることを、第1章の一四ページで述べた。これをわれわれの公式にもどって、説明しよう。つぎのような、既知の刺激と既知の反応で、すでに出来上がった（無学習）反応を例にとろう。

S ………………………………………………… R
電気ショック　　　　　　　　　手を引っ込める

さて、小さな赤い光という視覚刺激だけでは、なんらいちじるしい反応を起こさない（どういう反応が起こるかは、以前の条件づけ次第である）。しかしもし赤い光を示し、その直後か、その少し後に、被験者の手を電流で刺激し、この手続きを何回もくり返すと、赤い光を見せるとすぐ手を引っ込めるようになる。赤い光は今や代理刺激（substitute stimulus）になる。つまりこの道具だてで被験者を刺激するときはいつも、赤い光はRをひき起こすだろう。なにかが起こって、その結果こういう変化が生じたのである。われわれが指摘したようなこの変化は、条件づけとよばれる。つまり反応はずっと同じだが、それをよび起こす刺激

の数が増したのである。この新しい状態を示すために、われわれは（むしろ正確でないが）この刺激を「条件」刺激とよんで、この変化をあらわすことにしよう。そうはいうものの、われわれが条件刺激と条件反応を述べるときには、条件づけられたものは生体全体だ、ということを、どうか忘れないで欲しい。

条件刺激と反対のものは、無条件刺激である。出生後のある刺激は、一定の反応をよび起こす。無条件刺激の二、三の例はつぎの通りである。

S		R
光	………………	瞳を閉じる、目を動かす
膝の下の腱をたたく		脚を上に上げる（膝蓋腱反射）
口に酸を入れる		唾液の分泌
皮膚を刺したり、焼いたり、切る		からだを引っ込める、泣く、金切声を上げる

幼児についての観察から、無条件刺激は何千とあるが、条件刺激とくらべるとわりに少ないことがすぐにわかる。条件刺激の数は莫大である。教育のある人が組織的な方法で反応することのできる一万五千の単語――印刷されたものにせよ、書かれたものにせよ――のそれぞれは、条件刺激の一例とみなさなければならない。われわれの使う道具の一つ一つ、われわれが反応する一人一人の人、それらはよい例である。われわれが反応することのできる条件刺激と無条件刺激の全体の数は、勘定されたことがない。

刺激をとりかえること、つまり刺激の条件づけの重要性は、いくら過大評価しても評価しすぎることはない。それは、反応をよび起こすものの範囲をいちじるしく広げる。われわれが現在知っているかぎりでは（実際の実験的検証はないが）、ある標準反応をとり、それを別の刺激ととりかえることができる。

しばらく、われわれの一般的な公式にもどろう。

S ……………………………………… R

われわれがSを決定するときには、今やそれがU（無条件）刺激か、C（条件）刺激かをいわなければならないことはあきらかである。これは実験をするとわかる。上の例に示したように、実験をしてみると、生まれてから以後は、口に酸を入れると唾液が流れ出ることがわかる。これは、生得的な刺激、すなわち無条件刺激の例である。におっているる熱いサクランボのパイを見ると、唾液が流れ出るが、これは条件視覚刺激の例である。子供の泣き声を止ます母親の静かな足音は、条件聴覚刺激の例である。

反応のとりかえ

われわれは、反応をとりかえることができるか。つまり条件づけることができるか。実験によると、反応のとりかえ、つまり反応の条件づけという現象は、一生を通じて、どの動物でも起こる。昨日、二歳の子供は仔イヌをなで、愛称でよび、笑った。すなわち

S ……………………………………… R
イヌを見ること　　いじること、笑うこと

今日は同じイヌに、つぎの反応を示した。

S ……………………………………… R
イヌを見ること　　金切声をあげること、からだを引くこと

何かがあったのだ。昨日おそくこのイヌは、遊んでいるとき、子供にひどくかみついた。子供は怪我をし、血をだした。われわれは、つぎのことを知っている。

S　皮膚を切ること ……………………………… R　からだを引くこと
　　やけどをすること　　　　　　　　　　　　　　　金切声をあげること

いいかえると、イヌという視覚刺激は実際にはずっと同じだが、他の無条件刺激（皮膚を切ったり、ひっかくこと）に属する反応があらわれたのである[1]。

反応の条件づけは、刺激の条件づけと同じく重要である。それはさらに大きな社会的関係をもっている。われわれは一定不変の状況――われわれの家庭、かわいがったり、やさしく扱わなければならない両親、「理解のない」妻、逃れることのできない性的飢餓（たとえば病弱か、精神障害の、夫あるいは妻との結婚）、からだの奇形（永久的な劣等性）等々――によって取り固まれている。われわれが永久に変わらない刺激に対して現在なしている反応はしばしば失敗に終わり、適応上適切でなくなる。こういう反応はわれわれの体質をこわし、われわれを精神病質にするかもしれない。種々の反応は条件づけられるという事実――アドルフ・マイヤー（アメリカの精神医学者）はこれを「代理的」反応（substitutive reaction）とよんだ――は、われわれの世代ではないにしても、未来の世代に対する現実的な希望をわれわれに与えてくれる。この現象は、「昇華」とよばれることがある。条件づけられた活動、代理された活動、あるいは昇華された活動が、無条件活動と同じく、ずっと適応する上に適切かどうかは、生理学的にはまだ完全にわかっていない。精神分析家のいう「治癒」の多くが、永久に続かないことから判断すると、代理的反応というものは、ともかく性の分野では生体には適切でない、とわれわれは考えたくなってくる。

われわれはまったく新しい反応を作ることができるか

幼児期以後、脳に構造上新しい伝導路が作られないのはたしかである。神経の結合は、大部分は生まれたときに作られる。しかし無条件反応、つまり無学習反応の数は少ないから、大人はそれだけでやって行くことはできない。そうはいうものの、私は、簡単な無条件反応、つまり無学習反応、たとえば指や腕の運動、目の運動、趾や脚の運動――それらは訓練された観察者以外の人の目にとまらないが――が、何千とある、という事実に注意を向けたい。これらは組織化され、学習されたわれわれの反応を（あきらかに条件づけの過程によって）作り上げているに相違ない要素である。これらの簡単な、無条件的・発生学的な反応は、適当刺激が提示されると（社会はわれわれのためにそうしている）集まり、結びついて、複雑な条件反応、すなわち習慣――たとえば、テニス、剣術、靴作り、母親の反応、宗教的な反応等々――になる。こうして、これらの複雑な反応は、統合（integration）される。生体は、必要以上の単位反応を身につけて人生へ門出する。組織化された複雑な行為は多数あるように見えても、その莫大な資産のうちのごくわずかが利用されるにすぎない。

一つの刺激に対する、散漫とし、広い範囲にわたる無条件反応群が、限られた条件反応群（習慣）にかわる例として、白ネズミの話をしよう。この白ネズミは、四時間餌をやらないでおいた。私は、旧式な木のとめがねをあげると開く、針金でできた問題箱に餌を入れた。このネズミは、以前、このような状況にいたことがなかった。仮説によって、ネズミの最初の反応はすべて先天的なもので、無学習（この場合はもちろんそうではない）だと仮定してよい。ネズミはどうするか。ネズミはぐるぐる廻り、針金をかみ、網の目に鼻を突き出し、自分のほうにケーキを引っぱり、動く扉に脚をくっつけ、頭をもち上げ、箱のまわりをかぐ。課題を解決する上に必要な部分反応はいずれも、これまで何回も行われたものであることに注意してほしい。これらの部分反応は、無条件行為、あるいは無学習行為の演奏曲目《レパートリー》の中には存在している。それは、（1）扉のほうへ歩いて行ったり、走って行くこと、（2）頭をもち上げること（もしある点で頭をもち上げれば、掛け金がはずれるだろう）、（3）動く扉を脚で引くこと、（4）床に登り、餌の所まで行くこと、である。ネズミの示すたくさんの無条件反応のうち、必要なのは、以上の四つだけである。もし時間をかければ、ネズミはつねに偶然解決に達するだろう。しかし課題を効果的に解決するためには、これら四つの部分反応は、間隔をおかれ、タイミングよく行われなければならない。すなわち型（パターン）ができ、統合されていなければならない。完全に統合され、完全に型ができ、完全に条件づけが行われているときには、上の（1）（2）（3）（4）以外の反応は消失する。われわれは、この（1）（2）（3）（4）の反応を、新しい条件反応とよんでも間違いではないだろう。われわれは普通この過程を、**習慣形成**とよんでいる。

われわれの多くは、これまで習慣形成を研究してきた。そして少なくともそれについてよく知っているはずだと思っている。われわれは、それについての現存しているデータのすべてを知っているにしても、習慣が形成される方法について、人さまに主張できるような理論をたてることができなかった。内観主義者と行動主義者は、いわば en masse（一しょになって）、種々の問題——習慣形成の速さ、習慣の正確さ、習慣の永続性を助長する因子、習慣形成に及ぼす年齢の影響、二つ、あるいはそれ以上の習慣を同時に形成する効果、習慣の転移（transfer）等々——を解決するために研究してきた。しかしどんな実験家も実験的な課題をたて、実験データから習慣形成の指導的な理論をうちたてるまでにはいたっていない。

今日でさえ、一般に習慣形成とよばれているものと、刺激と反応の条件づけとの間の関係は、解決されていない。個人として私は、習慣形成には新しいものはほとんどないと考えているが、私はこの問題を簡単にしすぎているのかもしれない。われわれが、動物、あるいは人間を、赤い光の所へ行かせ、緑の光のところへ行かないように教えるとき、また正しい通路にとどまり、袋小路に入らないように教えるとき、また上に述べた問題箱をあけるように教えるとき、われわれは、条件反応を作っているだけだ――刺激はずっと変わらない――と考えている。われわれは、「新しい」反応、すなわち条件反応を作るために研究している。しかし、反応は、社会的、実験的に一定にしておかなければならないが、刺激をかえる必要があるときには――たとえば、ある人は、長い間ある女性に愛情反応を示しているが、この女性のほうは、彼からなにも望んでいないときのように（このため彼の生活構造全体は危険にさらされる）――刺激のとりかえ（精神分析家は、これを「転移」とよんでいる）の必要がある。もしとりかえがおこるなら、われわれは条件刺激の一例をもつわけである。

人間と動物界における習慣形成についてのわれわれの研究は、理論の指導を欠いているが、それは心理学にとって価値のあるたくさんの知見を与えてくれた。実際、「習慣形成」についての研究に従事することは、ごく最近条件反射法が導入されるまでは、心理学者の主要な任務であったということができる。この条件反射法は、問題全体をあらためて直視させ、実験計画全体をねり直させた。

「習慣形成」一般をより一そうくわしく話すのは、後の章まで延期し、ここでは「条件反射」によってなされた実験的研究だけを述べよう。この実験的研究の多くは、実際には刺激のとりかえと関係があるが、反応のとりかえとは関係がないことに注意して欲しい。反応のとりかえについてなされた実験的研究は、ごくわずかである。精神科医や分析家の実際的な仕事は、この性質をもっているものが多い。（条件づけによる）反応の制止は、これと同じく重要な第二の問題であるが、人間について集められた、それについての実験データはごくわずかである。

条件反射法・腺の反応における刺激のとりかえ

刺激のとりかえについての実験室における研究は、人間の分野より動物の分野で、一段と進歩した。イヌについての研究の二、三を振りかえってみることは、価値があるかもしれない。条件反射法の研究は、イヌで始まり、その方法の実験的な厳密さは、そこでもっともよく示すことができる。ロシアの生理学者パヴロフとその門下たちは、主にこの研究を行った(2)。

われわれが反応することができる組織には、二つの異なった組がある、ということをしばらく思い出して欲しい。それは、一、腺、二、筋肉（実際には二種の筋肉、平滑筋と内臓筋がある。一五ページ参照）である。

実験に普通選ばれる腺は、唾液腺である。パヴロフのもとの弟子、G・V・アンレップ博士によると、唾液腺は、簡単な器官で、からだの筋肉系のように複合器官ではない。それは、筋肉系よりもはるかにからだ全体から独立しており、腺の活動は、筋肉の活動よりも徐々に変化する。

われわれがさきに述べたように、唾液反応を起こす基本刺激、すなわち無条件刺激は、口に入れられた食物、あるいはすっぱい物質である。すなわち

S ………………………… R

目下の問題は、唾液の流出を起こさない別のある刺激をとり――実際それは、からだ全体の顕著な反応をイヌにおよび起こさないかもしれない――それに唾液反応を起こさせることだ。実験によると、視覚刺激、たとえば、色を塗った円板、幾何学的な図形、単純な音、純音、肉体の接触等々は、唾液反応を起こさないだろう。しかし、そのうちのどれかは、唾液反応を起こすことができる。まずイヌに簡単な手術をし、耳下腺の永久的な瘻《ろう》を作る。つまりこの腺からほほの表面に通ずる小さな孔を作り、この出口に小さい管をとりつける。今や、腺から出る唾液のしずくは、口へ入らないで、外部の管を通って流れ出る。この管は、腺から流れる滴数を自動的に記録する器械にとりつけられる。イヌは、実験者から隔離され、また観察者が統制《コントロール》できない聴覚、嗅覚、視覚刺激等から離される。条件刺激と無条件刺激は、動物室の外から、自動的に加えられる。動物は、潜望鏡で観察される。

われわれは、食物、あるいは酸を、われわれの自由になるなんらかの刺激にかえて、唾液反応を起こせるのを発見した。しかし、これは、食物、あるいは酸の刺激（U）を、この刺激（C）と同時に与えた場合の話である。実際、私は、U刺激のまえに、C刺激を与えてもよい。しかし、U刺激を最初に与えると、条件づけが起こらないのは明らかである。たとえば、クレストフニコフは一年の間、U刺激を最初に与え、その二、三秒後だけにC刺激を与えて、実験した。しかし、反応は起こらなかった。C刺激がU刺激に先行するときには、両方を結びつけて約二、三〇回与えると、条件づけが起こった。C刺激を与えてからU刺激を与え始めるまでの間隔は、二、三秒から、五分、あるいはそれ以上までさまざまである。

ある場合、接触刺激によって、唾液反応を起こさせたい、としよう。われわれは、この動物の左の股の一点を四秒間さすって刺激し、それから四、五秒休んでから、無条件刺激、肉粉とイヌ用のビスケット（U）を与える。われわれは一日四回、ないし一〇回刺激し、各刺激後に七分、ないし四、五分休んで、この手続きを約二カ月間続けた。この頃になると、刺激のとりかえは完成し、接触刺激（C）は、肉粉やイヌ用ビスケット（U）と同じ滴数の唾液を流出さす。

この簡単な操作によって、われわれは、一つの決定的な方法でイヌが反応できる刺激の範囲を拡大した。上の公式の代わりに、今やつぎの公式がえられる。すなわち

S……………………………………………R

肉粉とイヌ用ビスケットあるいは左の股に対する接触刺激　たとえば、三〇秒に六〇滴の唾液、一滴は、〇・〇一C・C

これは、完全な刺激のとりかえの一例である。条件刺激につづく反応の大きさは、無条件刺激によって起こされたものと——実験誤差の範囲内で——同一である。

この簡単な操作によって、われわれは、動物が反応できる刺激の全系列をしらべることができる。たとえば、われわれが、ある波長の光で唾液反応を起こすように、ある動物を条件づけたとしよう。それを条件づけてから、つぎにわれわれは、人間の目に効果のある波長よりも短い波長の光に、この動物が感じるか、どうかをしらべよう。われわれは、スペクトルの中の緑の光から始め、徐々に刺激光の波長を増す。ついに反応はなくなる。これは、長い波長の側の動物の限界を教えてくれる。再びわれわれは、緑の光に対する反応を作る。それから徐々に波長を短くする。ついに反応はなくなる。これは、短い波長の側の限界である。われわれは、これと同じようにして、聴覚についても研究できる。ある研究者たちは、イヌは、

人間よりもはるかに高い音の大きさに反応することを発見した。しかし人間とイヌは、同一の条件下で検査されなかった。

分化的腺反応

少し違った操作で、いわゆる**分化反応**を作ることができる。たとえば、イヌをある音Aに条件づけ、ついに音Aが、肉粉と同じく唾液反応を起こしたとしよう。他の音Bは、最初唾液反応をひき起こすだろう（拡延）。イヌがBには反応しなくて、Aにだけ反応するように、イヌの反応系をかえたり、作ったりすることができるか。音の大きさの差に反応するイヌの能力の範囲内ではできる（しかし、それはいくらか疑わしい）。アンレップは、音の大きさのごくわずかの差に対する分化反応がある、と主張している。一方ジョンソンは、別の方法を使って、音の大きさに対する分化反応がないことを発見した。たとえば音響刺激に対する分化反応を研究するとき、われわれは、刺激Aが鳴るたびに毎回餌を与え、Bが鳴るときには餌を与えないようにして、刺激Aをもっと厳密に「固定」させる、あるいは限定しつづける。すると、Aは唾液の完全な分泌をよび起こすが、Bはちっとも分泌を起こさなくなる。

この方法は、あらゆる感覚分野で同じように使うことができる。ここでわれわれは、どうしてイヌは、正確に音に反応できるのか、波長や、においを弁別できるのか、という疑問に答えることができる。

イヌにおける唾液反応の研究をもとにして、アンレップがまとめた一般的な事実のうちのいくつかを、つぎに挙げよう。

（1）すべての他の習慣のように、条件反応は、多かれ少かれ、一時的で不安定である。ある期間練習しないと、条件反応は働かなくなり、崩壊する。しかしそれは再び、すぐに作り上げられる。唾液反射について、あるイヌは、二年後検査された。条件反射は存在していたが、変化がなくはなかった。しかし一度強化すると、それは完全に一新された。

（2）代理刺激は固定され、特異的（specific）になる。だからこの組のどんな他の刺激も、反射をよび起こさない。もしそのイヌをメトロノームに条件づけるなら、どんな他の音も反応をよび起こさない。

（3）反応の大きさは、刺激の大きさに左右される。刺激が増すと、反応は増す。さらに連続的な刺激——たとえば騒音、楽音——を中断すると、それは刺激を強めるのと同一の作用がある。すなわち、反応の大きさが増す。

（4）顕著な加重効果がある。もしイヌを音と色に別々に条件づけると、二つの刺激を同時に与えたときには、唾液の滴数がいちじるしく増加する。

（5）条件反応は「消去」される（パヴロフは、条件反射は永久に消去されない、と主張している）。すなわち練習しないと、条件反応は消えてしまう。またそれは、非常に早く刺激をくり返すと消えてしまう。「疲労」が消去の原因ではない。すなわち、音と色に別々に条件づけられたイヌの場合、視覚刺激が消去されても、聴覚刺激は、全力をふるって反応をよび起こすからである。

人間の唾液反応における刺激のとりかえ

イヌの唾液反応を研究するには、簡単な手術をしなければならないことを、三七ページで述べた。これはもちろん、人間では（事故の場合を除いて）行えない。しかし、K・S・ラシュレー博士は、同じ目的を

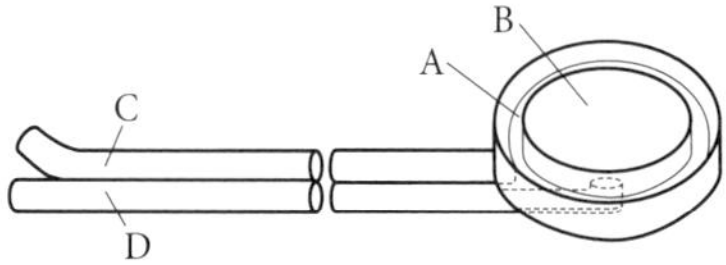

第1図　耳下腺から唾液を集めるラシュレーの装置。円形部分の直径は18ミリ（1円アルミ貨よりやや小さい）で，二つの部屋からなり，Bは直径10ミリ，深さ3ミリ，Aは幅2ミリ，深さ3ミリである。Bを耳下腺開口部にあて，Aを真空にして，ほほの粘膜に密着させる。Cの長さは15センチ。（ワトソン『行動主義者の見地から見た心理学』1919年より）

達する簡単な器具を完成した（第1図）。それは、銀の円板でできてい、直径は五セント貨幣大、厚さは八分の一インチで、片面に溝が掘られ、二つの連絡しない部屋をなしている。各部屋には、小さい銀の管がついていて、外に出ている。中央の部屋は、ほほの内面の腺の開口部にあてられる。この部屋から出ている管は、唾液を口の外の記録装置へ導く。他の部屋から出ている管は、小さな吸引器につながり、この部屋を部分的に真空にする。これは、ほほの内面に、円板全体をしっかりくっつける上に役立つ。唾液計（sialometer）とよばれるこの装置全体は、私の話から想像されるよりも、もっと快適で、それを入れてたべることも、眠ることもできる。

イヌと同じく人間でも、食物、あるいは酸（U）は、唾液反応を起こす。すなわち

S …………………… R
食物、酸　　唾液の分泌

人間でも、イヌでも、刺激をとりかえることができる。ピペットという視覚刺激は、最初は唾液を流出させない。しかし、被験者は、あなたがピペットを酸の溶液に漬け、この酸を自分の舌にあてる有様を見守っていると、ピペットを見ただけでも、まもなく唾液が流れるようになる。すると、つぎのようになる。

S ……………………………… R
食物、酸、あるいはピペットを見ること　　唾液の流出

われわれはこうして、被験者を条件づけた。ここでもまたわれわれは、人間で唾液反応を起こす刺激の範囲を拡大したのである。

人間の唾液腺の条件づけは、一生を通じて、大規模に行われている。おいしいご馳走を見ると、大人でも、子供でも、口に唾がたまるのは、そのよい例である。実験的研究をしないと、これらの条件反応は観察できない。「観念の連合」などは問題にならない――被験者は、「それについて内観」できない。彼は、条件反応が存在しているか、どうかを言うことさえできない。私は、この腺がいわゆる「随意的な」支配下にない――すなわち、唾液を分泌し「ようとする」こともできないし、分泌をとめ「ようとする」こともできない――という事実にあなたの注意を向けてもよいだろう。

別の腺は条件づけることができるか

パヴロフとその門下の研究から、胃の腺やその他の内臓の腺も、唾液腺と同じく条件づけることができる、ということが確実にあきらかになった。別の研究者は、人間でこのような腺も条件づけることができることを示した。他の腺での刺激のとりかえについての実験的研究は知られていないが、われわれは、排尿や男性におけるオーガズムを条件づけることができると信ずる理由がある。しかしここでは、筋肉の条件づけを取り扱おう（四三ページ）。

実験しやすい、別の導管のある腺は、涙腺である（しかし私が知っているかぎりは、まだ実験はなされていない）。

赤ん坊、劇場の固定的なファン、犯罪人、および仮病を使っている患者の涙は、条件づけのよい例だろう。皮膚の腺も、興味のある実験を行える可能性がある。

甲状腺、副腎、松果腺等のような導管のない腺〔内分泌腺〕を、条件づけることができるかどうかは、わかっていない。しかし情動反応は条件づけることができる――そして情動反応は、からだ全体と関係がある。もしそうなら、導管のない腺も、右にならわなければならないし、それ自身の役割を演じなければならないだろう。われわれはそういうことがあるという、たくさんの証拠をもっている。条件情動反応では、副腎や甲状腺は明らかにその機能のリズムをかえるのである。

横紋筋と平滑筋の運動反応における刺激のとりかえ。横紋筋の反応

別のロシアの生理学者ベヒテレフと彼の門下は、腕、脚、胴、指の横紋筋反応をよび起こす刺激は、同じくとりかえることができるということを示した。無条件刺激で無条件反応を起こすいちばん簡単な方法の一つは、切る刺激、打つ刺激を使うことである。電気ショックは、便利な刺激である。われわれの公式は、本来はつぎの通りである。

S ………………………………………… R

切ること、打つこと、焼くこと、電気ショック　腕、脚、指を引っこめること

足を電気の格子の上におくと、電流が流れるたびに、足は痙攣する。われわれは、脚、あるいは足の痙攣を、すすを塗ったドラム（缶）に記録することができる。われわれはまた、電気ショックを与えるたびに記録することができる。

上に述べたように、普通の視覚および聴覚の対象は、このように足を反射的に突然引っこめさせない。またたとえば普通の電気ブザーの音もそうである。しかし被験者を、ブザーと電気的・触覚的刺激を組にして、二四回ないし三〇回（ある被験者では、それ以上）刺激すると、ブザーだけ鳴らすと、足を引っこめるようになる。ここで再びわれわれは、この反応を起こす刺激の範囲を拡大したことになる。今やわれわれの公式はこうなる。すなわち

S ………………………………… R
電気ショック、あるいはブザー　足を引っこめる

H・ケーソンは、刺激のとりかえはまばたき反射でも起こることを示した。無学習反応、あるいは無条件反応の公式は、つぎの通りである。

S ………………………………… R
（1）明るい光　すばやいまばたき（人間の反応のうちでいちばん早いものの一つ）
（2）目の方へ物体を急いで近づけること
（3）角膜あるいは結膜の刺激
（4）まぶた自体の損傷（切ること、電気ショック）

電信の音響器の音、あるいは継電器のかすかなカチッという音は、まばたき反射を起こさないだろう。しかし電信の音響器、あるいは継電器が鳴ったときにちょうど、まぶたを電気で刺激すると、とりかえがすぐに起こる。おきかえられた刺激は、無条件刺激よりも早くまばたきを起こすのは、興味深いことである。

この方法は、人間の構造を理解する上に、非常に役立つ。[3] ここでもまた、腺の分野と同じく、ある特別

な刺激だけが反応をよび起こすように、一定の刺激――たとえば、楽音、騒音、視覚刺激、においーーを「固定」さすことができる。さきに述べたように、まどろんでいる母親のまわりに起こる何千という音は、子供のところへ走る反応をよび起こさないが、子供自身をつついたり、グズグズ言わせさえすれば、彼女は必ずとび起きる。聴覚刺激――たとえば中央C〔毎秒の振動数二五六〕――は強く固定されるので、一オクターヴ高い音や低い音はその反応をよび起こさない。

平滑筋の反応

平滑筋組織の条件づけについては、たくさんの研究がなされた。胃の輪状の平滑筋は、胃に食物がなくなるとリズミカルな収縮を始める。このいわゆる飢餓収縮は、われわれが知っているいちばん強力な、全身に対する刺激である。すなわちそれは普通、探索反応とよばれる全身の反応をよび起こす。食物を手に入れ、たべると、収縮は止む。食物は、これらの反応のリズムを完全にかえることができるし、またこのリズムをわれわれの規則的な食事の時間に完全に合わせることができる。たとえば、三時間ごとに哺乳されている栄養のいい赤ん坊は、三時間の間隔の終わりにすぐに目をさまし、騒ぎ、泣き始める。間隔を四時間にすると、二、三日ののちに、赤ん坊は四時間の終わりにすぐに目をさますようになる。

この分野でなされた実験的研究の中でいちばん興味のあるものは、瞳孔反射についてなされたケーソンの研究である。目には二組の平滑筋線維がある。放射状の組〔瞳孔散大筋〕が収縮すると、瞳孔は散大する。輪状の組、すなわち括約筋〔瞳孔括約筋〕が収縮すると、瞳孔は小さくなる。したがって無条件反応の式はつぎのようになる。

（U）S　……………………………………　（U）R
光の強さの増加　　　　　　　　　　瞳孔が閉じる（縮瞳）
光の強さの減少　　　　　　　　　　瞳孔が開く（散瞳）

種々の他の反応と同じく、ここでも刺激をとりかえることができる。網膜におちる光の強さを増減さすと同時に、被験者を電鈴やブザーで刺激すると、ついには被験者は条件づけられ、音響刺激だけで散瞳や縮瞳を起こすようになる。

全身反応の分野におけるとりかえ（条件情動反応）

私は第7章で、「恐れ」、「怒り」、「愛」という全身反応を起こすある無条件刺激は、上に学んだ簡単な反射の分野と同じく、とりかえることができる、ということを示す実験について述べるつもりである。これで、情動（実際には、内臓）反応をよび起こす刺激がどんどんふえることが説明されるだろう。この実験的研究は、ジェームズの情動理論のような理論をきっと追い払うことだろう。

刺激のとりかえについての実験の要約

この要約では、人間のからだを条件づける方法を、二、三の一般的なことばで描く以上のことはできない。強調したい主要な点は、実際にはからだのどの反応器官も条件づけができ、またこの条件づけは、大人の一生を通じて行われているだけでなく、生まれおちた瞬間から（おそらくは生まれるまえから）毎日行われている、ということである。この体制の多くは、ことばで言いあらわせる水準以下で行われている。実際、腺や平滑筋組織は、いわゆる随意的な反応系に属していない。われわれのからだは、一種類の刺激、あるいは別の種類の刺激のとりかえで貫かれているが、この刺激のとりかえについては、行動主義者が徹底的に研究して教えてくれるまでは、われわれは何も知らなかったのである。

からだの条件づけというこの分野は、完全に内観主義者のなわばり外である。内観主義では、このような反応に取り組むことはできない。これが、内観というものは、よくても非常にお粗末で、不完全な種類の心理学しか生むことができない、第二の証明である。あとで私は、「内観」というものは、起こっているあいまいな肉体の反応について報告することの別名にすぎない、ということを示すつもりである。それは、決して真の心理学的な方法ではない。

とくに情動面における身体的な態度を作る上に、幼いときの条件づけが重要なことは、ほとんど想像もつかないほどである。大人では「新しい」刺激は必ずこの痕跡的な体制をよびさます。これを研究すると、行動主義者が本能という概念を離れて成長した理由と、本能ということばを（条件づけられた）肉体的なかまえや態度にかえた理由がわかるだろう。

他の実験的方法

たった一章では、われわれは、種々の方法——心理学的研究で用いられている価値のある客観的方法さえも——の名前をあげることさえ望めない。ここでは、二、三の方法を述べ、その数をおしはかってもらおう。方法の多くは、学習と把持を中心としている。薬物、飢え、渇き、不眠の影響を研究する方法。学習が完成したのちに行為の遂行に影響を与える条件を研究する方法。情動反応を研究する方法。たとえば種々の形の自由言語反応、および統制された言語反応。情動反応の電流計的な研究。飢えと性的刺激の相対的な強さを研究する方法（ジョージ・ワシントン大学のモスの研究、コーネル大学のワーデンとその門下の研究を見られたい）。動物の感覚器官や脳を除去して、感覚器官の役割を決定したり、神経系の種々の役割を決定する方法[4]（この分野の人間についての研究では、被験者を用意するには、偶然〈頭部外傷〉を期待しなければならない）。

行動主義的な方法としてのいわゆる「メンタル」・テスト

過去二五年の間に、とくにこの国では、いわゆるメンタル・テストがたくさん作られた。あるときには、心理学はテスト狂いになったかのような印象を与えた。たくさんのテストは、キノコのようにむくむく大きくなり、二、三日の間だけ栄え、それからつぎの実験者によって改訂された。近年、たくさんのテストはだんだんと捨てさられた。一方、二、三のものだけが徐々に発達し、標準化された。

これらのテストを作るにあたって、何十万の子供や大人が用いられた。人々は、これらのテスト製作者の忍耐と勤勉をほめたたえるだけだ。すべてのテストの背後にある主要な目的は、アチーヴメントの水準や年齢等によって、個人の集まりを分類する物差しを見つけることであり、欠陥、特殊な能力、種族差や男女差を発見することである。

テストについては、どちらかといえばむしろ広い二つの考えが生まれている。すなわち、（1）「一般」知能のようなものがある、（2）「生得的」な能力と後天的な能力の区別ができるようなテストがある、と主張されている。しかし行動主義者にとっては、テストというものは、人間の遂行能力の等級づけをし、選抜するための道具――今のところまったく不満足なものだが――にすぎない。

社会的実験

社会的な実験のさいには、つぎの二つの一般的な操作があることが一目でわかる。(1)「もしわれわれが社会的状況にこれこれの変化をひき起こすと、どういうことが起こるか。われわれは、よりよくなる、という確信がない。しかし何かは、今よりもよくなるだろう。じゃ、変化をひき起こそう」という疑問に答えることである。普通、社会的状況が我慢できないものになると、私がここで述べたようなことばにならないで、われわれはやみくもに行為に突進する。

われわれは、第二の操作を述べよう。(2)「われわれは、この個人、あるいはこの個人の集団に何かをさせたい。しかしわれわれは、彼にそれをさすには、状況をどう変えたらいいかわからない」。ここで操作は前のとはいくらか違っている。社会は試行錯誤によって、やみくもに実験する。しかしめざす反応は決まっており、是認されている。刺激をあやつるのは、一般に起こることを見るためではなく、特殊な作用をひき起こすためである。あなたは、上の二つの操作の型の違いが、おわかりにならないかもしれない。しかし、二、三の例をあげれば、それがあきらかになるだろう。第一に、社会的実験は、現在非常に速い速度で——安穏で、因襲的な魂にとっては驚くべき速い速度で——進行していることを、われわれはみな認めなければならない。(1)に入る社会的実験の例として、戦争がある。一国民が戦争に突入するとき、その国民の反応にどういう変化がひき起こされるか、だれも予言できない。それは、子供が我慢強く、苦労して建てた積木の家を打ちこわす実験と同じく、刺激をやみくもにあやつることである。

禁酒法〔酒の製造、販売、輸入を禁止するアメリカの法律。一九一九年発効し一九三三年廃止〕というものは、ある状況を行きあたりばったりに変えることにすぎなかった。酒場は、社会が非難している一連の行為をもたらした。地域社会の因襲的な人々は、どういうことが起こるか合理的な予言を下すことができないくせに、修正憲法第一八条を可決して、新しい状況を作った。なるほど彼らはこれによってある結果――飲酒の追放、収容所の減少、婚外性交の減少等――が起こることを期待した[5]。しかし人間性を研究している学者、あるいは地理学者さえも、どういうことが起こるかは予言できなかった。しかしこういう結果が生じないことは予言できた。その結果は、小さな町を除いて、これらの期待に反したのはもちろんである。たしかに、大都市や大都市の周辺では（そこでは、法律による取り締まりははるかに効果がなく、世論は取り締まりの要因にならなかった）、刑務所は、今日では昔よりももっと混雑している（この本の出版されたときには、禁酒法は存在していた）。犯罪、とくに殺人罪は特別蔓延している。殺人罪は、生命保険会社の関心をよび起こし始めている。一九二四年に、ある会社は、殺人だけのために、七五万ドルを失った。それからまた、何千の市民が、ラムの密輸入に従事しているとき撃たれたり、アルコール中毒のために死んだ。こういうことがあるにもかかわらず、禁酒法はふみにじられた。この一つの法律を破るのに成功すると、法律に対する恐れがなくなった。あるタブーを破っても罰せられないと、医師の特別のタブーもその支配力を失うだけでなく、ある特別な医師のすべてのタブーも無効になる傾向がある。未開社会で起こっていることが、今日起こっている。たしかにあらゆる法律は尊厳がなくなった。

　ロシアにおける独裁主義の崩壊と、ソビエト政府の成立は、状況をやみくもにあやつる第二の例である。敵も味方も、行動にどういう変化が起こるか予言できなかった。この変化は、ロシアを社会的にも、産業的にも、孤立した国民にし、ロシア国民の知的、および科学上の進歩を何年も後退させた、というのが真相だった。たいして苦労せずに、われわれは、この問題のいくつかを、われわれの一般的な図式で公式化できる。

与えられた刺激	予言できないほど複雑な反応――結果
S	R
独裁の崩壊、ソビエト政府の成立	?
戦争	?
禁酒法	?
離婚の容易なこと	?
結婚しないこと	?
子供を両親なしで育てること	?
生理学的な倫理を宗教の代わりにすること	?
富の平等	?
世襲財産の排除	?

この型の社会的実験では、社会が突然入り込んでくることが多い。すなわち社会は、小規模の実験によって、手さぐりで進まない。つまり、社会は、決定的な実験計画を目のまえにたてない。その行動はモッブのようになる――これは、集団を構成している個人が子供のような行動にたよるという意味である――ことが多い。

同じく、社会的実験は前の（2）に進む。ここでは、反応はすでにわかっており、社会から是認されている。結婚、未婚者の禁欲、教会に行くこと、十戒に要求されている積極的な行為等々は、このような是認された反応の実例である。実際、あらゆる儀礼とタブーの体系は、この図式に入る。

S……………………R

？……………………現代の財政的圧力下の結婚

？……………………社会的な取り締まりがむずかしい大都市における禁欲

？……………………教会へ行くこと

？……………………正直

？……………………職業上の熟練をすみやかに習得すること

？……………………品行方正

われわれの実験は、刺激を正しく組み合せて、その結果ある反応が起こるまで、一組の刺激を他の組の刺激のあとに、つぎつぎに示すことから成っている。これらの状況を作るにあたって、社会は人間以下の動物に対するように、やみくもに、行きあたりばったりに、働くことが多い。実際、人が過去二千年の間の社会的実験一般の特徴を挙げるなら、人は、それは軽率で、小児的で、無計画だと言わなければならないだろう。たとえ計画的であっても、それは社会科学者——そういうものが存在していたと仮定すると——の指導のもとになされたというよりも、ある国民、ある政治集団、ある党派、あるいはある個人の利益をめざしていた、と言わなければならない。ギリシア史のある時期を除いては、教育のある支配階級さえなかった。今日わが国は、職業政治家によって支配されていようと、労働運動家によって支配されていようと、宗教的な迫害者によって支配されていようと、史上最悪の犯罪者の一人である。

私は、行動主義心理学は、その課題を発生的にとり上げ、簡単なものから複雑なものへ進みながら、刺激に引きつづいて起こった反応と、ある反応をよび起こした刺激について、たくさんの知見を蓄積したということと、行動主義心理学は、社会に対しはかり知れない利益があることが立証されたということに、注意を向けたのである。行動主義が社会組織と社会統制の基礎だと信じている行動主義者は、社会学がこの原理を受け入れ、もっと具体的な方法でそれ自身の問題に取り組むことを希望している。

われわれは常識的な観察から何を学ぶことができるか

これまでわれわれは、技術的方法について話してきた。われわれは、人々を見ただけで、個人に役立つ常識心理学をたてることができないだろうか。答えはイエスである。しかし人々を系統的に、また十分に長い期間観察しなければならない。実際だれも、心理学を研究したことがあるにせよ、ないにせよ、心理学の知識をたくさんもっている。われわれが多かれ少なかれ確信をもって反応を予言できないなら、またある刺激が起こしそうな結果をあてることができないなら、われわれは社会生活でどうなるだろうか。人が他人について観察すればするほど、それだけよい心理学者になれ、それだけ他人とうまくやっていくことができる。そして、もっと正気で、適応した生活の約半分は、他人とやってゆくこの能力から来ている。実用心理学を学ぶためには、条件反応の学徒になる——この研究が役に立っても——必要さえない。

私は、週末にある人を訪問した。私はこの人に、少し役に立つ実用心理学を教えてあげようと約束してあった。彼は、仕事があまりはかどっていなかった。月曜日の朝、彼は起きたが、週末の熱心な練習のため、からだは痛く、眠かった。彼は大声でうめき、休日はいつもおもしろくないと文句をいい、悲しそうにひげを剃り、熱い風呂に入ろうとした。私は彼に言った。「腕と脚をもう少し振れよ。毎日一二回振るんだね。そしてぬるい風呂に入れよ。そしたら、君は元気になれるよ」。この言語刺激は行為にかりたてた。彼は朝飯に下りて行ったが、至極健康に感じた。しかし卵はゆですぎだった。彼は女中を呼ぼうとした。しかし私は、彼女がいくらかからだをこわばらせていることと、ことばにいくらかとげがあるのに気づいた。彼女は「私はとにかく週末の客を好みません。お二人ともいい気味だわ」と心の中で言っているかのように思えた。私は彼にささやいた。「気をつけたまえ。アイルランド人の女中は、今いらだっていて、あばれようとしているよ。君は、おくさんが起きたら、電話でおくさんをよんで、あの女を叱ってもらったほうがいいよ」。

私たちは駅に駈けつけたが、二〇秒の違いで乗りおくれた。彼は足を踏みならし、ののしり、大声で言った。「汽車が定時に来たのは、三カ月に一度だ」。彼の反応の性質は、子供じみていた。彼はついに落ち着いた。私たちは、つぎの汽車で会社へ行った。彼はだれかにじっと見られていると、彼の語気は低くなった。彼の一日は出足が悪かった。行動主義者としての私は、これまでの常識的な観察から、たくさんのデータを手に入れたが、彼の出だしから考えると、彼の気質のために彼の一日は実際悪い、と予言できた。この状況をみて私は、あらわな言語反応をした。「君は君が接した人々には一日中用心しなければいけないよ。そうしないと、君はだれかの感情を損ねたり、出だしの悪い日には、終わりも悪いよ」。

このことばをきいて、彼は新しいスタートをきった。秘書が彼に郵便物を渡したとき、ほほ笑んだ。彼は仕事にとりかかった。それは彼の心をとらえた。やがて彼は、彼に特別適している技術的な職務の世界に没頭して行った。昼食の時間が来たとき、彼の仕事の速度はおちた。私はたまたま、彼が仲間の一人と話しているとき、彼が声をたてて抗議をしているのを聞いた。週末に彼の家庭生活を観察したので、私はたくさんのことを知っていた。それで私は、彼の心をかき乱す状況がおおよそ何かをあてることができた。私は、もう一度彼のために世界を変えることができると考え、彼に言った「君がおくさんに、町に来て今日ぼくたちと一しょに昼食をしよう、といわなかったのはまずかったね。ぼくは、君が外で車の具合をみていたとき、おくさんが、ジョーンズ夫妻と昼食をするために昨日約束をことわっているのを聞いたよ」(彼の妻はジョーンズ氏とことのほか仲がよかったので、彼はひどく気をもんでいた)。彼は心理に無頓着な人なので、彼の救いは明らかだった。つぎの時間は最善だった。私は、この人に、内観をしろとか心理学をしろとか、自分で精神分析をしろとか命じないでも、彼の弱みと強みを見抜くことができた。彼は、子供や妻とうまく行っていなかった。この行動主義者は、原則的な点とこまかい点についてこのきわめて知性的な人を訓練をして、二、三週間で確実に彼をほとんど作り直すことができた。

しかしあなたはこう言うかもしれない。「私は心理学者ではありません。私は人々に、ここは呑気にやり、あそこは緊張してやれと言って、人々についてこさせることはできません」。これは本当だ。しかし行動主義者は、あなた自身の生活について、あなたに教えるものをなに一つもっていないのか。あなたはたくさんのことを学ばなければならないが、煉瓦の積み方を学ばないうちは、あなた自身の家に煉瓦を積もうとしないことをあなたは認めると思う。個人の心理もそうで、あなたは毎日毎日、他の人々を見守らなければいけない。あなたはあなたのデータを体系化し、分類しなければならないし、論理の鋳型にそれを投げ込まなければならないし、またあなたのえた結果をたとえば、「ジョージ・マーシャルは、私が知っているいちばん静かな人だ。彼はいつも沈着な気質で、いつもむらのない低音でしゃべる。私は、紳士のようなしゃべり方を学ぶことができるかしらと思う」とことばで言いあらわさなければならない。このように言語で公式化することは、一つの刺激(かくれた運動感覚的言語刺激)になるのである。それは反応を変えさすかもしれない。というのは、ことばというものは、他人がしゃべったものでも、あなた自身の喉頭で音声下でしゃべったものでも、投げられた石や、人を脅迫する棒や、鋭利なナイフと同じく、強い刺激になり、行為にすみやかに駆りたてるからである。ひとたびあなたが、他人の行動を観察するのが上手になるや、自分自身の行動を観察することもはるかに容易になる。

もし私が実験倫理学者ならば、金言の重要性を指摘したい。すなわち、型にはまったことばの公式は、どんなに強力に、われわれ自身の反応を形作る上の刺激になるか、を指摘したい。これは、これらのことばが、権威のある人――両親、教師、忠告者――によって述べられたときは、特別そうである。さらに、私たちが倫理学を学んでいるなら、またぎきで、盲目的に公式を受け入れるよりもむしろ、あなた自身の豊富な観察から、このような公式に到達するほうが合理的だということをあなたに指摘したい。しかしあなた自身の試験的で、小規模な社会的実験によって、あなたがもっと信用のおける公式を手に入れないうちは、これらの集団的な社会的実験の結果――今やことばで言いあらわせる公式に結晶し、父から息子へ、母から娘へと伝えられるようになった結果――を拒絶しないように、あなたに言いたいと思う。つまり私は、行動主義者は保守反動ではない――行動主義が徹底的に検討され、他の科学的な公式と同じように確立されないうちは、行動主義者は、何ものにも賛成も、反対もしない――ということを、早いとこ、あなたに確信させたい。

人間という生物にとって、何が「いいこと」で、何が「悪いこと」かを知ること――実験的に健全な線にのっとった人間の行為の指導方法を知ること――それは、今のところ、われわれの範囲外である。われわれは、人間のからだの構造とその欲求をほとんど知らないから、われわれの規定条項や禁止条件について、独断的になってはならないのだ。

注

(1) 実験室の立場から見ると、条件刺激と条件反応の間には、もともと相違はない。

(2) パヴロフの最近の本『条件反射学講義』には、パヴロフの実験室から出た業績が全部のっている〔岩波文庫に邦訳がある〕。

(3) 日常生活で、私は、熱い電気アイロン、あるいはラジエーターに偶然さわったことが、別の刺激と結びついて、子供が条件づけられる(組織を傷つける触覚刺激を視覚刺激にかえる)のを何度も見た。われわれは幼児期のいちばん初めから、このような偶然の条件づけにさらされている。

(4) ラシュレーの最近の本『脳のメカニズムと知能』(一九二九年)は、この分野のすぐれた研究の一例である。

(5) 禁酒法前に酒を飲んでいた大人は、現在も飲んでいる。ただ彼らは、品質の悪い、強い酒(ハード・リカー)を飲んでいるのが違っている。というのは、それは輸入し易いし、かくし易いからである。禁酒法前に飲んでいなかった大人は、現在でも飲んでいない。刺激をこのようにやみくもにあやつるため、第二の南北戦争が起こっても、私は決して驚かないだろう。われわれは茶のことで――その当時は一主義のことで、といわれていたが――イギリスと戦争をした。ある日、六千万の辛党が六千万のピューリタン的な甘党に、おまえたちは個人の権利の原則をふみにじった、禁酒法が撤廃されても、結局辛党は飲んではいけないのだから、この原則はわれわれを無視している、と言ってもよいのだ。

第3章　人間のからだ（その1）

その構造、結合の仕方、機能――行動を可能にさせる構造

The Human Body, Part I

心理学者の中には、からだについての知識は、心理学の研究には必要でない、と主張する人がいる。しかし行動主義者は、からだの構造と機能を研究する必要があると思っている。この知識は、手に入れるのがそんなにむずかしくない。私はつぎの二つの章で、ごく簡単にからだについての重要な事実を述べよう。

行動主義者はからだ全体の働き方に関心がある

もしあなたが、生理学や解剖学の本を見るなら、人間のからだは、部分部分――消化器、循環器、呼吸器、神経系――が研究されているのに気がつくだろう。生理学者は、はじめ一つの器官、つぎに別の器官について実験的研究をしなければならない。人間行動の研究者は、これとは逆に活動しているからだ全体を研究する。

からだ全体は、いろいろたくさんのことができるが、その働きには一定の限度がある。この限度は、からだを構成している材料のためであるし、またその材料の結合の仕方のためである。これは、われわれが

走る速さ、われわれが持ち上げることのできる荷物、われわれが食糧や水なしで、また眠らないで、進むことのできる時間の長さには限度がある、という意味であり、からだは特別な型の食糧を必要とする、という意味である。またからだは、一定の時間には、一定量の熱しか耐えることができないし、一定の期間には、一定量の冷たさしか耐えることができないし、からだには酸素や他の特殊な物質を供給しなければならない、という意味である。われわれは、一時間研究しただけでも、人間のからだはいろいろのことができるように美しく結び合わさっているが、神秘な宝の家ではなくて、非常に常識的な種類の有機的な機械だ、という確信をもつようになる（「有機的な機械」という意味は、人間がこれまで作るのに成功したよりも何百万倍も複雑な機械ということである）。

行動主義者はとくに中枢神経系に関心をもつべきか

行動主義者は、からだの部分の働きよりもむしろ生体全体の適応という事実を強調しているから、その計画書の中には、神経系の入る余地はないのだ、としばしば非難される。行動主義者が、からだの横紋筋や、胃や腺の平滑筋ほどに、脳や脊髄を重んじないことが、なぜ内観主義者の感情をそこねたかを理解するために、あなたは内観主義者にとっては、神経系はつねに神秘な箱であった——彼が「精神的な」ことばで説明できないことはみな脳に押し込んだ——ということを、思い出さなければならない。いわゆる生理学的心理学の本には、脳や脊髄の略図の挿絵がたくさんのっている。実際、われわれは脳や脊髄の図を描けるほどに、それらの機能についてまだ十分に知っていない。

行動主義者にとって、神経系は、第一に、からだの一部分である——筋肉や腺と同じく神秘的なものではない。第二に、それはからだの分化した一機構であるが、この機構はある刺激をうけたとき、神経系をもっているものを、もっていないものよりも、もっとすみやかに、また筋や腺ともっと緊密に一つになって、反応さすことができる。神経系のない動物や浮遊植物がたくさんある。それらの適応の幅は限られてい、また触、光、音等々に対するそれらの反応はおそい。あなたは、からだのどこかの部分がさわられたとき、ほとんど即座に、手で反応できる。神経系は、感覚器官（刺激が加えられる場所）から、反応器官（筋肉や腺）への伝導（科学的には、伝導障害として知られている）を速める。神経系のない場合には、伝導は行われるが、おそく伝わる。

それゆえ、行動主義者は、神経系に真に関心をもつべきだが、からだ全体の統合された一部分としてしか関心をもっていない。

からだを作っている細胞や組織のいろいろの型

からだはなにからできているか

今日、ほとんどあらゆる人は、人間は単細胞から生ずることを知っている。しかしこの細胞は、父と母が貢献した要素を含んでいる。母親の子宮内の卵は、父親の精子によって受精する。この受精卵は、原始単細胞である。この細胞はまもなく分裂しだす。大人のからだを作っている何兆という細胞は、この分裂過程の結果である。

ジェンニングス教授は最近刊行された美しい本、『人間性の生物学的基礎』（一九三〇年）の中で、この細胞についてあらゆる人が知らなければならないことのいくつかを明快に説明されている。教授は、ご親切にも、私が遺伝子（遺伝の「になない手」）についての章を広範に引用することを許可された。

遺伝子

観察と実験から、原始細胞は、微小粒子として存在し別々に分離できる物質を、たくさん含んでいることがわかった。一個人の成長は、これら何千という物質の相互作用——お互い同士の相互作用、細胞の他の部分との相互作用、外部から取り入れられた物質との相互作用——によって起こる。各人はこれらの物質の種々の組をもって出発することがわかっているし、またある人がどういうふうに成長するか、彼はどうなるか、どういう特徴をもつか、どういう特殊性を示すか、は、他のことが同じなら、その人がこの物質のどういう組で出発するか、によって決まることがわかっている。種々の個人は、いわば種々の調理の仕方で作られる。そして種々の調理法は異なった結果を生む。原始細胞の中に存在している何千の異なった物質のたった一つだけを変えた結果は、たくさん知られているし、二、三を変えた結果、たくさんを変えた結果も知られている。それらのある組み合わせは、不完全な個体、精神遅滞、奇形を起こす。別の組み合わせは、正常な個体、さらに別の組み合わせは優秀な個体を作る。あらゆる中間型を作る組み合わせがある。わずかに不完全な個体、怠け者、ばかを作る組み合わせもあるし、天才を作る組み合わせもある。人間のような生体では、どんな二人も、同じ処方で混ぜられたのではない（一卵性双生児のようなまれな場合は例外である）。種々の組み合わせが、われわれがメンタリティーとよんでいる行動の相違を含めて、あらゆる型、あらゆる程度の構造的・生理学的な相違を生む。

発達の初めにあるこれらのたくさんの種々の物体は、遺伝子とよばれている。遺伝子は、二組存在し、それらは結合して新しい個体を作る。それらは、両親に存在しているので、二組になるのである。それゆえ、遺伝子は、両親から直接にわれわれに伝えられる。

遺伝子は、極微小体として、卵細胞にたくさん存在している。それらは集合して、顕微鏡下に見ることができる構造を形成する。これは染色体とよばれる（第4、5図）。染色体は、それに含まれた遺伝子とともに、細胞の内部の小胞——核とよばれる——を構成している。卵細胞はゼリー様の物質のかたまり——細胞質とよばれる——からできている。細胞質の中には、核、染色体、および遺伝子が存在している（第2図）。

遺伝子系

成長と個体性のいちばん重要な特徴の多くは、細胞の中での遺伝子のおかれ方、実際の物理的配列、およびそのために起こった行動の結果生ずる。種々の個体の成長の仕方、個体が示す特徴、いわゆる遺伝の法則、両親と子孫の間のいちじるしい類似と相違——これらすべては、遺伝子の配列と振る舞い方に左右されるところが大きい。配列し、作用している遺伝子は、重要性という点では、神経系や消化系に比較できる系である。われわれは、それを、遺伝子系とよんでもさしつかえない。遺伝とその結果を理解するには、われわれは、遺伝子系と、その作用の仕方についての像を心にとめなければならない。このような像なしで、この問題を理解しようとすることは、見込みのない仕事である。それは、神経系や筋肉系の知識なしで、生体の運動や反応を理解しようとすることと同じだし、消化管とその作用の知識なしで、消化を理解することと同じである。遺伝子系と、その働き方の基本的な特徴になじむ労を惜しむ人は、人間の本質と、人間の特殊性の起源を理解する可能性から閉め出されるだろう。そこで私は、この系とその働きを述べることにしよう。こまかい一つの知識が必要であ

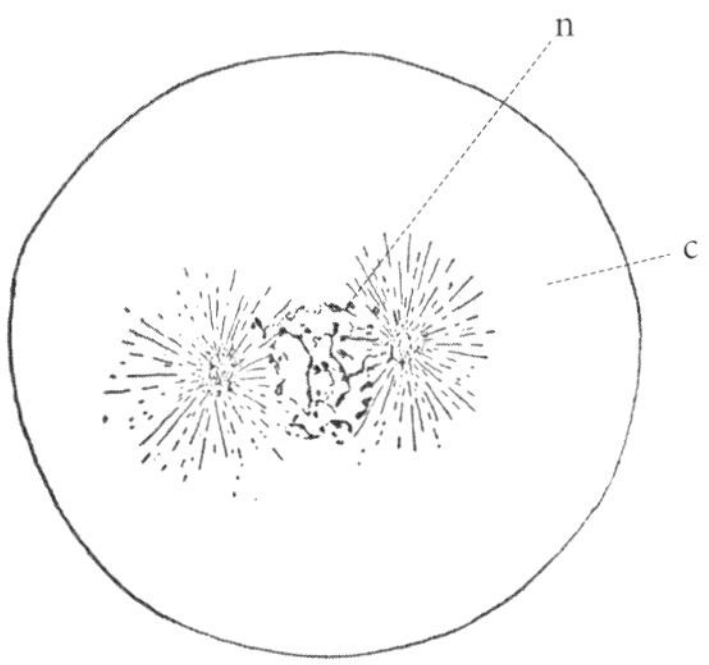

第2図　いちばん最初の時期の個体。ヒトデの受精卵。cは細胞質。nは小さくて，暗い染色体を示している核。（ウィルソン『受精図鑑』1895年中の写真より）

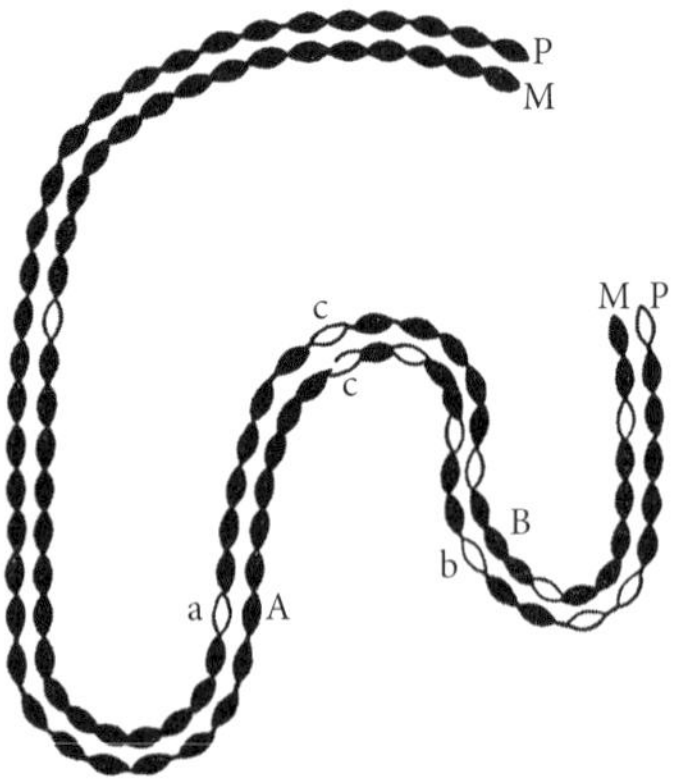

第３図　遺伝子系における遺伝子の配列と作用を示す図。遺伝子（紡錘形で示す）は連結して並び，一対の長い紐（染色体）をなす。一対のうちの一本（P）は父親から来たもの，一本（M）は母親から来たものである。こうして遺伝子自体は対をなし，各対のうちの一本は父親から，一本は母親から来ている。白で示した遺伝子は欠陥のあるものと考えるべきである。（ジェンニングス，前掲書より）

る。

ここほど、小さな原因から大きな結果が生ずるところは他にない。

遺伝子は、個体の出発点になる細胞の核の中に（そして個体から生じたすべての細胞の中に）存在する。核の中では、それは何千の珠数玉の紐のように、長い紐をなして、つながっている（第3図）。これらの紐は、染色体とよばれるものである。個々の染色体は、珠数玉の全体がわかれた断片である。その各片は、それぞれたくさんの遺伝子を含んでいる。細胞の生涯のある時期には、遺伝子の紐は、拡げられ、長く伸ばされる。このとき、珠数のようにつながって線状に配列している微小体を顕微鏡下に見ることができる（第4図）。これらの微小体（染色小粒 chromomere といわれる）は、遺伝子の位置を示しているらしい。しかし、染色小粒自体を、遺伝子とみなしてはならない。微小体は、一対の連続した配列を示し、この配列の中で遺伝子が見出されるのである。これらは、種々な型の厚い染色体として見られる（第5図）。遺伝子の行動と作用を理解するためには、第3図に図示したように、線状に描かなければならない。

何千の遺伝子のそれぞれは、独特の物質であることが知られている。それは、ある決定的な機能をもち、新しい個体を作るさいに特別な働きをする。それゆえ、そのどれかが破壊されたり、変化をこうむると、発達はある決定的な方向へ変えられ、その結果、その個体の特徴は、それに応じた変化を示す。すなわち、目の色、鼻の形、体格、気性、あるいは気質の変化を生ずる。

各種の遺伝子は、その紐の中で、一定不変の位置を占めていることが知られている。こうして、遺伝子はそれぞれ名前、すなわち番号がついている。そして四番とか、四七番のように特別のものは、いつも同一の遺伝子で、同じ役割を演じ、染色体の中で同じ位置に見出される。

遺伝子とその配列については、もっとたくさんのこと――実地上、非常に軍要なこと――が知られている。すなわち人間性と生物学一般の謎、課題、および矛盾した事実を解く鍵になることが知られている。これは、両親のそれぞれが、上に述べたようにつながっている遺伝子の完全な一組をわれわれに与えるということである。それゆえ、

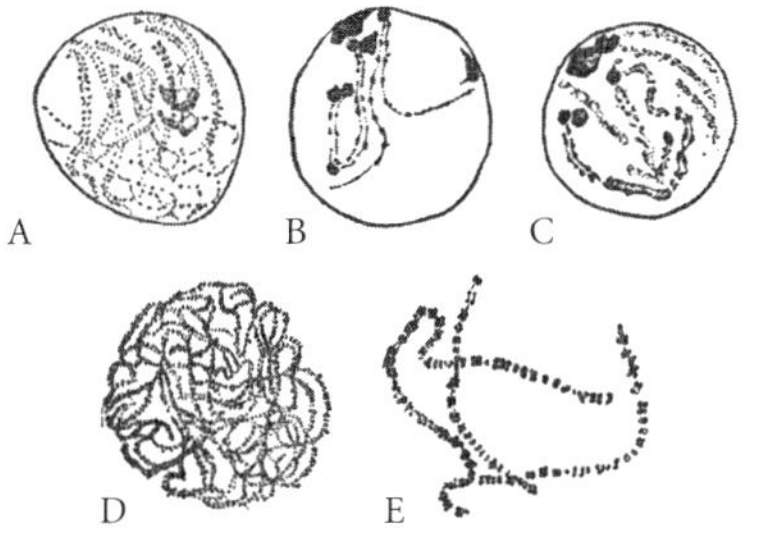

第4図　顕微鏡下に見た染色体の構造。染色体を構成している，対をなした極小体（染色小体）が見える。A，B，Cは，イナゴの染色体内の染色小体（ウェンリッチ，1916年）。D，Eは，ユリの染色体内の染色小体（ベリング，1928年）。EはDを強拡大で見たもの。染色小体は遺伝子の位置をおそらく示しているのであろう。（ジェンニングス，前掲書より）

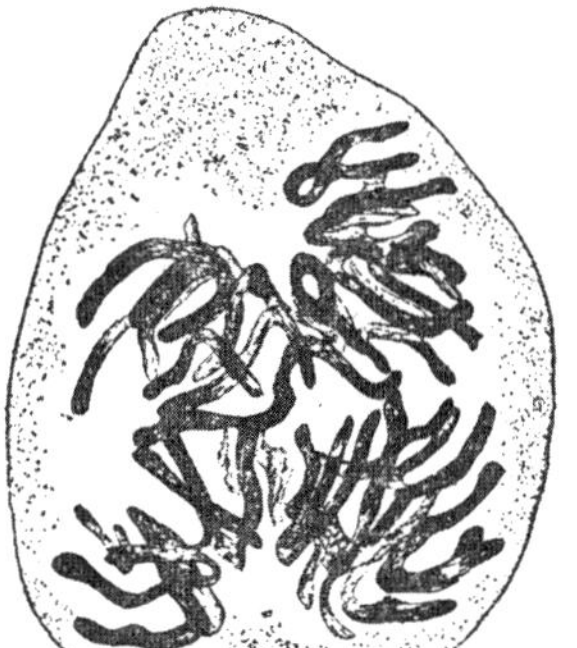

第5図　イモリの分裂している細胞内の，濃縮状態の染色体。（ジェンニングス，前掲書より）

どの細胞の中にも、遺伝子のこのような二本の紐があり、それぞれの紐は、第3図に示したように、本質的に完全なものである。それゆえわれわれは、遺伝子から見ると二重である。一つの細胞の中の二組のそれぞれは、一個体を作るのに必要なすべての材料を含んでいる。これは、奇妙な結果をもたらす事実である。母親は、あるタイプの個体をうむためにわれわれに必要なすべての材料を与える。父親はまた、他のタイプの他の個体をうむための材料を与える。こうしてわれわれは、二重の個体として出発する。われわれはそれぞれある意味では、二人の個人、二人の違った人――むしろ徹底的にまざった人――である。しかしある点では、まったくまざっていない。この二重性は、人生において非常に大きな影響をもつ。

二重性は、何千の異なった物質、すなわちわれわれの人生の発端になる遺伝子のそれぞれにもあてはまる。各種類は、二つの量で、あらゆる細胞の中に存在し、一対の遺伝子を形成している。各対の一つの遺伝子は、父親からのであり、一つのは、母親からのである。そのとき遺伝子の順序と配列は、第3図に示した通りである。すなわち一組の対は、縦の紐に配列している。ある動物、とくにある昆虫では、二対の紐は、図に示すように、一生を通じて見かけはずっと並んでいる。他の動物では、二対の紐は、ときどき離れるが、ある決定的なときに再び対になる。遺伝子の行動を理解し、遺伝を理解し、人間の本質を理解するためには、対をなしたこの配列の図（第3図）を頭に入れておかなければならない。それは、生物学の謎の多くに対する鍵になる。

遺伝子の異なった対は、発生のさい、異なった機能をもっている。ある一対の遺伝子の二つの部分（第3図のたとえばAとa）は、同一の一般的な機能をもっている。もし二つの部分の一方が、目の色を作るのと関係があるなら、その相棒もそうである。もし一方が脳のある部分を作るのと関係があるなら、他方もそうである。もし一方がからだの成長に影響を与えるなら、他方もそうである。しかし実地上、とくに重要な事実がある。

遺伝子のある特殊な対の二つの部分が、同種の仕事をなすにしても、それらがなす仕事の仕方では、異なっているのが普通である。父親からきたものは、ある目の色を作る傾向があるが、母親からきたものは、違った目の色を作る傾向がある。父親からきたものは、貧弱な脳、したがって、ばかな個体を作る傾向があり、母親からきた相棒は、すぐれた脳、したがって知能の高い個体を作る傾向がある。（父親、あるいは母親からきた）一対のうちの一方は、よくその仕事をなし、他方はよく仕事をしない。もしその仕事が、毛、皮膚、および目に色素を沈着させることなら、それは、これをきちんとやるのに失敗し、しらが、白い皮膚、ピンクの目をした、白皮症とよばれるものを起こす。しかし、両親の片方からきた他の遺伝子がその機能を十分に果たす。それゆえ、それがあるために、色素はちゃんと沈着する。ある遺伝子は、脳に対する正しい原基をおくのに失敗するかもしれない。その結果、この機能を十分に果たす相棒の遺伝子がないと、精神遅滞児ができるだろう。視力、勤勉、忍耐のわずかの相違から、精神遅滞、あるいは精神障害を起こすような重大な欠陥に至るまで、遺伝子の欠陥には、ありとあらゆる度合と種類のものがある。両親から出来る生体において、父親、あるいは母親が、一対のうちどちらかに、作用が厳密に似た遺伝子を与えることはまれである。それゆえ、どんな個体でも、多くの両親、あるいはたいていの両親は、いくらか違った二つの遺伝子をもっている。遺伝子の欠陥、あるいは少なくとも不平等性は、——わずかのものでも重大なものでも——きわめてありふれたものである。それゆえ、どんな人も、遺伝子の二、三の欠陥、あるいはたくさんの欠陥をもっている。

からだはどういうふうに作られているか

原始細胞が分裂し始めると、新しい細胞は、種々の形態と機能を与えられ、組み合わされて種々の型（組織）になる。

もしあなたが、自分自身は、細胞や、細胞でできている組織から人間のからだを作る化学的・物理的な建築技師だと考えるなら、この親細胞が最後にする仕事をよりよく理解できるだろう。あきらかに、この仕事をするには、あなたは、四つの異なった種類の細胞と、からだの四つの基本的な組織を構成する細胞の産物が必要である。この四つの基本的な組織はいろいろに組み合わさって、皮膚、心臓、肺、脳、筋肉、胃、腺のようなからだのあらゆる器官を作り上げる。

（1）からだをおおい、すべての孔を裏うちしている細胞

まずあなたは、からだの全体をおおう――皮膚の外層を形成する――膜になる細胞を必要とするだろう。あなたはある箇所では、この組織の細胞を変えて、手や趾の爪、毛、歯を作りたい。眼球のガラス状の窓（角膜）のような他の場所では、あなたはこの組織の細胞を、光が入るように作り変えたい。つぎにあなたは、消化管全体――口、食道、胃、小腸、大腸――のような、内管や内腔のすべてに裏うちしたい。あなたは、血管や脳の内腔（脳室と脊髄管）を裏うちしたい。あなたは、これらの組織を、腺とよばれている構造に作ったり、組み立てたいし、また腺が液体――涙、汗、皮脂、唾液、および肉体がそれ自身のために必要としたり、あるいは肉体が排泄したり、除去しなければならないたくさんの他の液体や化学物質――を分泌するように、再び細胞を作り変えたい。この目的のためにわれわれが使う細胞を、上皮細胞、それが作っている組織を**上皮組織**とよぼう。われわれはあとで各感覚器官が感受性をもつには、これら上皮細胞が高度に分化した形を必要とすることを見るだろう。第6図は、ある個々の上皮細胞を、第7図は、それから作られた腺を示す。

（2）肉体の諸部分を支持し、結合する組織を作る細胞

あなたは一つの型の細胞と、その細胞から作られている組織で、人間を構成しようなどと極端な考えを

もってはならない。あなたは、肉体の諸部分を結びつける強い組織がすぐに必要になる。あなたは、筋肉を付着さす弾力性のある腱を必要とする。あなたは、鼻に形を与え、気管を開け放しておく強い軟骨を必要とする。あなたは、赤ん坊の胎内（子宮内）生活の間には、無機塩類を沈着させ、骨を形成さす強い枠組みを必要とする（これらが沈着して骨が作られると、結合組織性の枠組みは消え去る）。あなたは、強靭な線維性の外被（骨膜）で骨を包みたいし、骨と骨が接触する場所に緩衝装置をおきたいし、可動性の骨を結びつけるために非常に強靭な線維（白い線維軟骨）を必要とする。支持し、結合するこの枠組みは、結合組織細胞からできている。この組織自体は、**結合組織**とよばれる（軟骨と骨、弾力結合組織、線維結合組織、疎性結合組織）。第8図は、骨を形成する二つの結合組織細胞を示す。

(3) 筋肉組織を形成する細胞

われわれは、人間が一箇所から他の箇所へ行けるようにしたいし、心臓が打ち、呼吸ができるようにしたいし、胃が大きくなったり、小さくなったりできるようにしたいし、血管が拡張したり、収縮したりできるようにしたい。つまりわれわれは、全体としてのからだに移動と、中空の内部器官には形と大きさの変化

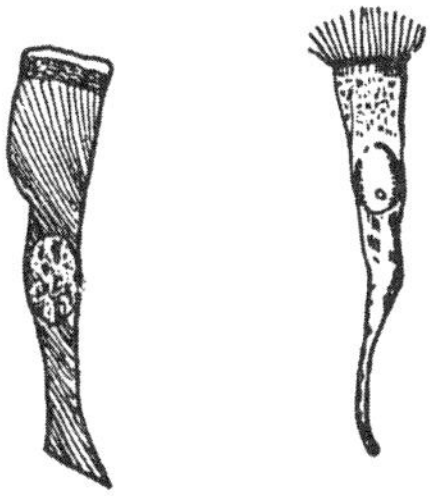

第6図　上皮細胞の二つの型

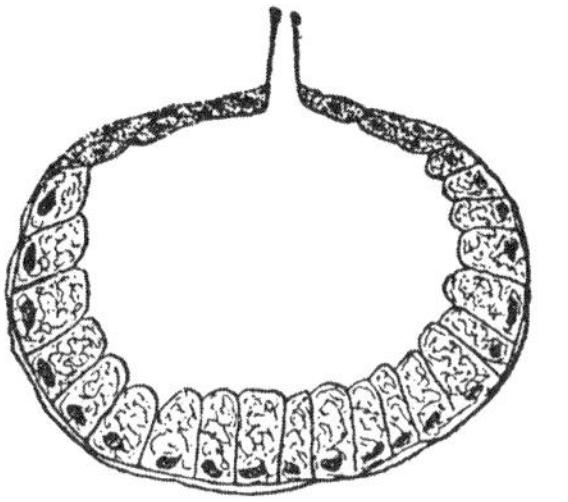

第7図　上皮細胞が結びつき，一つの小さい腺を形成する。

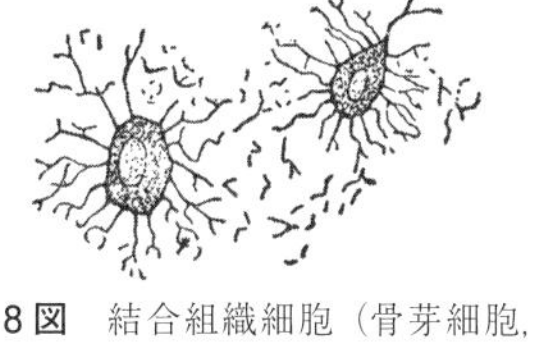

第8図　結合組織細胞（骨芽細胞，あるいは造血細胞）

を与える必要がある（たとえば、胃や血管は大きさを変えなければならない）。からだの筋肉が種々の作用をするためには、実際、二種類の筋細胞と筋組織が必要である。

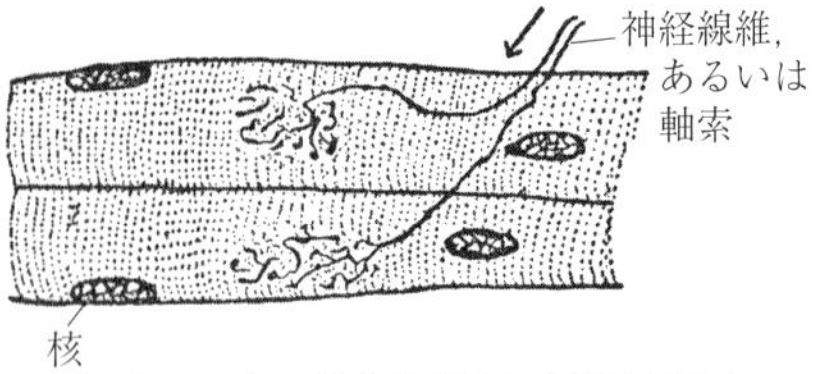

第9図　二個の横紋筋細胞と運動神経終末

（a）横紋筋、すなわち骨格筋の細胞と横紋筋組織

横紋筋は、直径約五〇〇分の一インチ〔二〇〇分の一センチ〕、長さはしばしば一インチ〔二・五分の一センチ〕、あるいはそれ以上ある。この細胞は長さが一律で、分岐がない[1]。細胞は、長軸と直角に走る暗いしまと明るいしま——それは互い違いに並んでいる——をもっている。これが、この細胞の名前——横紋筋細胞（第9図）——のおこりである。すべての他の細胞と同じく、筋細胞には一個の核——ふつうは数個の核——がある。各細胞は、（筋線維鞘とよばれる）結合組織性の強靭な膜でおおわれている。各細胞はふつう何百と集まって、単一の筋（横紋筋組織）になる。全体としての筋肉は、（**筋鞘**とよばれる）著明な結合組織性の鞘でおおわれている。筋肉と織りまざって、筋肉を養う血管が見られる。

以上が、腕の二頭筋のような大きな筋肉、脚や胴の筋肉、舌、および眼球を動かす六つの大きな筋肉の作られ方である。横紋筋が使われるのは、早く運動をしなければならないとき、大量の筋肉を全体として動かさなければならないときである。第9図は、二個の横紋筋細胞と、運動神経線維がそれに入る模様を示している。

（b）横紋のない筋細胞、すなわち平滑筋細胞と平滑筋組織

横紋のない平滑筋組織を作る細胞は、薄く、長く伸び、毛髪に近い構造である。第10図を見て欲しい。

これらの細胞は、幾層も集まって、筋肉の膜を作る。横紋のない筋組織は、胃、腸、膀胱、性器の筋層、眼の虹彩（瞳孔を開けたり、閉じたりする）、腺から出ている導管（管）の壁、動脈、静脈の壁を作っている。

神経細胞と神経組織

さらにわれわれは、人間を完成するために、別の型の細胞と、それからできた組織を必要とする。人間という動物（ならびに他の高等脊椎動物）は、刺激に、すみやかにまた複雑に反応することができなければならない。われわれは、刺激というものは、それ相応の感覚器官に向けられたときしか効果がないことを知っている。動物は、横紋筋か平滑筋のいずれかで、あるいは腺で、あるいはこれらの結合したもので、反応しなければならない。感覚刺激があたる点は、反応が起こる点から、遠く離れた点であることが多い。

第10図　平滑筋細胞とそれに入る神経線維。中心の暗い部分は核。

たとえば、足にとげをさしたとする。われわれはすぐに立ち止まり、胴をかがめて、指でとげをつかみ、抜く。この反応は、特別に分化し、高度に発達した神経細胞と、その突起がないならおこらないだろう。この突起は、足の皮膚から脊髄に入り、脊髄を登って脳に行き、脳から脊髄にもどり、脊髄から胴の筋肉、手、指へのびている実際の神経伝導路を作るように組み立てられている。神経細胞とその径路は、筋肉と感覚器官を、すみやかに緊密に結びつけるただ一つのからだの構造である。

一般構造に関しては、神経細胞もからだの他の細胞と異ならない。各神経細胞は、枝、すなわち突起をもった細胞体からできている。突起は数の少ないこともあるし、幾百もあることもある。例として、脊髄の一細胞（第11図）（いわゆる下位運動ニューロン）をとると、一個の核をもった大きな細胞体が見られる。細胞から外にのび、細胞体のまわりに密にか

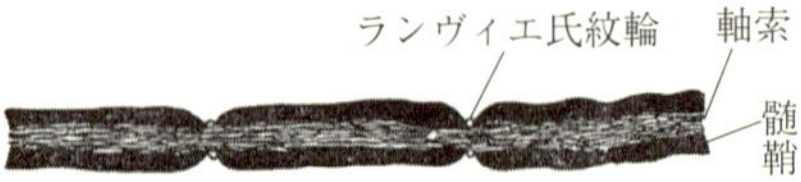

第 12 図　神経線維の構造。非常に細い繊維からなる軸索は，神経線維の中心を形成する。暗い外側の部分は髄鞘である。一定の間隔で，髄鞘はくびれている。このくびれた部分はランヴィエ氏紋輪とよばれる。

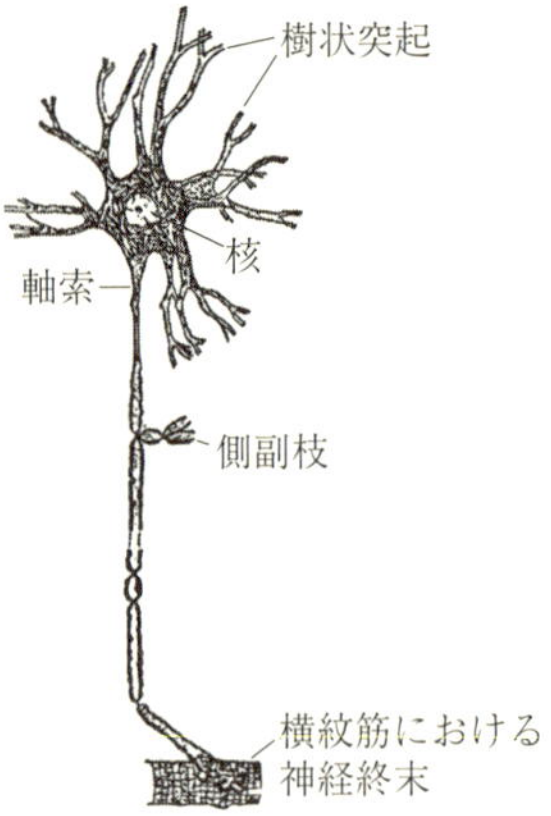

第 11 図　ニューロンの一つの型。下位運動ニューロン。（バーカーによる）

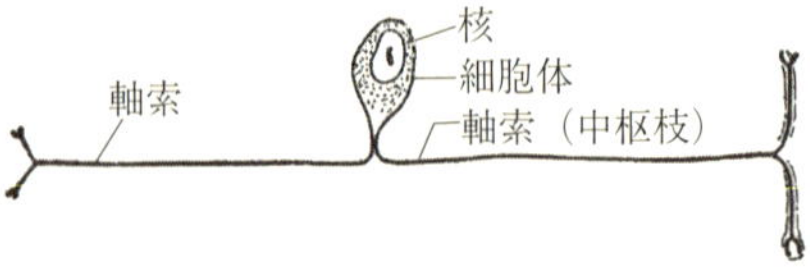

第 13 図　ニューロンの別の型。いわゆる感覚ニューロン，あるいは求心性ニューロン。それには，樹状突起がなく，軸索の一端は感覚器官に終わり，他端は中枢神経系（脳か脊髄）に終わる。

らみ合った短い枝がある。これは、樹の枝のように見えるので、**樹状突起**といわれる。一点で、細い線維が細胞からでて長く、あるいは短くのびている（この長さは、一インチの何分の一から、数フィートにいたるまでさまざまである）。この細い突起は、**軸索**とよばれる。しばしばその径路の間で、**側副枝**とよばれる小枝を出している。脂肪性の鞘（髄鞘とよばれる）は、軸索と側副枝の全体を包んでいる。この脂肪性の鞘は、樹状突起にはない。これまでに述べた全構造は、突起をもった細胞である。この細胞とこれらの突起とをあわせて、普通**ニューロン**（神経元）という。これらの細胞には多くの型がある、あるものは、一つの突起しかない。脊髄の求心性ニューロン（感覚器官と脊髄を結ぶニューロン——この型のニューロンの詳細については、第13図を見て欲しい）が、その一例である。ニューロンは、脊髄や脳を構成しているすべての神経組織の単位である。

樹状突起は、種々の神経衝撃をとらえる受信所として役立っている。衝撃は細胞体を通り、軸索と側副枝を下降する。一つのニューロンの軸索は、他のニューロン（脳と脊髄に全般的にあるニューロン）の樹状突起のまわりに接触して、終わる。こうして、神経衝撃は、細胞体から軸索へ、そして軸索を下降して、次のニューロンの樹状突起へ、伝わって行く。このように、神経系では、つねに前方への伝導、すなわち一方向の伝導だけが行われている。

からだの主要な器官

これらの基本的な組織が集まってからだの種々の器官ができる

これまでの話では、われわれは、細胞と、細胞からできている基本的な組織しか述べなかった。つぎに、われわれは、これら組織から出来ているいくつかの器官のことを述べなければならない。われわれの目的としては、つぎの二、三の器官だけを考察する必要がある。（1）感覚器官——ここでいろいろな刺激がからだに作用を及ぼす。（2）反応器官——すべての筋肉と腺。（3）神経性器官、つまり伝達器官。これは感覚器官と反応器官を結びつける——これは脳、脊髄、末梢神経である。末梢神経というのは、感覚器官から脳および脊髄へからだの中を走る神経と、脳および脊髄をでて、横紋筋に（直接）終わったり、平滑筋や腺に（間接に）終わる神経のことである。

基本的な組織について研究したことは、これらの器官を理解する上に役に立つ。器官はすべて、すでに学んだ四つの型の細胞と組織の組み合わせからできている。たとえば、筋肉系では、各筋肉細胞を包んでいる結合組織が発見されるだろうし、上皮組織や神経組織が発見されるだろう。しばらく、これら各群の器官の一般的な特徴を考察してみよう。

器官、あるいは構造の一般的な分類

まず最初に、われわれがいちばんよく研究する必要がある器官を分類してみよう。

（1）**感覚器官**――種々の刺激がからだにその作用を及ぼす場所。

（2）**反応器官**――（a）骨格筋（と心臓）を動かす横紋筋群。（b）内臓の平滑筋群。（c）腺。

（3）**神経系**――これは、感覚器官と反応器官を結びつける。これは、脳、脊髄、および末梢神経からなる。末梢神経は、感覚器官から脳と脊髄へ、また脳と脊髄から筋肉と腺へ走る。

感覚器官の一般的な輪郭

感覚器官の一般的な輪郭は、いたって簡単で、ほとんど同一である。もちろん、感覚器官はみな、それに形を与えている結合組織、それに栄養を供給する血管、刺激を受け入れるようにそれを調整している横紋筋と平滑筋をもっている。また、それらはすべて、神経組織をもっている。

感覚器官の上皮細胞は、驚くべき構造をもっている。おそらくそれは、からだ全体の中でいちばん興味があるものだろう。それは、（一般に）一つの形式の刺激しか感じない（選択的に感じる）。たとえば、光に敏感な目の二つの上皮成分は、**桿体**と**錐体**とよばれる（第14図）。神経性の結合要素（視神経）は、桿体と錐体のまわりで終わる。耳では、一群の分化した上皮細胞がある。（1）内耳の骨性空洞を横切る細胞（基底板線維とよばれる）。（2）ここには、コルチ氏器官（ラセン器）とよばれるアーチ型に配列している一対の細胞がある。（3）コルチ氏器官の一側には、**有毛細胞**とよばれる一群の上皮性細胞がある（内柱と外柱）。そしてこの有毛細胞のまわりに、神経性要素（内耳神経）が終わる。全体としてのこの構造群は、ある波長の音が鳴るとき、振動する（今のところは、耳の働きについての理論に深く立ち入らないほうがいいだろう）。筋紡錘（筋

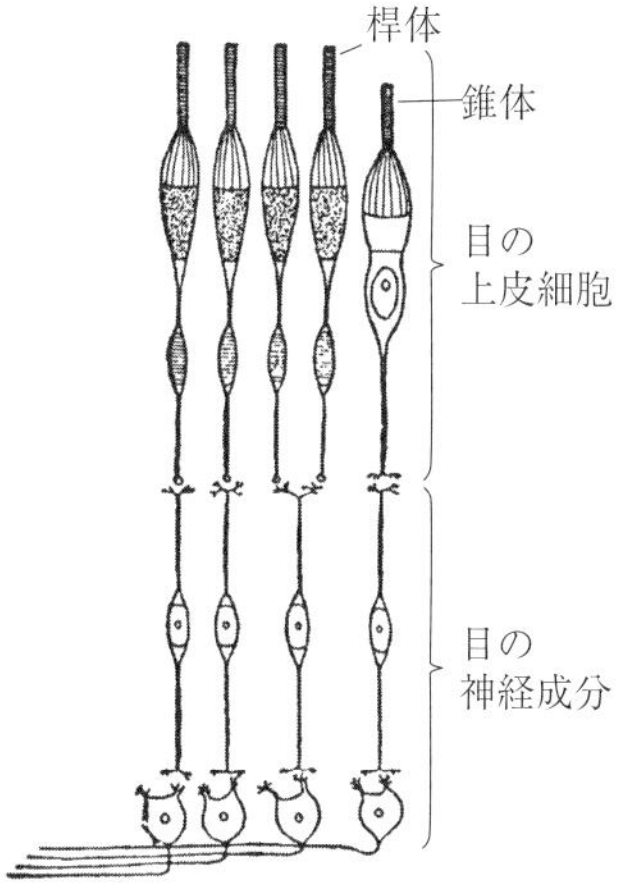

第14図　目の上皮成分と神経成分

肉の中の感覚器官、第15図）は、筋肉が運動神経によって短くなったり、長くなったりするときだけ働く。味蕾《みらい》は、ある液体（味のある物質）がそれに達するときに、働く。嗅《きゅう》細胞は、気体分子がそれを打つときだけ、働く。三半規管は、頭の運動が、内耳の液体をかき乱すときだけ、働く。皮膚の細胞は、数種の刺激に選択的に感じる（つまり数種の刺激によって刺激される）。あるものは、なでることによって刺激される（毛髪、マイスナー氏小体）。他のものは、鋭く切ることによって、刺すことによって、また電気ショックによって刺激される（ここでは、もちろん、神経終末が直接刺激される）。他のものは、熱い物体、他のものは、冷たい物体、さらに他のものは、軽くこすることによって（「くすぐる」、「かゆみ」とよばれる）刺激される。

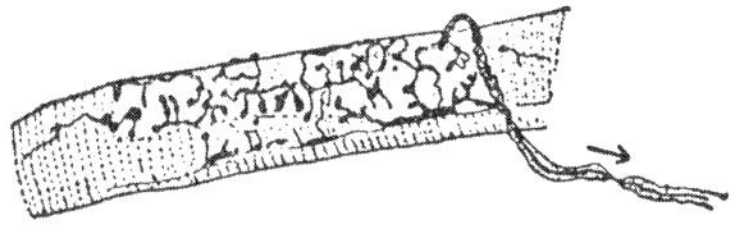

第15図　横紋筋細胞の感覚神経終末

便宜上、以上のことをまとめてみよう。

	感覚器官	刺激するもの
視覚	目……	エーテルの振動
聴覚	耳（蝸牛《かぎゅう》殻）……	空気の波
嗅覚	鼻……	気体の分子
味覚	舌……	味のある液体

皮膚感覚　　　　　皮膚…………………
　温度　　　　　　　　　　　　　　{温かい物体
　　　　　　　　　　　　　　　　　{冷たい物体
　圧力　　　　　　　　　　　　　　物体との接触
　痛み　　　　　　　　　　　　　　切ること、焼くこと
　　　　　　　　　　　　　　　　　刺すこと
運動感覚　　　　　{筋肉…………筋肉の位置の変化
　　　　　　　　　{腱……………腱の位置の変化
平衡感覚　　　　　耳（三半規管）………頭の位置の変化

適当刺激がある感覚器官を打ったり、ある感覚器官にあたるとき、どういうことが起こるか。上皮細胞の中で、ある種の物理的・化学的な過程が起こる。それゆえ、感覚器官を構成しているこれらの細胞を、物理的・化学的な工場と考えてみよう。あなた自身は簡単なことをたくさん経験されたことがあるから、上のことを理解する上に役立つだろう。光が写真の乾板にあたると、それ（銀塩）は黒くなる。あなたがピアノの弦から断音装置を取りはずし、中央Ｃ（中央ハ）の音をだすと、あなたがキーに触れなくても、中央Ｃが「鳴り」始める（いわゆる共鳴振動）。

刺激によって、感覚器官の中で起こったこの物理的・化学的な過程は、他の過程を進行さす。それは、上皮細胞と接触している神経終末に、神経衝撃を与える。この神経衝撃は、ニューロンの鎖を走って、中

枢神経系（脳と脊髄）に達し、そこを出てどこかの筋肉か腺に達する。

われわれは、今や、刺激がからだに作用を及ぼす器官（感覚器官、すなわち受容器）について話した。つぎに、感覚器官の活動に反応して動く筋性器官と腺性器官に転じよう。われわれのからだの反応する側（筋肉と腺、効果器とよばれる）の研究をおえてから、あとで、感覚器官と効果器官の間の径路、すなわち橋わたしをしている神経系にもどろう。

反応器官としての筋肉

三種の反応器官がある。それは、（1）横紋筋、すなわち骨格筋系、（2）平滑筋系、（3）腺系、である。もしこういう構造がないなら、からだは何もすることができないだろう――健康を保つことすらできないだろう。

骨格筋

腕、脚、あるいは胴にあり、そしてあなたがすぐ出会う横紋筋系、すなわち骨格筋系は、われわれのからだの主要な部分を形作っている。皮膚の層をはぎとると、横紋筋の層があらわれる。その配列の仕方は千差万別で、こみ入っているように見えるが、この系の各筋肉は行わなければならない一つの決定的な仕事をもっている。心理学者たちは、「随意筋」――「意志」に服従している筋――とよぶならわしがある。しかしもしあなたがその作用を研究されるなら、あなたがしようと「思っている」ことは、腕をあげ、指を曲げ、跳び、走り、胴を曲げることだということにまもなく気づかれるだろう。さて、一つの筋肉系全体が反応するのは、これらの行為のそれぞれが完了したときである。筋肉はつねに、一団となって動く。

たとえば、あなたが窓の日除けをおろすために、手を伸ばしたとする。このときあなたは、腕や指が活発に運動している部分だと考えているだろう。しかしからだ中の筋肉が関与しているのだ。あなたがこの簡単な行為をするまえに、からだ全体は、新しいかまえ、あるいは態度をとらなければならない。つぎの瞬間に、あなたはかがんで、ピンをとり上げる。からだのあらゆる筋肉の緊張に、急速な変化が起こる。

骨の機能

骨格筋の話は、筋肉と緊密に協同しているからだの骨のことを述べなければ完成しない。からだには、二〇〇の骨がある。これらの骨の中には、隣りの骨としっかりとつながっているものがある。頭蓋骨はその例である。他の骨は、わずかの運動ができる半分可動する点を形成している。脊髄をおおっている骨（脊柱）や肋骨は、その例である。さらにまた、一方向か、数方向にだけ運動できるように、結びついている骨がある。肘、膝、肩、および腰の関節がその例である。横紋筋は、（すでに学んだ）結合組織でこれらの骨に付着している。たいていの筋肉は、一端で、一つの骨に、他端で（直接にか、腱によって）隣り合った骨にくっついている。このように、筋肉は、一つの関節を横切っている。そしてテコをなしている。テコの原理は、からだの構造では広く用いられている。われわれが足のうらで立って、からだをもち上げる場合のように、われわれの運動の中には、短距離をゆっくりともち上げるのに全身を必要とするものもある。また拳闘のさいの腕の運動のように、大きな弧をえがいて、速い速度を必要とする運動もある。

筋肉群間の拮抗《きっこう》

一定方向に手足を動かす傾向がある各筋肉、あるいは各筋肉群――たとえば肘を屈曲する、すなわち曲げる筋肉（屈筋）――は、腕を伸ばす、すなわち真っ直ぐにする傾向のある別の反対の組（伸筋）をもっている。普通、筋肉は、わずかの緊張下にある。この緊張は、脳あるいは脊髄からたえずやってくる神経衝撃のためである。これは、休息状態の筋肉の腹部を切断すると、両端が互いに縮まることからわかる。一つの筋とその拮抗筋の間の緊張は、われわれの運動を精巧に、なめらかにする傾向がある。脳、あるいは脊髄からやってきた運動神経衝撃が、腕を挙上させると、屈筋は収縮する（短くなる）。しかしそれと同時に、拮抗筋の緊張の減少が起こる。ある筋肉が収縮すると、この筋はだんだんにその正常の大きさと形をとる（弛緩）。

筋肉は、作業機械としてどのくらい能率があるか

慎重に検査した結果、作業機械としての筋肉系は、蒸気機関とまったく同じ能率があることがわかった。カーネギー財団の栄養研究所で決定された正味の効率は、二一％をやや上まわる程度だった。蒸気機関の正味の効率は、一五〜二五％である。

筋肉の食糧

十分に栄養分を与えられた筋肉は、血液から供給されたたくさんの貯蔵食糧を含んでいる。この食糧は、血液では血糖の形をしている。筋肉組織は、この血糖をグリコーゲン（いわゆる動物性澱粉）にかえる力をもっている。グリコーゲンの形で筋肉に貯蔵されたこの食糧は、筋肉が運動すると、だんだん使いつくされる。この貯蔵分が使いつくされると、筋肉はその後の供給を、血液によってもたらされた血糖にあおぐ。導管のない腺（内分泌腺）は、筋肉への食糧の供給を増加さす上に役立つが、これについてはあとで述べよう。

老廃物と筋の疲労

筋肉が仕事をすると、筋肉内には化学変化が起こる。炭酸ガス、乳酸、および他の酸が形成される。いわゆる多数の「疲労物質」が形成される。ついに、筋肉はもはや動くことができなくなる。導管のない腺は、ここでもまた、疲労物質を中和してやる（また疲労物質がもっとすみやかに追い出されるように、活動している筋肉への血液の供給を増加させる）。

おそらく、筋肉の運動のさいのいちばん重要な過程は、貯蔵された食糧物質の消耗であろう。

筋肉の緊張

もはや運動できなくなるまで収縮した筋肉は、しばらく休息すると、再び収縮する。休息は、血液が疲労物質を洗い流し、新鮮な血液の供給をもたらす時間を与える。筋肉が極度に運動すると――疲憊《ひはい》――実際回復期間が非常におそくなる。しかし筋肉自体が、少なくとも修理を要するほど、痛めつけられることはまれである。

練習の効果

使わない筋肉は急速に弱くなり、萎縮しさえする。練習を欠くということは、よい循環を欠くということであり、よい循環を欠くということは、栄養の供給が不十分であり、老廃物の除去が不十分だということである。今日、衛生学者はみな、筋肉をよい条件に保つには、練習が重要なことを認めている。彼らは、男女の実業家には、単に練習をすることをすすめ、それ以外の人には、もっとはげしい訓練をすすめている。もっと暇のある人には、屋外競技をすすめ、一定の筋肉群を使うような活動にたえず従事している人には、からだの他の筋肉群を動かすような毎日の練習をすすめている。保険会社や商社は、規則的な筋肉運動のための便宜を与えている。練習によって高められた筋の緊張は、からだ、とくに非常に重要な内部器官の一般的な健康に役立つ。「ちょいちょい、目立つ程度に練習せよ」という忠告のことばは、中年の男女を、昔の人よりもはるかに長い間、ずっと若々しくしておくのに役立つし、また青年男女を、しなやかに、またしとやかにするのに役立つことは、疑問の余地がない。

行動主義者は、こういう事実にとくに関心をもっている。というのは、行動主義者は行動という面を強調しているから、十分に栄養を供給された、しなやかな筋肉は、その人の生活年齢に関係なく訓練期間を伸ばす、つまり実際に青年時代を延長さす、と信じているからである。

平滑筋系

平滑筋の大部分は、内部器官の形成にあずかっているが、われわれには横紋筋よりなじみがない。しかしそれを話すまえに、われわれのいう**内臓**ということばの意味をはっきりさせておこう。というのは、このことばは行動主義心理学では、いつも大きな役割を演じているからである。これらの器官の変化は、全身の多数の大きな反応をひき起こす刺激になることが多い。われわれは、なぜある反応をしたのか、という理由を、ことばで言いあらわせない場合が多い。こういう場合には、その行為に対する刺激は、内臓（その形、大きさ、化学的条件の変化）に求めなければならない。

内臓ということばの普通の意味を拡大して、口、喉頭、食道、胃、小腸、大腸、心臓、肺、横隔膜、動脈、静脈、膀胱、尿道、肛門、性器、肝臓、脾臓、膵臓、腎臓、からだのすべての他の腺を含めることにしよう。これは、厳密に科学的な分類ではないが、心理学では、内部器官のすべてを包含することばが必要なのである。

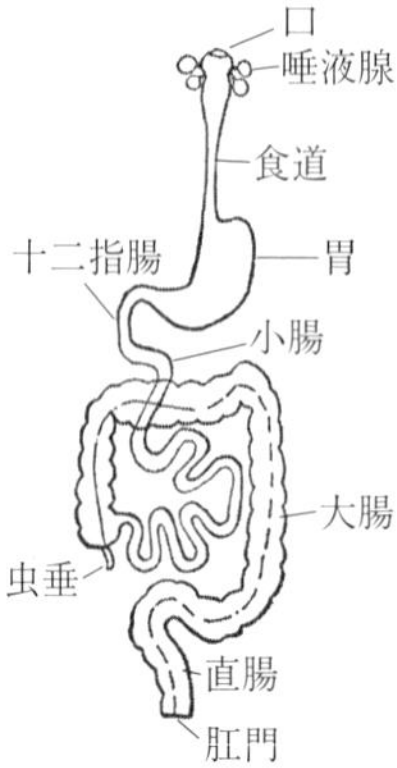

第16図　消化管の略図

平滑筋は、この分野では優勢である。しかし腺は例外である。腺については、すぐあとで述べよう(2)。

内臓器官の多くは、中空である（それは中空器官とよばれることがある）。これらの中空器官は、つねにあるものでみたされているか、一部分あるものでみたされている。たとえば胃は食物、肺は空気、心臓と動静脈は血液、小腸は吸収中の消化された食物、大腸は排泄の途上にある老廃物、膀胱は尿と他の液体状の老廃物でみたされている。これが、中空器官が重要な理由である。それらは、充満しすぎているか、空虚すぎるために、いつも「文句」をいっている。その内容はつねに動いており、つねに変化している。それゆえ、それはたえず反応している。そして各反応は、からだ全体を運動に駆りたてる、一つの内臓刺激になる。例をあげよう。胃の壁は、数層の平滑筋でおおわれている。胃に食物があるときには、胃壁は正常にのび、筋肉は静かになる。さて大人では、二、三時間たつと、食物は小腸のほうへ移行し始める。これは胃を空にする。すぐに、胃は収縮し始める。胃が律動的に収縮すると（飢餓収縮とよばれる）、われわれは食物を捜し求める。食物を手に入れるため、盗んだり、人殺しをしたりする人さえもいることが知られている。第16図は、全消化管――口、胃、小腸、および大腸――を示し、第17図は、胃の高さにおける消化管の横断面である。

膀胱と大腸では、逆の現象が起こる。これらの中空器官が充満しすぎると、それらの伸び切った壁は目に見える反応を起こす強力な刺激になり、空にする場所をわれわれに捜し求めさす。精管の伸展は、男性では、性活動をよび起こす(3)。

心臓が不規則に打ったり、動悸がしたり、心臓の拍動が減ると、目に見える反応が起こるかもしれない。酸素の欠乏、熱、寒さは、横隔膜や肺の運動に著明な変化を起こすかもしれない。

今や、何千という反応が、毎秒、この平滑筋の器官の中で起こっていることがあきらかになったはずである。これらの内臓反応はどれもこれもまた刺激になり（というのは、内臓はまた感覚器官の構造をもっているからである）、全身の活動をよび起こす。すなわち、それは横紋筋の活動を起こす。

このように、われわれの「環境」——刺激の世界——は、外部の対象の一つ、光景、音、匂い、だけでなく、内部の対象——飢餓収縮、膀胱の充満、動悸のする心臓、速い呼吸、筋肉の変化等々——の一つでもある(4)。

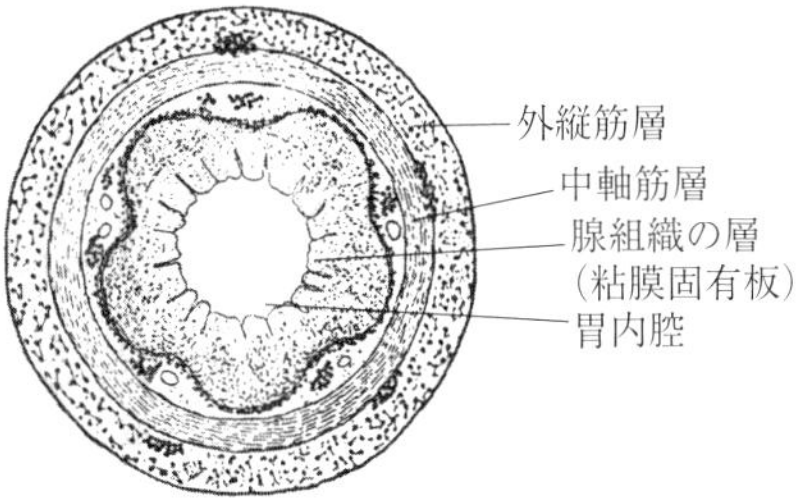

第17図　胃の横断面

平滑筋線維は、非中空器官——たとえば皮膚——の構造の重要な部分である。それを刺激すると、とりはだになる。毛はそれぞれ、それに付着した平滑筋をもっている。この毛の筋肉の機能は、イヌやネコが敵をみとめたとき、いちばんよく見ることができる。背中の毛は真っ直ぐに立つ。これらの線維は、目でも重要な役割を演じている。すなわち、瞳孔の直径を光の強さに合わす。

平滑筋の生理は、こまかい点では横紋筋とは異なっているが、主要な点では似ている。収縮、弛緩、潜伏期、加重の現象が見られる。

つぎの章では、一般の人が関心をもっている構造物——腺——について話そう。

注

(1) 心臓には、やや違った形の横紋筋が見られる。ここでは、個々の細胞は短く、互いに連結している短い枝がある。この型の筋肉は、心臓でだけ見られ、また律動的な心臓拍動と関係があるので、それについてはそれ以上何も述べないつもりである。あとで「横紋筋」と言うときには、前の(a)だけを指すものとする。

(2) 内臓には、その他結合組織、上皮組織、神経組織があることを忘れないで欲しい。しかし平滑筋組織が、少なくとも量的には、これらの器官では優勢である。

(3) 女性の場合には、男性と同じように性活動を起こす圧力がなんらないように思われる。しかしわれわれは、多くの哺乳動物のメスには季節的な発情があり、人間の女性には毎月月経があることを知っている。おそらく女性(メス)の場合には、卵の形成中に(道管のない腺から)流血中にある化学物質が放出され、それが平滑筋に周期的な変化を起こし、この変化が性活動に対する刺激になるのだろう。私は、女性の場合には、性活動に対する無条件刺激は、男性の場合よりはるかにはっきりしないものであろう、ということを示すため、このことを述べたのである。おそらくここに、人間の男性と女性の間の性の規準の相違――この相違は現在では昔ほどはっきりしていないが――を説明する生理学的に健全な一つの根拠があるのだろう。

この問題を、条件反応と無条件反応について述べたことと混同しないで欲しい。男性も女性も、視覚刺激、聴覚刺激等に性的に条件づけられる。婦人帽が男性をかきたてるのと同じように、女性は男性の帽子を見てかきたてられる。

(4) これらの強力な内臓刺激は、かなり多数の心理学者によって「動因」とよばれてきた。これは、印象的になろうとする結果、生気論的になりつつある。コロンビア大学のウッドワース教授は、この方向でとくに罪を犯した。

第4章　人間のからだ（その2）

その構造、結合の仕方、機能——日常の行動において腺の演ずる役割

The Human Body, Part II

反応器官としての腺

人は、はじめは、腺が反応器官として特別重要だとは考えないかもしれない。しかし私が、大人の前でタマネギの皮をむいたり、彼のそばで催涙ガスを放つと、彼の目には涙が出始める。涙の反応は条件づけられる。たとえば悲しいしらせを聞くと、たくさん涙がでる。また医者を見ただけでも、三歳の子供の目には嘘いつわりのない涙が浮かぶ。この型の反応は——いつわりのものでも、本当のものでも——両親には、子供をこらすのを思いとどまらせるし、乞食には錫のコップをお金で一杯にさすし、政治家には何回も選挙に勝たせる。また女性の涙は、一度ならず、帝国の運命をゆさぶったのである。

もし私が、被験者を熱い部屋におくと、皮膚の汗腺が働き始める。また唾液腺の分泌が増したり、減るため、彼の口はつばで一杯になったり、乾いたりする。このように、腺というものは、われわれと共に行

動をする器官である。それは、重要な反応器官で、内臓と密接に結びついており、実際に内臓系の一部をなしている。しかしそれは、本来は筋肉器官ではない（もちろんある平滑筋線維は存在しているが）。私が、六八ページで、腺は高度に分化した上皮組織からできている器官だ、ということを述べたのをおぼえていられるだろう。腺は反応するとき、平滑筋として収縮しないで、分泌するのである。

導管のある腺

腺を、導管のある腺と、導管のない腺〔内分泌腺〕に分類しよう。導管のある腺は、小さい開口部、あるいは管がある。そしてこの管は、腺体からからだの外部に通じているか（たとえば汗腺）、あるいは器官に通じている（たとえば唾液腺）。それは、一般に、認められるくらいの量のある種の液体、あるいは固体（たとえば外耳の耳垢《じこう》）を分泌する。全消化管には、小さい腺が並んでいる。いわゆる粘膜の表面、鼻腔、口の内面、咽頭、性器は、粘液腺でしめらされている。

その他、食物の消化に特別役立っている導管のある腺がたくさんある。唾液腺は、消化の過程をスタートさすものを分泌する。胃には数種〔幽門腺と胃底腺〕の異なった型の腺があり、これが消化を続行させる。また小腸の近くと、小腸には、分泌をする腺がある。この分泌物は小腸に注ぎ、消化の過程を完成する。こういう腺の中で主なものは、膵臓〔膵液を分泌する〕、小腸壁にある腺〔腸腺〕（第18図は、小腸の内面に存在する腺細胞を示す）、肝臓（胆汁を分泌する）である。からだの中の大きな腺の一つは、腎臓で、尿を排泄する〔腎臓は腺でないから、これは間違い〕。

腺の作用を開始さす無条件刺激は、感覚器官からやってくる。いいかえると、分泌反応（行動の一形式）は、運動反応を起こすのと同じように（感覚器官が刺激されることによって）ひき起こされる。

導管のある腺をざっと見ただけでも、分泌反応は人間の行動においてきわめて重要だ、ということがわかるに違いない。いわゆる高等な行動は、これらの下等な分泌に左右されるところが大きい。それらの一つ、あるいはそれ以上が具合が悪いときは、とくにそうである。ときどき起こるように、口の腺の分泌が多すぎたり、少なすぎるとしよう。かぜをひいたときの鼻のように、小さな粘液腺の分泌が過剰になり始めたとしよう。消化腺の分泌が故障したとしよう。分泌がないために、のどがひりひりしたり、いらいらしたとしよう。腎臓からの排泄が多くなり、膀胱が一杯になったとしよう。性器からの分泌が過度になったとしよう。そういうとき、われわれの行動全体は変わるかもしれない。また社会的な行動さえ、その巻きぞえをくうことがある。たとえば、われわれは、友人の感情を損ねるかもしれないし、傷つけるかもしれないし、立派な仕事を台なしにするかもしれないし、職を失いさえするかもしれない。さらに悪いことには、欠陥のある腺が内臓の奥深くにあるなら、われわれは、何が悪いかをことばで説明することはできないだろう。われわれには内臓や腺の作用をことばで言いあらわす能力が欠けているということは、第11章で述べよう。

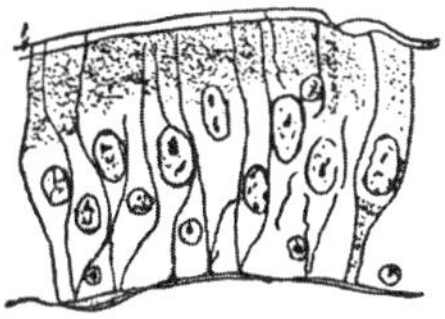

第18図　上皮細胞は集まって，腸管の被蓋上皮を形成する。

導管のない腺（内分泌腺）

最近、生理学と医学は、導管のない腺とよばれている、非常に興味があり、まだつかまえどころのない構造に非常な努力と配慮を払っている。導管のある腺は、上に述べたように、開口部を通じて、分泌を行っている。この分泌物の大部分は局所的に作用する。その他、分泌物の量は比較的大量である。

導管のない腺では、事態はまったく異なっている。たとえば甲状腺のように、器官そのものは非常に大きいが、それからの分泌物はわずかである。それは、あまりわずかなので、既知の生理学的方法で集めることも、直接測定することもできないほどである。

さらに、これらの腺は、外部への開口部がない。ではどういうふうにして、その産物をからだの外へ出すのか。そこで、これらの（閉じられた、すなわち導管のない）腺を、化学工場と考えよう。つまり、それぞれの腺が、強力な合成品か、あるいは化学物質（そのうちのいくつかを、われわれは現在知っている）を製造している。しかしごくわずかしか製造していない。血液がこれらの腺細胞を洗うとき、血液はこの化学物質を取り上げ、それらを他の器官——腺が分泌した箇所からはるか遠く離れた器官のこともある——へ運ぶ。これらのごく少量の化学物質は、からだの他の多くの器官の活動をかきたてる力をもっている。

これらの導管のない腺の分泌物は、ホルモンとよばれている。これは、文字通りひき起こすもの、かきたてるもの、という意味である（ホルモンということばは、ギリシア語のホルマエイン、刺激するから、一九〇六年スターリングにより、作られた）。そうすると、ホルモンは、ある一つの腺がからだの他の部分の活動をひき起こしたり、おさえつけるために差し向けている化学的な使者ということになる（そしてひき起こされたり、おさえつけられるのは[1]、別の内分泌腺であることがきわめて多い）。われわれが、内分泌腺の分泌物について知っているあらゆることは、それがからだに対して、薬物のように作用するということを示している。それは、からだ全体の栄養においても、成長においても、真に重要な役割を演じている。それはまた、あとで述べるように、人間のからだ全体の行動においても、きわめて重要な役割を演じている。

いちばん重要な内分泌腺

いちばん重要な導管のない腺は、（1）甲状腺と副甲状腺、（2）副腎、（3）下垂体、（4）松果腺、

（5）いわゆる思春期腺、である。内分泌と外分泌の両方を行っている腺が、この他いくつかある。たとえば膵臓、肝臓、胸腺等々〔上で、肝臓、胸腺は間違い〕である。しかし上の五つが重要である。

甲状腺

男性の甲状腺は、アダムのリンゴ〔喉頭隆起、いわゆるほどぼとけ〕の直下、気管の両側に存在している。女性では、それにあたる部分にある。それはかなり大きな腺で、二葉からなり、気管の前面で交わる橋によって結びつけられている。またそれは大部分特殊な上皮細胞からできてい、導管がない。それには、血管と神経――分泌する腺細胞に直接行っている――がたくさん分布している。

この工場では、いちばん強力な化学物質が分泌される。この化学物質は、実験的に分離され、現在では研究室で作ることができる。それは、サイロキシンとよばれ、ヨードを六〇パーセント含有している。

成長に及ぼす甲状腺の作用

もし子供が生まれつき甲状腺に欠陥があると、子供はクレチン病になる。すなわち、成長はとまり、骨は硬くなることができず〔不完全な骨化〕、皮膚は厚ぼったく、乾燥し、髪の毛は乾き、光沢がなく、生殖腺は発育しない。全身の行動はいちじるしい影響をうける。いちばん簡単なことしか学ぶことができず、年がいってもこの状態は少しも改善されない。その反応はすべてずっと子供じみている。

病気のために、大人の甲状腺をとってしまうと、体格には変化はあらわれないが、他の障害があらわれる。すなわち、皮膚は捏粉《ねりこ》のような外観を呈し、じっとり冷たく、髪の毛は乾き、ぬける。体重は急速に増加し、全身の活動は低下する〔粘液水腫〕。しかし現代では、生理学が進歩したおかげで、大人も子供も、しばしばこのような状態から抜け出すことができるようになった。実際、子供では、ヒツジの乾燥した甲状腺をのましたり、一定の間隔で少量のサイロキシンをのますと、しばしば正常な成長をとり戻すことができる。しかし上のどちらの場合も、これらの物質を一生のみ続けなければならない。

一方、甲状腺が大きくなりすぎ、分泌過剰を起こすことがある。このとき、あらゆる生命現象が亢進する（グレーヴス氏病）〔バセドー氏病〕。このとき、血圧は上がり、心臓の働きは速くなる。全身の活動は高まり、過敏になり、しばしば不眠症になる。昔は、このような場合には、外科手術が行われた。すなわち、甲状腺の一部を切除する。現在では、「特別の看護と食餌療法」が用いられる。すなわち、ヨードを含まない食事を与えて、休養させ、職業上の緊張から解放させる〔今日では、サイロキシンの生成を阻止する薬剤、サイオユラシルを用いたり、放射性ヨードを内服さす〕。

一般的に言って、甲状腺は、全身に対する一種の統治者として働いているように思われる。すなわち、甲状腺が分泌過剰を起こすと、からだのあらゆる細胞は、その作用を速めるし、一方分泌低下を来すと、細胞はその作用を遅くする。

だから行動主義者がみな、この腺について、生理学者の教えることに関心をもっているのは、決して不思議でない。

副甲状腺

副甲状腺〔上皮小体〕は、甲状腺の各葉のすぐ近く、ときにその中に埋没して存在しているエンドウ大の二つ（合計四つ）の小さな構造物である。これは特殊な上皮細胞の固い塊からできている。副甲状腺の確実な作用はまだ思弁の域をでないが〔今日ではカルシウムとリンの代謝を司ることがわかっている〕、この腺が除去されたとき何が起こるかはわかっている。病気になった甲状腺を切除するとき、副甲状腺も偶然切除されることがある。それを完全にとってしまうと、人間、実際には全哺乳動物は、死んでしまう。その喪失に引きつづいて、動物は、筋肉の振顫《しんせん》（ふるえ）――ついで痙攣、非協調性の収縮、体温の上昇、急激なあえぎ呼吸、嘔吐、下痢を起こす。最後に、死が訪れる。現在のところ、副甲状腺は、神経系の過剰活動をずっとおさえつける（神経細胞の衝撃をおさえつける）傾向のある分泌物を分泌している、と信じられている。この腺からの分泌物は、骨組織と歯を形成する上に必要なカルシウムの沈着にある影響を及ぼすように思われる。若い動物の副甲状腺をとっても、数週間生きのびる場合もある。これらの動物は、骨と歯の形成が悪い。副甲状腺の抽出物（ヒツジの乾燥した副甲状腺から作る）は、副甲状腺を除去した動物を生かしておく上に役立つが、長い期間このような動物を生かしつづける満足すべき方法は、発見されなかった。この腺から分泌される化学物質は、分離されていない〔一九二五年コリップによってパラトルモンが分離された〕。

副　腎

副腎は（左右に）二つあり、腎臓のすぐ近くにある。この二つの腺をとると、死んでしまう。二つとると、動物は、筋肉薄弱の徴候を呈し始める。体温は降下し、心臓拍動は緩徐になる。死は普通三日目に訪れる。

この腺の活動的な部分（すなわちその一部である髄質）からの分泌物は、ジョーンズ・ホプキンス大学のアーベルらによって化学的に分離され、エピネフリン、あるいはアドレニン〔アドレナリン〕と名づけられた。情動興奮のさいには、比較的大量のアドレニンが分泌され、血管に入る。長時間続くはげしい筋肉の運動があらわれるのは、強い情動興奮（「恐れ」、「怒り」、「痛み」）のさいである。

興奮をおこすような刺激のもとで筋肉の出力がこのように増加する理由は、つぎの因子に求めることができる。私は、七九ページで、肝臓にはグリコーゲンとよばれる貯蔵された食糧がある、ということを述べた。またちょっと前に、情動が興奮すると、血液中へのアドレニンの供給が増加する、ということを述べた。さてアドレニンには、肝臓内のグリコーゲンを分解し、それを血糖の形で流血中に放出する作用がある。そして血糖は、働いている筋肉へ運ばれ、それにすぐに利用できる食糧を与える。また血液中に遊離しているアドレニンは、動脈を拡張させ、働いている筋肉に、より大量の血液をより早く注ぐ。これはまた、働いている筋肉から、急速にたまる老廃物をすみやかに洗い流すという、おまけの作用をもっている。以上のことを発見したハーヴァード大学のキャノン教授は、つぎのように主張している。副腎の機能は、動物をよりはげしく、より長く戦わせ、またより早く、より遠くへ逃すことにあるが、この機能は、生物学的に見ると、敵意に満ちた環境との戦いにおいて、人間に非常に役立ったのだと。

下垂体

この非常に小さい物体は、脳の下面に位置を占めている。もしあなたが、口の屋根〔口蓋〕の後の部分に小さな孔をあけるなら、脳に達するすぐ前でそれにぶつかるだろう。それは後葉と前葉からできている。各葉は、それぞれ特徴的なホルモン（おそらくは数種の）を分泌する別個の腺とみなさなければならない。

前葉

前葉を取り除くと、二、三日で死んでしまう。体温は下降し、歩き方はふらふらし、衰弱し、下痢が起こる。幼いときの病気のため、前葉の分泌過剰が起こると、からだ全体が特別な発育を示す。これは、巨人症とよばれている。（サーカスで、このように極度に発育した巨人が見られる）。分泌過剰が後年に起こると、顔、手、および脚の骨が非常に大きくなる〔先端肥大症〕。

だれもまだ、このホルモンを化学的に分離するのに成功していない〔一九四四〜四五年、リー、エヴァンス、およびシンプソンは、前葉から成長ホルモンを抽出するのに成功した。ソマトトロピンという〕。医学上のあらゆる証拠から、前葉からの分泌物が、骨格の発育とからだの結合組織の発育に大きな作用を及ぼしていることは、疑問の余地がない。

後葉

後葉をとっても死なないが、物質代謝（食物がからだによって処理される方法）にいちじるしい変化が起こる。からだは、糖に非常に耐えるようになり、脂肪は急速にとり入れられる。若い動物の後葉をとると、性腺の発育は停止し、動物の行動は、宦官《かんがん》のようになる〔これは、間違い。前葉をとると、こういう状態になる。脂肪性器性異栄養症という〕。

後葉から分泌される化学物質は、分離されていないが〔一九〇八年、有効物質ピツィトリンが分離されたが、これは、のち、ヴァゾプレッシンとオキシトシンにわけられた〕、乾燥した腺の抽出物を投与すると、著明な作用を示す。心臓の拍動は緩徐になり、血圧は上昇する（アドレニンに似た作用）〔これは、ヴァゾプレッシンの作用〕。主要な作用は、全平滑筋にあらわれる緊張の亢進である。これは、子宮の筋肉を収縮させるとくに顕著な作用をもっている（分娩を早めるのに用いられることが多い）〔以上の作用は、オキシトシンの作用〕。後葉の抽出物はまた、腎臓と乳腺に対するいちじるしい作用をもっている〔乳腺というのは間違い。前葉の催乳ホルモンの作用をうける〕。また後葉の抽出物は、アドレニンのように、肝臓に貯蔵されたグリコーゲンの分解を速め、活動している筋肉のため、血糖の形で、それを放出する〔この現象は、前葉の成長ホルモンでおこる〕。

これは脳自体にある非常に小さい腺で、七歳ごろに、いちばん活発な発達段階に達し、それ以後は萎縮し、腺組織は徐々に消失する。この腺は、性器が思春期前に発達しないようにとめておく分泌物を、幼いときに分泌すると考えられている。松果腺は、胸腺——頸〔胸の間違い〕にある別の内分泌腺で、思春期ごろか、あるいはその前に消失する——と、この作用を分担して受けもっている。

いわゆる思春期腺

性腺は、生殖のための外分泌をなす他、また内分泌腺の分泌物、すなわちホルモンをだす。外分泌をする細胞は、性腺（真の性細胞）とよばれる。性細胞、すなわち性腺の間に、間質細胞とよばれるたくさんの小さい細胞がある。この細胞は、ホルモンを分泌する。このホルモンは血液に入り、全身に分配される。この間質細胞群が、いわゆる思春期腺をなしている。この腺は、大衆の目にも、医者の目にもとまり易い。いわゆる若返りの手術は、これと関係がある。

青年男子でこの腺（むしろこの間質細胞群）をとると——去勢（睾丸の切除）を行うとき、つねに起こるように——その青年は丈が高くなり、顔にはひげがなくなり、声は太くならず、また性的な攻撃性がなくなる。女性に対する去勢（卵巣の切除）の効果は、男性の場合ほど著明でない。

去勢された人に、性的攻撃性や積極的な性行動がないのは、生殖腺、すなわち真の性細胞がないためよりもむしろ、思春期腺に由来するホルモンがないためだ、という証拠が増加している。

いいかえると、思春期腺に由来するホルモンは、男性ならびに女性の性生活全体を活発にするらしい。このホルモンがないと、精力と性生活の若々しさとよばれるものがなくなるのである。

以上の事実から、最近、年をとった男女に、手術で性生活を回復さす方法があるかもしれないという考えが生まれた。一つの方法――パリのセルジュ・ヴォロノフ教授の方法――は、年をとったオスに、同種（あるいは類縁）の若い頑丈な動物からとった睾丸の小片を移植する方法である。教授は、移植片は「効く」――すなわちそれは生存し、そのホルモンを血液に送り始め、性的攻撃性と性的活力をとりもどす――と主張している。この腺組織は、からだのどこに移植しても、血液にその分泌物を送って、からだの中の必要なすべての組織に性的な健康を与える。このように若返った老人が女性を受胎さすことができるかどうかは、生殖細胞、すなわち真の性細胞が機能をもっているかどうかにかかっている。つまり睾丸の中の生きている精子の存在に左右される。それはともかくとして、勃起は起こるし、オーガズム（オスの性行為の本質）が起こる。こうして、性生活は延長される。

思春期腺からのホルモンの生産を増加さす他の手術は、ウィーンの外科医、シュタイナッハによって行われた。彼は、精細胞（オスから出た細胞で、メスの卵を受精さす）を運ぶ管（精管）をしばり、精細胞が外に出ることができないようにすると、真の性細胞は萎縮するが[2]、間質細胞は萎縮しないことを発見した。間質細胞は、形、数ともあきらかに増加する。その結果、その活動は盛んになる。精力を失なった男性にこのような手術をすると、あきらかに、性生活は回復する。もちろんこういう手術をうけた人は、不妊症である。というのは、精細胞は形成されないし、形成されても外に出ることが出来ないからである〔今日では避妊のために行われる。パイプ・カットという〕。

性生活を延長しようというこれらの試みが、社会に実際どういう影響を与えるかを、予言することは、まだ時期尚早である。これらの手術や、女性側のこれに似た手術の効果は、まだ非常に疑わしい。男性の場合、われわれは、それが永久に効果があるのかどうかほとんど知らない。もしこのホルモンを構成している化学物質が実験的に分離されて、サイロキシンと同じく経口的に投与したとき、効果をあらわすことが発見されたら、中年の人の劣等性や不安は大いになだめられることだろう〔一九二九年、ブテナントとドイジーにより女性ホルモンの一つ、エストロンが、一九三一年ブテナントにより男性ホルモンの一つ、アンドロステロンが分離された〕。

内分泌腺の活動は、条件づけられるか

他の反応器官、すなわち横紋筋、平滑筋、導管のある腺を研究したさい、それらの活動は条件づけられること——すなわち習慣を作ることができること——を見た。

内分泌腺の活動は条件づけられる、ということを示す、確実な証拠は手もとにない。

これらのホルモンは、強力な薬のように作用するから——それは成長と発達を支配し、からだの走る速さを調節するから——それらが条件づけられるかどうかを知ることはきわめて大切である。もしそうなら、社会は、昔より以上に、赤ん坊や子供の幼いときの訓練を注意深く見守る義務があるだろう。これらの分泌が非常に多かったり、少なかったり、あるいは分泌のバランスがとれないと、正常な行動の線に沿って子供の成長する可能性が妨げられさえするだろう。

実験的証明はないが、私は、これらの腺は条件づけることができるし、いつも条件づけられる、と確信している。われわれが、恐れや怒りとよんでいる反応（たとえば、吠えているイヌによって、ネコが身動きができなくなったり、せきたてられたり、困らされたりしている場合）をよび起こす無条件刺激は、アドレニンの増加をもたらすことが知られている。今日、われわれは、恐れ行動や怒り行動は条件づけを行うことができるこ

とを知っている。われわれは、また、甲状腺は無条件性刺激によって直接活動する、と考えるある理由をもっている。またわれわれは、積極的な性行動は条件づけることができるということを知っているから、甲状腺の活動は条件づけられると主張する十分に理論的な根拠があるわけである。この証拠から、われわれが条件づけとよんでいるからだ全体の過程では、内分泌腺も関与している、つまり条件刺激が内分泌腺の分泌過剰（機能亢進）や分泌低下（機能低下）を起こす、と主張してもさしつかえない。

以上のことは、たくさんの好ましくない条件刺激がたえず押し寄せている環境とわれわれがつねに接触する結果、精神病理学的な行動障害が起こる理由を一部説明してくれるだろうし、われわれがその環境を改善したり、それから逃げるやいなや、行動障害がよくなる理由を説明してくれるだろう。

要約

われわれは、からだについてのこの二つの章を、基本的な細胞と、それからできている基本的な組織で始めた。つぎに、われわれは、これらの組織で作られた器官をとり上げた。われわれは、感覚器官——刺激が加えられる場所——と、反応器官——横紋筋、平滑筋、導管のある腺、導管のない腺——があることを発見した。しかしもう一組の器官、伝達器官、すなわち神経系がある。その機能は、神経衝撃を、感覚器官から、反応器官——筋肉と腺——に伝えることである。伝導を行うには、各感覚器官から中枢神経系（脳と脊髄）へ、また中枢神経系から筋肉と腺へ走る神経細胞（と神経線維）の実際の鎖がなければならない。からだの研究を終えるまえに、われわれのからだの中で非常に重要なこの部分をしばらく見てみよう。

神経系の構造

七一ページで、われわれは、神経細胞、神経線維、および神経系を作っている個々のニューロンのことを述べた。神経系は、これらニューロンからできているが、これらのニューロンはつながって感覚器官から反応器官へ、実際の氷久的な伝導路を形成している。脳と脊髄という中枢神経系も、この法則の例外でない。というのは、われわれは、それを、感覚器官から反応器官へ走る伝導路の一部とみなしているからである。神経系全体、とくに脳と脊髄には、それを支持する構造物——結合組織の膜、血管——があるのはもちろんである。

感覚器官から反応器官へのいちばん簡単な伝導路——反射弓

一つの感覚器官から、反応器官へのいちばん簡単な機能的伝導路は、**反射弓**とよばれる（第19図）。電流が流れたまま放置されていたアイロンに手を触れたために、指さきにやけどをしたと仮定しよう。「あつつ」とか、その他の悪口が口に出るか出ないうちに、手はぐっと引っこめられる。われわれはこれを、反射的に引っこめる、と言っている。この行為には、三つのニューロン（理論的には）しか、関与していない。すなわち、皮膚から脊髄に伸びているニューロン、いわゆる**求心性ニューロン**と、脊髄の中のニューロン（これは脊髄の外を走らない）、つまり**中枢ニューロン**と、脊髄から手の筋肉へ伸びているニューロン、つまり**運動性ニューロン**である。これら簡単な直接の反射伝導路は、何万とある。反応器官と皮膚だけを結びつける伝導路は何千とある。これらは、危険な刺激に対してすみやかに反応するよう直接結合——節状配列——している。

長い反射弓

神経衝撃に対する伝導路はどんなに複雑でも、上に述べた短い反射弓の二つの要素——感覚器官から脊髄、あるいは脳までの求心性ニューロン（脳は、これらの短い反射弓によって、ある感覚器官、たとえば、目、耳、鼻、舌、三半規管、頭と顔の皮膚、内臓や横紋筋中のある種の感覚器官と連絡していることに、どうか注意して欲しい）と、脊髄、あるいは脳から筋肉、および腺に走っている運動性ニューロン――をつねに含んでいる。われわれが、ある刺激に反応するときはいつでも、反射弓のこれら二つの要素が関与している。

　さて、神経伝導路は、長く、複雑になればなるほど、中枢ニューロンは、一個以上の反射弓が含まれるために、それだけ長く、複雑になる。脊髄や脳の中の伝導路は、非常に複雑なことがある。われわれが、

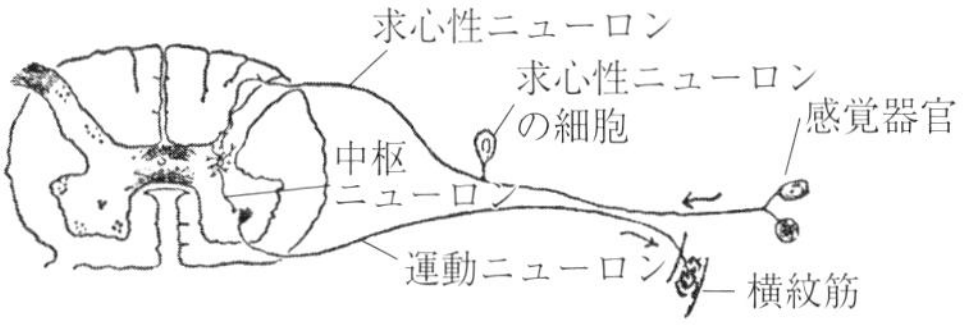

第19図　短い反射弓

つぎの反応をしなければならないと、仮定しよう。私は、階下に行き、暗やみの中で鉛筆をさがす。私は、机の上にそれをおいてきたのだ。私は手をのばした。手はなめらかで、丸いものに触れた。私は、その先をさわってみた。尖《とが》りはない。私は大声で「これは、長男の豆鉄砲だ」と言う。私はそれを下に置いて、さがしつづける。別の丸い物体に触れた。それには、尖りがある。私は、反対側をさわったが、消しゴムがついてなかった。私は再び言う。「これは、赤ん坊の玩具についている棒だ」。私は、それを下に置き、さらにさがす。最後に私は、丸い物体にさわった。それには、尖りがあり、消しゴムがついている。私は、それをつかみ、廻れ右をし、二階へ行き、書き始める。

　この種の反応は、広範囲の適応を含んでいることに注目して欲しい。手、脚および胴の筋肉はすべて、活動している。幼いころに学ばれた言語反応も働いている。からだの一部分以上が関与している。たくさんの部分が協同運動しなければならない。つまり一しょに働かなければならない。**統合**――からだの一つの部分と他の部分を結び

つけること——されている。統合というこの目的のために、われわれは、中枢神経系を必要とする。ある感覚器官内の点と一組の筋肉の間の公然たる連絡以上のものが必要である。複雑な神経伝導路系が必要である。脳と脊髄が必要である。

神経衝撃の本質

神経伝導路を通るものは、なんだろうか。感覚器官という化学工場で始まる神経衝撃とは、なんなのだろうか。それは本来、一連の局部的な電流のようなものである（それを科学的に記述すると、本質的に電気的な、化学分解の波の急速な通過、ということになるだろう）。それは、一秒約二五メートルの速さで伝わること、神経要素から酸素を取り上げると、衝撃は伝わらないこと、すなわち神経要素が活発に活動しているときには、それは休息時よりもっとすみやかに炭酸ガスを排泄することがわかっている。われわれは、神経衝撃の本質について何もかも知っていないが、実験的にコントロールされると、その神秘性がすみやかに失われる普通の物理化学的な現象だ、と確信している。

要　約

からだについてのわれわれの研究の主な結果を、一〇〇語かそこらで、今まとめてみよう。すなわち、からだは、細胞とその産物でできている。これらの細胞は、組み立てられて基本的な組織になる。そして、組織はより大きな構造物、すなわち器官に作り上げられる。各器官は、一定のまとまりをなし、一定の機能をはたしている。このような器官群は、（1）感覚器官——皮膚、目、耳、鼻等（感覚器官のうちあるものは、直接観察できない、ことを忘れてはいけない。筋肉、腱、内臓の中の感覚器官がそうである）。（2）反応器官——横紋筋、すなわち骨格筋、平滑筋、腺（大部分内臓を形成する）。第三の組は、（3）結合する器官、すなわち、感覚器官から脳、あるいは脊髄へと、脳、あるいは脊髄から反応器官へ走っている神経伝導路から出来ている神経系である。脳および脊髄自体には、非常に複雑だが、神秘的ではない伝導路があることを忘れないでほしい。人間のからだ全体は、「単純な刺激や複雑な刺激に対するすみやかな――必要があるときは複雑な――反応」という基音のまわりに築かれているのだ。

つぎの章で、われわれは、発生学的な無学習反応――訓練をうけないうちに行う反応、つまり、そう振る舞うように装備されているために、行える反応――のいくつかを研究しよう。われわれは、このような反応を、普通**本能**とよんでいる。われわれは今本気で、それは「先天的」な反応あるいは「生来的」な反応かどうか、いぶかっている。このような反応は、胎内生活を通じて加えられた複雑な刺激の結果、成長したものであることはあきらかである（それらが構造上変化するのは、鍛冶屋は腕とからだ全体をはげしく使うため、それらの構造が変わるのと同じである）。

注

（1）他の器官の活動をおさえる導管のない腺の分泌は、シャロン（chalone）とよばれることもある。〔このことばはドイツの生理学者シェファーによって作られたが、現在は使われていない〕

（2）精管を切っても、性腺（性細胞）は萎縮しないという生理学者もいる。

第5章　人間に本能があるか（その1）

才能、傾向、およびいわゆる「精神的」特性の遺伝という問題について

Are There Any Human Instincts ? Part I

つぎの四つの章で、人間は、生まれたばかりのとき、行動をする準備がどうできているか——人間の心理学の核心に触れる問題——を述べよう。

ある問題について、事実が非常に不完全なときには、一つの命題、すなわち人が立証しようと思っている状態を述べ、つぎに論理的な論議によって、この命題を立証しようとするのが、普通のやり方である。人間が生まれたときもっている装備という問題については、今日ではそういう状態にある。つまりわれわれは、人間のいわゆる「本能的」な性質については、事実を完全に補うものを知らない。それゆえあなたは、つぎの二、三章を、この場合にはどういう事実があるかという論理的な話とみなして欲しいし、また行動主義者が弁護しようとしている命題とみなして欲しい。私はまず、行動主義者の命題を提出しよう。

提出する命題

人間は、一定の構造をもって生まれた動物である。人間が、こういう種類の構造をもって生まれたときには、どうしても一定の方法で反応しなければならない（たとえば、呼吸、心臓拍動、くしゃみ等々。完全なリストは後で述べよう）。反応のこの演奏目録《レパートリー》は、一般に、各個人について同一である。しかし各人には、ある量の変異がある。この変異はおそらく、構造（もちろん構造には化学成分も入る）の変異に比例するだろう。それはおそらく現在でも、人類が何千万年もの昔にはじめて出現したときあったのと同一の演奏目録だろう。この反応群を、人間の**無学習行動**とよぼう。

人間の反応のこの比較的簡単なリストの中には、現在の心理学者や生物学者が、「本能」とよんでいるものにあたるものは何一つ入っていない。だからわれわれ行動主義者には、本能というものはない。つまり、われわれはもはや「本能」という術語を必要としない。われわれが今日、「本能」とよびならわしているものはすべて、大部分訓練の結果である。つまり、それは人間の**学習行動**の一つである。

この系として、われわれは、能力、才能、気質、精神的体質、性格の遺伝のようなものはない、という結論に達した。これらもまた、主にゆりかごの中で進行している訓練にもとづいている。行動主義者は、「彼は、立派な剣術家としての父親の能力、あるいは才能を受け継いでいる」と言おうとしない。彼は普通こう言う。「この子は、父親と同じきゃしゃなからだつき、同じ形の目をもっている。彼のからだつきは、驚くほど父親に似ている。彼もまた剣術家のからだつきをしている」。彼は言い続ける。「……そして彼の父親は、彼をとてもかわいがっていた。彼が一歳のとき、父親は彼の手に小さい剣を持たした。二人が散歩するとき、父親は、剣術の仕方、攻撃と防御、決闘の規則等のことをしゃべった」。一定の構造、プラス幼いときの訓練――**傾向**（slanting）――から、大人の行為は説明できる。

弁護する論議

まず最初に、われわれはこれからは、人間は動物であり、またそれを全体としてとらえる、と言っておこう。人間は、反応するとき、自分のからだの各部分やあらゆる部分を使って反応する。人間は、一つの筋肉群や腺群よりも、別の筋肉群や腺群で強く反応することがある。われわれはそのとき、人間が何かをしている、と言う。われわれは、これらの行為の多くに、呼吸、睡眠、這うこと、歩くこと、走ること、戦うこと、泣くことと、名前をつけた。しかし、これらの名前をつけた行為のそれぞれは、からだ全体が関与していることを、どうか忘れないで欲しい。

われわれはまた、人間を哺乳動物――霊長類――として、つまり二本の腕と二本のしなやかに動く手をもった二本脚の動物と考え始めなければならない。また、九カ月の胎内生活、無力な長い幼児期、ゆっくりと発達する小児期、八年の青年期、七〇年ほどの寿命をもった動物と考えねばならない。

われわれは、この動物が、熱帯ではほとんど遮蔽物のない所で生活し、裸で歩き、つかまえ易い動物や野生の果物や草木をたべてくらしているのを発見する。われわれは、この動物を温帯でも発見する。しかしここでは、この動物は、よく作られ、スチームで暖められた家に住んでいる。男は夏でさえもいつも重い衣服をまとい、頭――自然でも保護されているからだの部分――に帽子をかぶっている。一方女は、ごくわずかの衣服しか身につけていない。男は、ほとんどあらゆる職業――海狸《ビーバー》のように、地面に穴を掘ったり、水をせきとめたりすることから、鋼鉄とコンクリートの高い建物を造ることまで——で死にもの狂いで働いているのを発見する（女ではまれである）。また、極地では、毛皮をまとい、脂肪の多い食事をとり、雪と氷でできた家に住んでいるのを発見する。

われわれは、いたるところで、人間を発見する。彼らは、いちばん奇妙なことをし、いろいろさまざまな風習や慣習を示すのを発見する。アフリカでは、黒人はお互いをたべ、中国南部では、米をたべ、きゃしゃな箸でそれを口に投げ込む。他の国では、金属性のナイフとフォークを使う。オーストラリアの未開な原住民の大人の行動は、中国の住民の行動とは大いに異なっている。またこのグループの双方は、教養あるイギリス人とも大いに異なっている。

以上のことから、つぎの疑問がわれわれの胸に自然とわいてくる。すなわち、ヒトという種のすべての成員は、生物学史のどこで見出されようと、生まれたときは、同一の反応群で出発するのか。またこれらの反応は、同一の刺激の組でひき起こされるのか。つまり、人間は、どこで見出されようと、アフリカだろうと、ボストンだろうと、紀元前六百万年だろうと、一九三〇年だろうと、われわれが本能とよび慣わしている、学習しないでも、生まれつきもっている人間の装備は、同一なのか。人間は、アメリカ南部の木棉畑の中で生まれようと、メイフラワー号〔一六二〇年にアメリカへの最初の植民者を運んだ一八〇トンの帆船〕の中で生まれようと、ヨーロッパの王室の絹の蒲団の中で生まれようと、同一の、学習しないでも身についている装備をもっているのかと。

発生心理学者の答え

発生心理学者は、この問題に答えるいちばん資格のある学者だが、手もちの資料がかぎられているから、この問題に直面するのを好まない。しかし、彼が、是が非でも答えなければならないのなら、自分のいつわりのない確信を述べることはできる。彼の答えはこうである。「そうです。個人の変異の範囲内では、両親の地位、その人の生まれた地質学的年代、その人の生まれた地理学的地帯がどうだろうと、どの人間も生まれたときは同じです」と。

しかしあなたはこう言われるかもしれない。「遺伝は関係がないのですか。優生学は関係がないのですか。ヴァージニア州の一流の家庭に生まれるのは利益がないのですか。人間の進化には進歩がないのですか」と。ここで、たくさんの人々を興奮させて、論争の的になった二、三の疑問を吟味してみよう。

血統が純系なら、黒人の親が黒人の子を生むのは確実だし（一〇〇万年かそこらで一度、変種が生まれるとき、それは理論的には、白、黄色、あるいは赤であるかもしれない）、たしかに黄色い皮膚をした中国人の親は、黄色い皮膚の子供を生み、コーカサス人の両親は白い子供を生む。

しかしこれらの差異は、比較的とるにたらない。これはとくに、皮膚の色素の量と種類の相違のためである。しかしこれらの赤ん坊を生まれたときにとり、その行動を研究して、皮膚の白い人と黒い人、あるいは黒い人と黄色い人を行動の面で、区別さすような違いを見つけることは、たいへんむずかしい。行動には違いがあるだろうが、挙証責任は、これらの種族差は個人差より大きいと主張している人――生物学者であれ、優生学者であれ――にあるのである。

さらにあなたは、つぎの質問をされるだろう。「大きな手、短く、こわばった指、余分の指や趾をもった両親から生まれた子供は、どうなるのですか。これらの両親から生まれた子供では、こういう特別な構造が遺伝することがわかっていますが」と。これに対して、われわれはこう答える。「たしかにそうです。生殖細胞の原形質には、何千という変異が存在していて、いつも（他の因子が等しいなら）子孫にあらわれます。その他に、毛の色、目の色、皮膚のきめ、白皮症（毛や目に色素が少ないか、色素がほとんどない非常に白い人――視力はいつもおかされている）が遺伝します。生物学者は、両親や祖父母の構造を知れば、子孫の微細な構造さえ予言できます」と。

それゆえ急いで、つぎのことを認めよう。そうだ。形態と構造には遺伝的な差異がある。ある人は、長くて細い指と、精巧な喉頭の構造をもって生まれる。ある人は、背がたかく、大きく、懸賞つき拳闘試合に出られるからだつきをしてこの世に生まれる。他の人は、柔い皮膚と、濃い目の色をもって生まれる。これらの差異は生殖細胞の原形質にあり、両親から子供に伝えられる。これよりもっと疑わしいものは、若く白髪になることや、年をとって白髪になること、若くはげになること、寿命、ふたごが生まれること等々のような遺伝である。これらの質問の多くは、すでに生物学者によって答えられたし、たくさんの別の質問もやがて答えられるだろう。しかしある生物学者のように、われわれも、遺伝についての確実なこれらの事実によって、まどわされないようにしよう。すなわち、遺伝学は、これらの構造がただ存在しているということを言っているだけで、機能についてはなに一つ言っていないのだ。これが非常にたくさんの混乱の根源だった。遺伝によって据えられた構造の多くは、もし生体がある環境におかれないなら、またある刺激をうけないなら、また訓練を強いられないなら、明るみに出なかったろうし、作用をあらわさなかったろう。われわれの遺伝的構造は、子供の育て方に応じて――構造は同一だが――何千もの違ったふうに形作られる準備ができている。これを納得するために、鍛治屋の右腕を測ってみたまえ。わが国のひどい雑誌にのっている、肉体文化《フィジカルカルチュア》に貢献した筋骨のたくましい人々の絵（男性のヌードののっている雑誌のこと）を見てみたまえ。あるいは、古代の簿記係のみすぼらしく、まがった背中を見てみたまえ。これらの人々の構造は、彼らが送った生活のために（ある限界内では）作られたのである。

「精神的」特性は遺伝するか

しかしだれも、骨、腱、および筋肉については、このことを認める。「では、精神的特性（trait）はどうなのですか。行動主義者は、偉大な才能は遺伝しないというのですか。犯罪傾向は遺伝しないのですか。私たちはたしかに、これらのものが遺伝することを証明できます」と。これは古い考えである。この考えは、幼児期における形成がなにをもたらすかについて、われわれが、現在ほどに知らなかったときに生まれた考えである。この質問は、つぎのような特別な形をとることが多い。「父親も音楽家だった音楽家を見てごらんなさい。えらい経済学者、ジョン・スミスの息子、ウェスリー・スミスを見てごらんなさい。たしかに父親そっくりですよ」。行動主義者は、精神的特性、素質、傾向のようなものを認めない。だから、行動主義者は、才能の遺伝のような古めかしい問題をたてる必要がない。

ウェスリー・スミスは、経済的・政治的・社会的な問題が話題になることが多い環境に幼くして投げ込まれた。父親に対する愛着は強かった。彼がとった道は、当然の道だった。彼は、「君の息子さんは法律家か、医者か、政治家になるね」というのと同じ理由で、その生活に入った。もし父親が靴屋、酒場の経営者、道路掃除人なら、──他の社会的に認められていない仕事に従事しているなら──息子はなかなか父親のあとを継がないだろう。しかし、それは話が別だ。有名な父親の息子が有名にならないことが多いのに、ウェスリー・スミスはなぜ父親と同じく有名になったのか。これは、この特別な息子が父親の才能を遺伝したためか。何千という理由があるだろう。しかし、そういう理由はどれも、ウェスリー・スミスが父親の「才能」を遺伝したという説をもっともらしく説明してくれない。いまジョン・スミスには三人の子供がいて、この三人の子供は、それぞれ、解剖学的・生理学的には同一の機構〔習慣〕を身につけることができるように作られたからだをもっていると仮定しよう[1]。さらに、三人は、六歳のときに経済学の勉強をし始めた、と仮定しよう。一人は父親に愛された。彼は父のあとをつぎ、父が家庭教師になったために、父親に追いつき追い越した。ウェスリーが生まれてから二年後に、次男が生まれた。しかし父親は、長男をかわいがった。一方、次男は、母親からかわいがられた。母親は、夫にかまってもらえなかったので、次男の世話に時間を費やした。それで次男は、父親のすることをまねることができなかった。当然彼は、母親のすることから影響をうけた。彼は幼いときから、経済学の勉強を断念し、「ホテルごろ」〔ホテルのロビーにいて、婦人のダンスの相手をする〕になった。二年あとで生まれた三男は、両親から望まれなかった子供だった。父親は長男を、母親は次男をかわいがった。三男もまた、経済学の勉強をするようにといわれたが、両親からほとんどかまってもらえないので、毎日女中部屋に遊びに行った。不謹慎な女中が、彼にマスターベーションを教えた。一二歳のとき、自動車の運転手が、彼を同性愛者にした。のちに近所の泥棒の仲間に入り、スリになり、その後、おとりになり、ついに麻薬常習者になった。彼は、精神病院で、進行麻痺〔梅毒による精神病〕のために死んだ。これらの息子のだれも、悪性の遺伝はなかった。仮説によると、三人はみな生まれたときは同じだった。三人の妻の血統がそれぞれよかったなら、三人は、立派で、健康な子供の父親になることができたろう〔梅毒感染後の三男は、十中の八、九は例外だろう〕。

反対者はおそらくこう言うだろう。「行動主義者は、優生学や実験発生学上の既知の事実にさからって、勝手なことを言っているのです。実験遺伝学者は、両親のたくさんの行動上の特徴は、子孫に伝えられることを証明しました。彼らは、数学の能力、音楽の能力、その他いろいろたくさんの能力を挙げています」と。これに対して、われわれはこう答える。「実験遺伝学者は、古い『能力《ファカルティー》』心理学〔一七世紀の終わり哲学者ヴォルフによって唱えられた心理学。精神現象を、知的能力、感情能力のように、能力にわけて、精神を説明するもの〕の旗のもとに研究しているのです。私たちは、彼らの現在の結論のどれも重視するには及びません。私たちは、もはや『能力』(faculty)も信じていませんし、『才能』(talent)や、遺伝された『能力』(capacity)といった名前に入る紋切型の行動の型も信じていません」と。

後年のすべての行動の差異は構造の相違と幼いときの訓練の相違で説明できる

われわれはさきに、こう主張した。たとえ構造上は個人差があるにしても、学習しないでもできる人間の行為の目録は、時代ごとに非常に違っていたという客観的な証拠はないのだと。つまり、過去の人間が、一九三〇年〔本書の出版された年〕の人間よりも複雑な訓練を身につける能力をたくさんもっていたか、あるいは少なくもっていたか、という客観的な証拠は見つからない。人間の構造には、いちじるしい個人差があることは、生物学が誕生して以来知られている。しかしわれわれは、人間の行動を分析するにあたって、それを十分利用したことがなかった。私は、行動主義者や、それ以外の動物心理学者によって最近やっと明らかにされた他の事実を利用したい。すなわち、習慣形成は、十中の八、九は、胎内生活で始まり、人間の子供でさえも、その行動は、環境によってすみやかに形成されるので、どういう型の行動が遺伝し、どういう型の行動が学習されるのか、という古い考えはすべて打ちこわされると。生まれたときの構造には変異があるということと、生まれてから急速に習慣が形成されるということを承認して欲しい。そうすれば、あなたは、いわゆる「精神的」特性の遺伝という事実の多くを説明する土台を与えられるだろう。そこで、つぎの二つの点を取り上げてみよう。

（1）人間は結合のされ方が違っている

われわれが、人間の構造を研究したさい、われわれは、人間のからだを作っている材料と、それを作り上げる過程が複雑だ、という印象をかすかにうけた。これらの複雑な組織の結合の仕方には差異があるに違いないという事実も、われわれは大目に見ることができる。すなわち、生まれつき長い指をもっている人も、短い指をもっている人も、生まれつき長い腕の骨と脚の骨をもっている人も、短い腕の骨と脚の骨をもっている人も、生まれつき硬い骨をもっている人も、柔かい骨をもっている人も、生まれつき腺の発育のいい人も、悪い人もいる。さらにわれわれは、指紋の違いで人間を確認できることを知っている。同じ指紋をもっている人は、これまで二人といなかったが、人間の手と足跡を他の哺乳動物の足跡から区別できる。骨がまったく同じ人は、二人といないが、すぐれた比較解剖学者は、人間の骨（二〇〇以上ある）を、他の哺乳動物の骨の中から選び出すことができる。指紋のように簡単なものが、あらゆる個人で違っているということは、全身の行動は違っているだろうし、また違っているに違いないという絶対的な証拠になる。

赤ん坊は、這い方、泣き方、排便や排尿の回数、音声の努力、食物に対する要求が、各自違う。一卵性双生児でも、各自に差異がある。というのは、赤ん坊は、構造も違うし、化学的な構造もわずか違うからである。赤ん坊は、感覚器官のこまかい点、脳や脊髄のこまかい点、心臓や循環の機制のこまかい点、平滑筋系の長さ、幅、厚さ、柔軟性でも異なっている。

しかしこのような構造上の差異にもかかわらず、「人間はやはり人間である」。すなわち彼は、他の人と同一の材料からできているし、また習慣に関係なく、他の人と同じ一般的な建築図面をもっている。

(2) 幼いときの訓練の相違は、人間をさらにもっと違ったふうにする

以上で一人の人とあらゆる他の人間の間には、構造にわずかだが、重大な差異のあることがわかった。さらにもっと著明なのは、幼いときの訓練の相違である。われわれは、今日、条件反射は人間の子供では生まれたときに(そしておそらくは生まれるまえに)始まることを知っている。われわれは、二人の子供に——たとえ同一の家庭の子供であっても——同一の訓練を与えるようなことがないことを知っている。新婚早々のある若夫婦に、ふたご——男の子と女の子——があるとしよう。二人の子供は、同じ衣服をつけ、同じ食べ物をたべている。しかし父親は、女の子をかわいがり、彼女を愛情で包む。母親は、男の子を、これと同じように扱う。しかし父親は、男の子が自分のあとを継いでくれることを願っている。彼は、男の子には厳格である。つまり彼は、自己流に男の子をきたえずにはおかない。母親は、女の子が、しとやかに、女らしくなることを望んでいる。やがて二人の子供の行動には大きな相違があらわれる。二人は、赤ん坊のときから違った訓練をうける。つぎの子供たちが生まれる。さて、父親は、仕事に忙殺され

る。彼はより一生けんめい働かなければならない。母親は、社会的な義務にかかりきりになる。女中がやとわれる。下の子供たちには、兄さんと姉さんがいる。彼らは、上の子とまったく違った世界で育てられる。一人の子供は病気になる。厳格な訓練はなおざりにされ、すべての規則は、病気の子供には免除される。さらに一人の子供は、あらゆることにひどくおびえるようになる。つまり条件づけられる。彼は、内気になり、普通の男の子らしい活動はさまたげられる。実際、われわれは、本当にあったケースを述べよう。九歳の二人の女の子が近所に住んでいた。彼女たちは「同一の」訓練をうけた（母親同士は親しい仲で、同一の規則に従って、子供を教育した）。ある日、彼女たちは散歩した。左側の女の子は通りと、街の活動だけを見ていた。右側の女の子は、家のほうをみ、性器をだしている一人の男を認めた。右側の女の子は、ひどくびっくりし、狼狽した。そして両親と数カ月も話し合ったのちに、やっと平静になった。

われわれが引き出した結論

これら二つの点から、才能、あるいは精神的特徴の、いわゆる遺伝という事実は、どう説明されるか。かりに例をあげよう。ここに二人の子供がいる。一人は七歳、他は六歳である。父親は、偉大な才能をもったピアニストで、母親は、著名な油絵画家、肖像画家である。父親は、強くて長い手と、長くてしなやかな指をもっている（どの芸術家も、長く、さきの細い、きゃしゃな指をもっているというのは神話である）。長男は同じ形の手をしている。父親は、最初に生まれた子を愛し、母親は、つぎに生まれた子を愛している。それから「自分自身の像に似せて二人を作る」という過程が始まる。あなた自身が形成されたのと同じように、あなたが愛着をいだいている若者を形成するという原理に大部分もとづいて、世界中の人は教育される。この場合には、上の子は、驚くべきピアニストになり、下の子は、平凡な芸術家になる。少年時代の訓練の相違、あるいは傾向の相違は、こんなに大きい。構造の相違はどうなったか。どうかこのことに注目して欲しい。下の子は、ふつうの条件下なら、ピアニストになるように訓練されなかったろう。彼の指は十分に長くなかったし、手の筋肉の配列は十分にしなやかでなかった。しかしここでさえ、われわれは慎重でなければならない。ピアノは規格品である。一定の指の長さ、一定の手、手首、および指の強さが必要である。しかしその父親が下の子をかわいがっていて、「私はあの子をピアニストにしたい。私は実験をしよう——あの子の指は短い。あの子はしなやかな手をもっていないから、あるピアノを作ってやろう。あの子の短い指でも十分に届くように、キーを狭くしてやろう。特別の力、あるいはしなやかささえ必要としないように、キー用の違ったテコを作ってやろう」と言ったと仮定しよう。この条件下では、下の子は世界でいちばんすぐれたピアニストになったかもしれない。

このような因子、とくに訓練の側の因子は、遺伝の研究では、まったく無視されてきた。われわれは、特別な型の行動の遺伝についての統計を作れるほど事実を知っていない。そして人間の子供を研究して、その事実が明らかにされるまで、種々な型の人間の行動の進化と優生学に関するすべてのデータは、できるだけ慎重に受けとらねばならない。

そうすると、特性が遺伝するという実際の証拠は何一つない、というのが、われわれの結論である。私は、さぎ師、殺人、泥棒、売春婦の長い血統から生まれた、健康で、よく成長した赤ん坊といえども、注意して育てれば、最後には望ましい結果がえられると確信している。これと逆の証拠をもっている人がいるか。道徳的な家庭や志操堅固な両親から毎年生まれる何万という子供も、養育上の間違いのため、わがままになったり、盗みをしたり、売春婦になるのだ。悪者の何万の息子や娘は、大きくなって、悪者になる。そのわけは、このような環境では、違ったふうに成長することができないからである。しかし悪い先祖をもったもらい子を墜落させてみたまえ。そうするとそれは、道徳的卑劣と犯罪傾向は遺伝する、という説の明らかな証拠として用いられる。実際、われわれの社会には、われわれがこういう結論を引き出せるように十分に注意して保存されたケースの記録は、一つとしてないのだ。それなのに、心理技術者《メンタル・テスター》、ロンブローゾやその他の犯罪学者は、そういう結論をひき出したのだ。実際もらい子は、わが子のように育てられたためしがない。あなたは、慈善施設や孤児院での観察からえられた統計を使うことはできない。このような統計を無視するために行う必要のあることは、そういう所へ行って、しばらく研究することである。私がこういったからとて、こういう施設で行われた研究にけちをつけているのではない。

私は一歩前進して、こう言いたい。「私に、健康で、いいからだをした一ダースの赤ん坊と、彼らを育てるための私自身の特殊な世界を与えたまえ。そうすれば、私はでたらめにそのうちの一人をとり、その子を訓練して、私が選んだある専門家——医者、法律家、芸術家、大実業家、そうだ、乞食、泥棒さえも——に、その子の祖先の才能、嗜好、傾向、能力、職業がどうだろうと、きっとしてみせよう」と。私は、事実より先走っている。私はそれを認める。しかし反対論の提唱者もそうしているし、何千年来そうしてきた。この実験をするときには、子供の育て方や子供が住まなければならない世界をくわしく述べることを、私に許すべきだ、ということをどうか心にとめて欲しい。

遺伝的な構造上の欠陥——ある腺〔内分泌腺を指す〕の病気に明らかに見られる——がある場合や、梅毒や淋病のように、子宮内感染がある場合には、ある種の行動障害が、幼いうちにすぐにあらわれる。しかしこのような子供の場合には、からだの基本的な結合や脳が欠如しているときのように、構造上訓練の可能性がないものもいる。また、奇形、指のない人、余分の指をもった人で、容易に観察されるような構造上の欠陥がある場合には、社会的劣等性が見られる。すなわち平等な場での競争は否定される。「劣等な」種族が「優秀な」種族と一しょに育てられるときも、同じことがいえる。黒色人種が劣等だという確実な証拠は一つもないが、同じ学校で、白人の子供と黒人の子供を教育してみたまえ。また彼らを同一の（理論的には相違のない）家庭で育ててみたまえ。そうすると、社会がその破壊力を及ぼし始めるときには、黒人は競争することができなくなってしまう(2)。

社会は事実を直視したがらない、というのが真相である。種族の誇りはこれまで強力だった。だからわれわれのメイフラワー号の祖先——革命の娘たち——の誇りも高かった。われわれは、自分たちの祖先を自慢するのが好きだ。祖先は、われわれを脇によけて、別にしておいたのである。われわれは一人の紳士を作るのに三世代（ときにはもう少し多く）かかり、またわれわれのあとには三世代以上もある、と考えるのが好きである。さらに他方、傾向や特性が遺伝するという信仰は、若者たちの訓練にあたって、われわれが責任をとらなくてもすむようにさす。すなわち母親は、息子が「悪く」なると、「お父さんを見てごらんなさい」とか、「おじいさんを見てごらんなさい」と言う（彼女が、父や祖父を憎んでいてもそう言う）。「あの子の父方の先祖を考えると、期待をかけることはできない」。また娘がぐれだしたときの父親もそうだ。「なにも期待はかけられない。あの子の母親は、つき合っていたどの男にも、いつも、言い寄られていたんだから」。「もしこれらの傾向が遺伝するなら、私たちには、それに対する責任はない。特性というものは、古い心理学では、神から与えられたものだ。そしてたとえ私の息子や娘が墜落しても、両親としての私には責任はないのだ」。

過去五年間に、環境と遺伝のいずれが影響を及ぼすかという問題は、一卵性双生児の研究によって非常に明らかになった。だから、この研究を少しくわしく述べよう。

行動の早期の分化において環境のほうが相対的に強い影響を及ぼすというわれわれの主張は、一卵性双生児についての実験的研究によって否定されるか

アーノルド・ゲゼル博士は、遺伝因子と成長因子のいちばん強力な唱導者である。彼の論文「一卵性双生児の行動の類似」(『優生学ニュース』第一四巻、第五号、一九二九年五月号)の中で、彼は、一卵性双生児の行動の型は特別似ている、ときっぱり述べている。たとえば「一インチ、二インチ、三・五インチの立方体を子供のまえにおき、それに対する子供の姿勢反応、知覚反応、把持反応、探索反応を書きとめ、写真にとり、行動型の発達の詳細な研究のための客観的なデータにした」。ふたごTとCの行動の型は、このテストの条件下では、いちじるしく似ていた。行動の型の一致は、文字通り数えきれないほど多かった。たとえば、少し似ていない項目は九九あったが、五一三項目は、同一か、ほとんど同一だった。

これらの実験は興味があるが、これら二人の子供の行動の型が、同一年齢で、同一の環境条件のもとにおかれた子供、すなわち相談所にいる子供を彼が研究した場合よりも似ていたという証明は提出されていない(子供たちの体重、身体の構造、および以前の条件づけが同じだと仮定して)。私が、報告で見たかぎりは、対照実験がなされた形跡はない。ゲゼル博士はこう結論している。「われわれがふたごTとCの行動の型を同

時に観察している間中、一致の頻度はいちじるしかったので、『時計と必然論者のぐるぐる廻る車』というゴールトンのたとえを思い出したほどである」と。

ゲゼル博士の結論がこれと類似の他の研究から支持されないことは、マラーとニューマンの研究から明らかである。H・G・マラーは、『遺伝学雑誌』一九二五年、一二月号の中で、一卵性双生児BとJに対するテストを述べている。彼らがテストされたのは、三〇歳のときであった。二人は、生後二週間で、別々にされた。一方（B）は、テストされたときには、ウァイオミングに住んでいたが、その前は、ニューヨーク、ワシントン、およびその他の所に住んでいた。他方（J）は、アリゾナに住んでいた。

Bは、里親に育てられたが、この里親は、採鉱、伐採、運送を業としていた。Bは子供のとき、一日中仲間はずれにされた。彼女が正規の学校に行ったのは、職業学校に九カ月通ったのも加えて、全部で四年にすぎなかった。一五歳のとき、書記の仕事にありついたが、職業人としては非常に成功したとはいえなかった。その他彼女は、書記の仕事、管理の仕事、および秘書の仕事をやってみた。

Jも里親に育てられた。この里親は、活気のある地方で、牧場と、街道筋の飲食店を経営していた。彼女も、大部分戸外でおくり、Bのように、おてんば娘だった。彼女は、高校までずっと学校に行き、その後夏期大学に通った。彼女は、教師になり、一人の子供をもうけた。

ふたごのどちらも、非常に健康ではなかったし、病気もよく似ていた。

一般知能検査（オティス検査と軍隊式アルファ検査）の得点は、それほど違っていなかったが、ある部分では、Jはすぐれ、Bは劣り、他の部分では、Jは劣り、Bはすぐれていた。別のテスト、たとえばケント・ロザノフの連想検査では、Jは、学校に長く行ったため、ほとんど二倍も早く反応した。叩打検査では、B

は、タイプライターの経験があるため、二〇七の得点をえたが、Jは、同一の期間に、一六四点をえた。交叉テストでは、Bは六三点、Jは五三点をえた。マラーはこう結論している。運動反応時間、「意志気質」、情動、および社会的態度についてのすべての検査では、「知能検査といちじるしく対蹠的な結果がえられた。知能検査では、このふたごはいちじるしく異なった得点をえた。この差は、平均すると、テストの『規準』が確立されている母集団から無作為にとられた二人の個人の得点の中央値の差より少し大きかった」。

ニューマンは、「別々に育てられた一卵性双生児の精神的特性」（『遺伝学雑誌』一九二九年、四月号）という論文の中で、別々に――一方は都市で、他方は田舎で――育てられた一卵性双生児の男の児のさらにもっと驚くべきケースを挙げている。ふたごCとOは、一九二五年に生まれた。二人は、からだの特徴では、ほとんど見分けがつかなかった。私は、彼のことばを引用しよう。「この場合、ふたごの環境と訓練は、われわれがたしかめうるかぎりは、一般的にいって非常に似ていた。しかし二人の男の児の『パーソナリティー』は、完全に異なっていた。すべての観察者に与える彼らの印象は、正反対だったので、われわれははじめからそれによって心を打たれたほどであった」。

情動反応のプレッセイ・テストでは、C（都市の少年）の総得点は、二九点、O（田舎の少年）の総得点は、一五五点だった。したがってOは、決定的に、神経症的だった。国際集団知能検査では、Cの得点は、一五六点、一方Oの得点は、一四六点だった。サーストンの心理検査では、Cの得点は、一〇一点、Oの得点は、八四点だった。このテストは、完成、人工言語、類推、算数、および対偶を含んでいる。

ニューマンはまた、二組の一卵性双生児の姉妹を研究した。第一の組は、一八カ月の終わりに別々に別れ、一八歳のときテストされた（彼女たちは、心理テストをする一年前から一しょにくらしていた）。別々にくらしている間、環境は非常に違っていた。「この報告で述べたふたごは、心的能力では、いちじるしく異なっていた。その差異は、一しょに育てられた五〇対の一卵性双生児の三倍であった」。このケースでは、このふたごは、情動的な特徴という点では、いちじるしく似ていた（二人は人生の最初の一八カ月一しょにくらしたために、このように似たと考えられる。情動の型は、幼いときに、基礎が築かれるからである）。

ニューマンの研究した、一卵性双生児の第二の組では、環境もまた異なっていた。一方は、他方よりも七年も長く、学校へ通った。二人は、一八カ月一しょにくらしてから、別々になった。二人は、別れてから、一九年目に、テストされた。教育程度の高い方のふたごGは、「精神的」能力と「生得的」な能力のあらゆるテストで、非常にすぐれていた。情動テストでは、二人は完全に似ていた。

一卵性双生児のこれらすべてのテストで、私は、遺伝子の数と関係が行動の型を決定する因子だ、という生物学者の主張の証拠を一つとして見ることができない。一卵性双生児では、遺伝子の組は同一だが、訓練が異なれば、その結果、違った個体が生ずるのである。

ここで、われわれの論点をもう一度強調すると、とりわけ、実験室の外の生活は、かなり似ているということである。さて、われわれが、一卵性双生児を実験室に連れてき、できるだけ異なった線に沿って、生まれたときから、二一歳まで、しっかり条件づけをしたとしよう。われわれは、子供たちの一人を、ことばを使わないで成長するように条件づけをすることさえできる。子供や動物の条件づけに長い年月を費やしたわれわれは、二人の最終結果が、昼と夜が違っているほど、違っていると認めざるをえない。

しかし、この証拠に直面してジェンニングス――この人は、遺伝学に関心をもっている生物学者の中で、いちばん公正で科学的だが――は、『人間性の生物学的基礎』の中で、こう述べている。

それゆえ、別々に育てられた一卵性双生児の四つのケースの研究は、遺伝的に似た個体においてさえ、環境と体験は、精神的特徴と気質的特徴に大きな影響を及ぼし、それらにいちじるしい差異を生じさせる、と主張している人々の見解に好都合である。しかしこれら四つのケースは、遺伝的素因もまた、この点に非常に大きな影響を及ぼすという主張をも支持している。というのは、すべてのケースにおいて、異なった環境のもとで育てられたふたごは、ある点では――精神的過程のこともあるし、気質のこともある――はるかに似ていて、遺伝的素因の同一性からしか説明できないからである。そして研究の結果は、別の根拠からもたしかめられたつぎの結論に、完全に一致している。すなわち、第一に、遺伝的素因も環境も、精神的ならびに気質的特徴に大きな影響を及ぼす。第二に、ある場合に、遺伝的素因によって生じた結果が、別の場合には、環境によって生ずる。

ジェンニングスが上にあげたいくつかのケースでは、子供たちは幼いときの条件づけを一しょに受けたこと、テストというものは行動の型の実際の差異のすべてを知る手段でもないし、差異の大部分を知る手段でさえないこと、これらのケースの研究で、行動主義者は、違った線に沿って実験的に子供を訓練する機会を一つももたなかったこと、こういうことを考えに入れてくれたなら、私の立場――それについては上にあらまし述べたが――は、彼のことばを支持する合理的な事実と仮説をもっている唯一のものだということを、彼が認めるだろうと確信している。しかしわれわれはここで、一卵性双生児は、環境を強調している行動主義者が扱うのが、生物学的にいちばんむずかしいケースだということを忘れてはならない。

ここで、適性、「精神的」特徴、および（歌手の喉頭、演奏家の手、あるいは構造上健康な目や耳のように、具合のいい構造にもとづかない）特殊能力の遺伝についてはさておいて、世間一般で本能とよばれているもっと一般的な問題をとりあげよう。

本能というものはあるか

この問題に答えるのは、容易でない。行動主義者が登場するまで、人間はたくさんの複雑な本能をもった生物だと考えられていた。一群の古い著述家は、ダーウィンによって新しくたてられた理論に支配されて、人間と動物で、あらためて、完全な本能を発見しようと競い合った。ウィリアム・ジェームズは、これまで主張された本能を慎重に選択し、つぎのリストを作った。すなわち、登ること、模倣、競争心、闘争、怒り、立腹、同情、狩猟、恐れ、私有、獲得欲、盗癖、建設欲、遊戯、好奇心、社交性、はにかみ、清潔、遠慮、謙遜、恋愛、嫉妬、両親の愛情。ジェームズは、他の哺乳動物も、サルでさえも、こんな大きなリストの所有権を主張できないと述べている。

行動主義者は、ジェームズにも賛成できないし、人間はこのように複雑な種類の無学習活動をもっている、と主張している他の心理学者にも賛成できない。われわれはみなジェームズの心理学で教育されてきた。すなわち、おそらくいちばん悪い餌で育てられた。またジェームズには反抗しにくい。ジェームズはこう言っている。本能は、「結末についての予見なしに、この結末をもたらすように行為をさせる傾向」だと。たしかに、この公式は、子供や若い動物の幼いころのたくさんの行動にあてはまる。最初は、この公式は、人々を納得させるかに見える。しかし人々が、幼い動物や子供についての自分自身の観察にてらし合わせてこの公式を吟味してみると、これは科学的な定義ではなくて、形而上学的な仮定だ、ということに気づく。人々は、「予見」とか、「結末」という詭弁に途方にくれてしまう。

今日、心理学の題目で、いわゆる本能ほどたくさん書かれた題目はない。過去数年間に、本能について何百という論文が書かれた。その論文は一般に、動物の生活史全体や人間の子供の幼児期を観察したことのない人々によって、安楽椅子に坐って書かれたたぐいのものだ。哲学は本能について、どんな問題にも答えようとしない。提出された質問は、事実についての問題である。すなわち発生的な観察によってしか、答えることができない質問である。本能についての行動主義者の知識は、観察された事実が欠けているため乏しいが、彼が推理しているときには、自然科学の彼方まで行っていると非難できないと、急いでつけ加えなければならない。「本能とは何か」という問題に答えるまえに、力学にちょっと脱線しよう。そうするとわれわれは、本能などということばが、必要でないことがわかるだろう。

ブーメランの教訓

私は、手に、堅い木の棒をもっている。もし私がそれを、前に、また上に投げると、それはある距離だけ進み、地上に落ちる。私は、この棒をもち帰って、湯の中に入れ、ある角度曲げ、それをもう一度投げる。それは前方に進み、短距離進んで回転し、右に廻り、それから落下する。もう一度私はこの棒をもち帰り、それを少し作り直し、その尖端を凸面にする。私は、それをブーメラン〔オーストラリア土人の武器〕とよぶ。もう一度、私は、それを上へ、また前に投げる。再びそれは、進むにつれて、回転しながら前進する。突然それは廻り、もどり、しとやかに、静かに、私の足もとに落ちる。それは、依然として一本の棒、同じ材料でできた棒である。しかしその形は違っている。ブーメランは、投げる人の手にもどる本能をもっているのか。もっていないのか。では、なぜ、それはもどるのか。というのは、それがある力で上へ、また前へ投げられたとき、それがもどらなければならないように（力の平行四辺形）、作られているからである。ここで、上手に作られ、上手に投げられたブーメランは、投げた人のところか、投げた人の近くにもどって来るが、たとえ力学的には同じように力が加えられ、同じだけ上昇しても、二つのブーメランは厳密に同じ進路も、同じ帰路もとらない。それなのにそれらはブーメランとよばれていることに注意して欲しい。この例は、少し並はずれているかもしれない。だから少し容易な例を挙げよう。われわれは、ときどきサイコロを振る。一つのサイコロをとり、ある方法で重いつめ物をし、それをふる。そうすると、「六」の目がいつも出るだろう。なぜか。このサイコロは、そういうふうにできているから、そうなるのにちがいない。もう一度、おもちゃの兵隊をとろう。半円形のゴムの底をそれにつける。この兵隊をどう投げても、それは、いつも真直ぐに立つ。少し傾いていても、垂直の位置にもどる。ゴムの兵隊は、真直ぐに立つ本能をもっているのか。

　ブーメラン、おもちゃの兵隊、サイコロを空間に投げてはじめて、それらは特有な運動をすることに、注目して欲しい。その形か構造を変えたり、それを作っている材料を変えると（木、あるいはゴムの代わりに、鉄でそれを作る）、それらの特徴のある運動は、非常に変わってしまう。しかし人間は、ある種の物質でできてい、ある仕方で結びつけられている。もし人間が（刺激された結果）行動に駆り立てられるなら、人間は、ブーメランの運動のように特有な（しかしブーメランほど神秘的でないが）運動を示さないだろうか。(3)

心理学には本能という概念は必要でない

以上に述べたことから、今やわれわれの中心的な思想に到達する。もしブーメランが投げた人の手にもどる本能（適性、能力、傾向、特性）をもっていないなら、もしわれわれがブーメランの運動を説明する神秘的な方法を必要としないなら、もし物理学の法則でそれが説明されるなら、心理学は、これから、はるかに重要な教訓を手軽にくみとることができないだろうか。人間は、ある複雑な仕方で結び合わさったある材料でできている、と言うことはできないか。また人間を作っている材料と、その結びつき方から推して、人間は（学習によって作りかえられるまでは）、現に振る舞っているように振る舞わなければならない、と言うことはできないか。

しかしあなたは、こう主張するかもしれない。「これは、あなたの主張全体を放棄することになります。あなたは、人間はその構造上止むをえずしなければならないたくさんのことを、生まれたときにしている、ということを認めています。これこそ、私が言う本能なのです」と。それに対して、私は今や事実に進まなければならない、とお答えしよう。われわれはもはや、保育園を訪れるのを延期することができない。学生は、そこで赤ん坊や小児を研究すると、ジェームズの本能のリストをずっとあがめたてまつるような気にさせるものを、ほとんど見出さないだろうと思う。つぎの章で、人間の子供が生まれたときに、何をするかを研究しよう。

注

（1）こう言ったからとて、発生時の体質は同一だという意味ではない。

（2）私はここで、獲得された行動の特徴の遺伝については、なにも述べない。生物学からの証拠は、すべて、これに反対している。歴代鍛冶屋だった家系の幼児は、この鍛冶屋の初代がはじめにもっていたのとほぼ同じような、細くて、弱い右の上膊――左上膊より長くない右上膊――をもって、この世に生まれてくる。この事実の賛否は、ジェンニングの『人間性の生物学的基礎』三三八ページ以下にうまく要約されている。

（3）力学では、作用は反作用に等しい。すなわち、投げた人が何ダインに等しいエネルギー量をブーメランに与えると、ブーメランが投げた人にもどってくるとき同一量のエネルギー（空気中への熱の喪失を含めて）が消費される、とあなたは言ってもよろしい。だが私がある人を一本の髪の毛でさわり、その人が二フィート（六〇センチ）跳んだとき、反応はその刺激に含まれているエネルギーにまったく釣り合わない。これは、人間では、反応に用いられるエネルギーは貯蔵されているためである。力学でも同じことが見られる。すなわち、一本のマッチをすって、火薬が爆発するとき、またそよ風が断崖から大きな岩を落とし、その岩が谷間の家をこわすときである。

第6章　人間に本能があるか（その2）
人間の子供の研究はわれわれに何を教えるか

Are There Any Human Instincts ? Part II

前の章で、学習しないでも備わっている人間の装備に関連した問題の多くは、その人の生活史を研究しなければ解決できない、ということを述べた。これは、生まれたばかりの赤ん坊で研究を始める、という意味である。われわれは、人間の子供よりも他の種属の動物について非常にたくさんのことを知っているということは、不幸なことだが、本当である。過去二五年の間、動物行動の研究者は、人間以外のほとんどあらゆる種の仔について、たくさんの事実を集めてきた。われわれは、サルの仔とくらし、若いダイコクネズミやウサギやモルモットや多くの種の鳥の成長を見守ってきた。われわれは実験室で、こういう仔が、生まれた瞬間から成熟するまで、日に日に大きくなるのを見てきた。われわれは、実験室の結果を照合するため、彼らの多くがその生来の棲息地——自然環境——で、成長する有様を見てきた。

これらの研究のおかげで、多くの動物の種の学習しないで備わっている装備と、学習して備わる装備が、かなりよくわかるようになった。成長した動物の複雑な行為を見ただけでは、一連の複雑な行動のどの部分が、学習しないで備わっている装備の部類に入り、どの部分が学習して備わる装備の部類に入るかを、だれも決めることができないことを教えられた。第一に動物研究は、われわれに人間の子供に応用できる方法を教えてくれた。最後に、動物研究は、一つの種で集めたデータを、他の種に一般化するのは危険だということを教えてくれた。たとえば、モルモットは、おもい毛皮の上着と非常に複雑な一組の運動反応をもって、この世に生まれてくる。それは、実際、三日で母親から独立する。他方、グイコクネズミは、きわめて未熟な状態で生まれ、長い幼児の時期をおくり、やっと三〇日の終わりに、母親から独立する。親類関係のこの二つの種の動物（ともにげっ歯類）の、装備のこの大きな相違は、人間以下の動物の研究をもとにして、学習しないで備わっている人間の装備は何かを一般化するのが、非常に危険なことを立証している。

人間の行動を研究するとき出会う抵抗

ごく最近まで、人間の幼児期と小児期の最初の数年間におこる事柄について、信頼できるデータがなかった。実際、人間の子供を研究すると、非常に大きな抵抗にぶつかる。社会は、ひどく飢えている子供やあいまい宿や貧民街で大きくなる子供を見ても、これといって興奮しない。ところが、大胆な行動主義者が、幼児の実験的研究を企てると、いや系統的な観察を始めただけでも、たちどころに非難の声をあげる。病院の産科で実験や観察をすると、行動主義者の計画はもちろんひどい誤解をうける。「この子は病気ではないのだ。行動主義者は臨床上の方法を少しも進歩させない。だから、こういう研究はなんの役にも立たない」。さらに、観察中の子供の両親が、このことを知ると、彼らは興奮する。彼らは、心理学者がしていることについては無知である。心理学者は、自分がしていることを医者にわからせるのにひどく難渋する。心理学者は、実験保育園を完全に任されないなら（彼は一人の医者とともに働く。医者は職員だが、保育園を任されていない）、長期間満足な研究を続けることは実際不可能である。このような保育園の二、三が、現在活動中である。すなわち、カリフォルニア大学のメリー・ジョーンズ博士のところと、ミネソタ大学のアンダーソン教授のところと、ジョーンズ・ホプキンス大学のバフォード・ジョンソン教授のところと、エール大学のゲゼル博士のところである。病院を任されている医者が、幼児の心理学的研究を、病院で生まれたすべての幼児の毎日の看護の一部に入れるように手配してくれるなら、産院でも、やはり非常にたくさんの研究をすることができるだろう。

人間の幼児の行動研究

どんな人も、生理学と動物心理学の訓練を積むまで、幼児について研究しようと思ってはならない。彼は、幼児の研究をすることができる病院の保育室で、実地訓練をうけなければならない。こういうふうにすれば、赤ん坊でしても安全なことと、安全でないことを学ぶことができる。観察を記録するまえに、彼は、二、三回お産を見学しなければならない。お産を見学すると、人間の幼児は、非常に必要な手荒な扱いにもたえることができるし、変形をうけても骨折を起こさない、ということを、手っとりばやく学べるだろう。

われわれは胎内の行動について何を知っているか

人間の子供の胎内生活についてのわれわれの知識は、非常に、貧弱である。胎内生活は、卵《らん》の受精とともに始まる。子宮から取り出さねばならなかった胎児についての、チューリヒ大学のM・ミンコフスキーの最近の観察によると、二カ月から、二カ月半の胎児は、頭、胴、手足を非常に運動させるという。運動は緩慢で、非対称的で、リズムがなく、協調運動をしない。その振幅は、小さく、皮膚刺激に対する反応は存在している。また脚の位置の変化に対する反応も存在している。胎児の心臓拍動は、ずっと早く、しばしば三週目に、あらわれ始める。胃の腺は、五カ月の始めに働き始めるという証拠がある。子宮における胎児の姿勢は、非常に重要である。というのは、それは、出生後非常に長い間、幼児の運動と姿勢に影響を及ぼすからである。ワイトリッジ・ウィリアム博士は、胎児の胎内の姿勢をつぎのように述べている。

胎児と母親の関係がどうあろうと、妊娠後期の胎児は、特徴的な姿勢をしている。これは**胎勢**（habitus）といわれる。一般にそれは、子宮腔の形にほぼ合致する卵形の塊をなすといってよい。このようにして、胎児は、つぎのように折り畳まれている。つまりからだを曲げている。すなわち、背中はいちじるしく凸になり、頭は強く曲がっている。そのため、顎は胸にほとんどくっついている。股は、腹の上で曲がり、脚は膝関節で曲がり、足背は脚の前部の表面にもたれている。腕は普通はのどの上で交叉しているか、脇腹に平行である。一方臍帯は、腕と下肢の間の空間にある。普通妊娠期間中ずっと、この胎勢を保つ。もちろん、それは、しばしば、手足の運動によっていくらか変えられるし、全体に違った姿勢をとると、頭は、まれにはのばされはする。この特徴的な姿勢は、一部は、胎児の成長の仕方のためであり、また一部は、胎児が子宮腔の形に適合した結果、そうなったのである（『産科学』一八〇ページ）。

胎児の子宮内のわずかの相違が、どの程度、のちにその人の右利き、左利きに影響するか、あるいは右利き、左利きを決定するかはわかっていない。観察例の約八割で、肝臓が右にあったことが注目をひいた。この大きな器官が胎児をわずかに揺り動かし、そのため右側は左側よりいつもおさえつけられることが少ないかどうかはわかっていない。もしこれが本当なら、右側に肝臓のある幼児は、生まれたときから右利きであるはずである。ジョーンズ・ホプキンス大学で数百人の幼児について行った私の記録は、そういうことがないことを立証している。

一般的にいって、われわれは、未熟児の研究から、機能をはたす準備のできた胎児の構造について、たくさんの知識をえた。六カ月（月齢〔一月は二八日〕）では、幼児はあえぎ呼吸をわずかし、不成功に終わる運動をわずかにする。この子は決して生存しない。まる七カ月では生存するかもしれない。彼らは生まれたとき、正常産で生まれた赤ん坊と同じ装備を示す。これは、七カ月のはじめ以後は、適当刺激が加えられるやいなや、動き出す準備のできた構造物が胎児にはたくさんあるという証拠である。たとえば、空気が肺に入るや、呼吸をする。臍帯が切断されるやいなや、完全で独立した血液循環と血液の浄化が始まる。内臓系が存在している証拠である独立した物質代謝は、機能を果たす準備ができている。

人間の子供の生まれつきの装備

数百人の赤ん坊を出生後三〇日間、少数の赤ん坊を生後一年間、ほとんど毎日観察した結果、無学習反応について、（だいたい）つぎのような事実が明らかになった(1)。

くしゃみ

これは生まれたときから、十分に発達した形で始まる。ときに、それは、いわゆるうぶ声をあげるまえにあらわれることさえある。それは、一生を通じて、活動の流れ（一五七ページ）の中にとどまる反応の一つである。実際、習慣因子は、それにはほとんど影響を及ぼさない。十分な回数の条件づけ実験でくしゃみをよび起こしてから、コショウの箱を見ただけでもくしゃみが起こらないかどうかを見る実験は、これまで一つとして行われなかった。くしゃみを起こす正常の器官内刺激は、よくわかっていない。赤ん坊を、冷たい部屋から暑すぎる部屋に入れたとき、くしゃみが起こることがある。また日向に連れ出すと、あきらかにくしゃみを起こす赤ん坊がいる。

しゃっくり

これは子供では、普通生まれたばかりの時には起こらなくて、七日目から容易に起こる。五〇人以上の赤ん坊を注意して観察したところ、その中でいちばん早くしゃっくりを起こしたのは、生後六時間であった。現在わかっているかぎりでは、この反応は、日常生治の過程で条件づけられることはまれである。普通それを起こす刺激は、あきらかに、満腹の胃からやってくる横隔膜への圧力である。プレスコット・レッキー教授によると、第二の原因は、体温の低下である。

泣くこと

いわゆるうぶ声は、呼吸が確立されたとき起こる。肺は、空気という刺激が加わらないうちは、ふくらまない。空気が肺と、上部消化管の粘膜を打つや、呼吸というメカニズムが徐々に動きだす。呼吸を開始さすために、赤ん坊を、氷水の中に投げ込むことがある。氷水に投げ込むと同時に、泣き声が起こる。泣き声は普通、赤ん坊の背中と臀部を力強くこすったり、打ったりするとき起こる。これは呼吸を起こすために必ず用いられる方法である。うぶ声自体は、一人一人の赤ん坊で非常に異なっている。

空腹は泣き声を起こす。乱暴に扱うこと、割礼、刺すこと、おできの手当のような、有害な刺激は、非常に小さい赤ん坊でさえ、泣き声を起こす。赤ん坊をどちらかの手でぶらさげるとき、泣き声が普通起こる。

泣くこと自体は、すぐに条件づけられる。子供は、泣くことによって、看護師や両親や面倒を見てくれる人の反応を支配できることをすぐに学び、それ以後、それを武器として使う。赤ん坊は泣くとき、必ずしも涙を流さない。もちろん涙は、出生後一〇分にも観察される。今日では、生後すぐ目に硝酸銀溶液を点眼するため（母体の淋菌性分泌物が入らないように行う。クレーデの点眼という）、涙が普通いつ現れるか、決定することは、困難である。しかし、四日目に涙が観察された赤ん坊が非常に多かった。涙は、非常に早期に条件づけられるらしい。というのは、涙は、ただ泣くよりも、看護師や両親の運動を支配するはるかに効果的な方法だからである。

保育園の一人の子供が泣くことが、他の子供たちに対して刺激となるかどうかという実験は、これまで多数行われた。われわれの結果は、完全に否定的であった。もっと徹底的に条件をコントロールするために、活発に泣いている赤ん坊の泣き声を録音した。それからわれわれは、最初は、眠っている赤ん坊、つぎに、目をさましているが、静かにしている赤ん坊の耳もとで、この音を再生した。結果は、再び完全に否定的だった。飢餓収縮（四五ページ）、有害な刺激（また大きな音も）（一七六ページ）、疑いもなく赤ん坊を泣かす無条件刺激である。われわれは、泣くことを二〇七ページで、もう一度取り上げるつもりである。

有害な刺激の一つである疝痛《せんつう》（しめつけられるような、刺すような、引っぱられるような、発作性の痛み）は、他の型とは違った泣き声を起こす。これは、腸内ガスの形成によっておこされた腹腔の圧力上昇のためである。だから空腹のさい泣くのに用いられた筋肉群は、疝痛のさい泣くのに役立たない。赤ん坊の泣き声は、非常に違うので、二五人の赤ん坊のいる保育園で、子供がどこにいても、夜泣いている子供の名を挙げるのにたいして時間がかからないほどである。

ペニスの勃起

これは出生時に起こり、それ以後一生を通じて起こる。この反応を起こす完全な刺激の組はわかっていない。あきらかに、輻射熱、温水、性器の摩擦、おそらくは尿の圧力が、出生時に働いている主要な因子であろう。これは、人生の後期には視覚刺激等々によって、条件づけられる。ずっとあとで現れるオーガズムをもたらす刺激は、種々様々である可能性がある。性交渉やマスターベーションにおけるような短い律動的な接触は、オーガズム（と思春期以後は、それに付随する射精）をもたらす。おそらくオーガズム自体は、男性でも、女性でも、代理刺激によって（ことば、音等々によって——社会学的にもっとも重要な一因子）、速くすることもできるし、遅くすることもできるだろう。

何歳で腫脹（tumescence）が条件反応になるかは、わかっていない。マスターベーション（幼児では、よりよい命名は性器玩弄である）は、ほとんどどの年齢でも起こる。私が個人的に観察したいちばん早い例は、約一年の女の児であった（もっと早く始まることが多い）。幼児は、浴槽に坐り、石鹸の方に手をのばしたとき、偶然膣の外口に指が触れると、石鹸をとるのをやめ、膣をこすり始め、顔中一杯に微笑がただよう。私は、男の赤ん坊の場合も、女の赤ん坊の場合も、オーガズムが起こる点まで、マスターベーションが行われたのを見たことがない（思春期前の男の児では、射精がなくてもオーガズムが起こることを、忘れてはならない）。明らかに、押すこと、登ること、なでることのような後年性行為のさい用いられる非常にたくさんの筋肉反応は、男の児では、われわれが考えているよりもはるかに幼い年齢で少なくとも機能をはたす準備ができている。診察室にやってきて、観察された三歳半の男の児は、添寝されると、母親か、看護師の上に登った。勃起が起こり、彼女の乳房をいじったり、かんだりし、つぎに叩いたり、大人のに似た性運動をした。この場合、夫から別居していた母親が、この反応をわざとこの子に植えつけようとしていた。

排尿

これは、生まれたときから起こる。無条件刺激は、疑いもなく器官内のもので、膀胱における液体の圧力である。排尿行為の条件づけは、二週間目に行うことができる。しかし普通この年齢における条件づけは、ほとんど無限の忍耐を必要とする。三カ月以後は、幼児は、少し面倒を見てやれば、容易に条件づけができる。もし幼児を約三〇分ごとによく観察すると、偶然排尿してないことを発見するだろう。このとき、便器にのせる。もし膀胱に尿が一杯たまっていれば、幼児を坐らせたために膀胱内の圧力が上昇し、それが排尿行為をなすに足るだけの刺激になるだろう。これを何回もくり返すと、条件反応が完成する。幼い子供は、この行為に徹底的に条件づけられるので、この反応は、目をさまさせないでも起こるほどになる。

排　便

この行為は、生まれたときに完成しているように思われる。おそらく、このメカニズムは、出生前数週で完成したのだろう。刺激はおそらく下部結腸の圧力であろう。肛門に体温計を入れると、しばしば排便が起こる。

排便も、非常に幼い年齢で条件づけることができる。その方法の一つは、幼児を便器にのせたとき、グリセリン、あるいは石鹼液を入れた浣腸器を入れることである。この日課を何日もくり返すと、便器に触れただけで、この反応が起こるようになる。

幼いときの眼球運動

生まれたばかりの赤ん坊を、暗い部屋の中に、頭を水平にし、背中を平にして横にしておくと、かすかな光の方へ、ゆっくり目を向ける。目の運動は、生まれたばかりのときは、よく協調運動をしない。しかし、「やぶにらみ」は、多くの人が考えているほど、多いものではない。目の左右の協調運動が、最初あらわれる。目の上と下への運動は少しおそくあらわれる。光に対する運動はさらにおそく、赤ん坊の顔の上で光を円形をなして回転さすときに起こる。

よく知られているように、習慣因子によってほとんどすぐに、凝視や別の目の反応が起こり始める。私はさきに、まぶたと瞳孔の運動は条件づけられるということを述べた。

微　笑

微笑は、最初は十中の八、九、運動感覚的刺激と現実の刺激が存在するために起こる。それは四日目にあらわれ、満腹したのちにあらわれることがいちばん多い。からだの諸部分に軽く触れること、からだを吹くこと、性器や、皮膚の敏感な部位に触れること、これらは、微笑をおこす無条件刺激である。あごの下をくすぐったり、幼児をそっと突いたり、やさしくゆすったりすると、幼児は、微笑することが多い。

微笑は、条件因子が一三日であらわれ始める反応である。メリー・カヴァー・ジョーンズ博士は、微笑について広範な研究をした。多数の子供で、彼女は、条件づけられた微笑――すなわち、実験者がほほ笑んだり、あるいは幼児に子供っぽいことばでしゃべるとき（聴覚因子、ならびに視覚因子）ほほ笑むこと――は、三〇日ごろにあらわれ始めることを発見した。合計一八五例でなされた彼女の研究では、条件づけられた微笑があらわれるいちばん早い年齢は、生後八〇日であった。

手を使う反応

われわれが「手を使う反応」（manual response）というのは、頭、首、脚、胴、趾、腕、手、指のいろいろな運動のことである。それは、つぎの通りである。

頭の回転

生まれたばかりの多数の赤ん坊を、蒲団の上にあごをおいてうつぶせにさせると、頭を右、左へ振り、蒲団から頭をもち上げる。われわれは、生後三〇分からこの運動を観察した。あるとき、一五人の赤ん坊が一時に続いて検査された。一人を除いて全部が、この頭の反応をすることができた。

幼児を真っ直ぐに支えたとき頭をもち上げること

これは、頭部と頸の筋肉の発達に応じて、異なるように思われる。生まれたばかりのある赤ん坊は、二、三秒間頭を支えることができた。この子は、実験者の膝の上で、お腹と背中を支えられた。この反応は、明らかに、訓練という因子よりもむしろ筋肉が発達すると急速に進歩するように思われる。たいていの幼児では、頭部は、六カ月からもち上げることができる。

出生時の手の運動

多くの子供では、手を閉じたり、拡げたり、指をのばしたり、片手、あるいは両手の指を同時にのばすような、いちじるしい手の運動は、出生時にも観察される。普通、これらの手の運動では、親指は、手の平の中に折りたたまれ、手の運動にはあずからない。それは、ずっと後まで——一〇〇日ぐらい——手の運動に加わらない。あとで（一四六ページ）、出生時にも存在している把持について述べよう。

腕の運動

皮膚をどこかで非常に軽く刺激すると、普通、腕、手くび、手、肩の反応が著明にひき起こされる。あきらかに、運動感覚的刺激や器官刺激は、これらの反応をよび起こすが、触覚、聴覚、視覚刺激も同じく反応をよび起こす。腕は、顔の方へあげられる。頭の上にさえあげられるし、脚の方へさえ伸ばされる。しかし普通は、腕の最初の運動は、刺激がどこに加えられようと、胸と頭に向けられる（胎内の習慣の名残りであろう）。腕や手のはげしい運動を起こすもっとも特徴的な方法の一つは、鼻をつまむことである。二、三秒で、片方の腕か、両腕は、上に上がり、ついに手は実際実験者の手と接触するまでになる。もし一方の手がおさえられていると、片方の手が同じように上がる。

脚と足の運動

けとばすことは、生まれたとき見られるいちばん顕著な運動の一つである。それは、足のうらをさわるとき、熱い空気か、冷たい空気で刺激するとき、皮膚と接触するとき、運動感覚的刺激で直接刺激するときに起こる。脚や足の運動を起こす一つの特徴的な方法は、膝の上の皮膚をつまむことである。左脚を真っ直ぐのばし、膝関節部をつまむと、右足が実験者の指に近づいてき、指に触れる。右の膝関節の内側をつまむと、左脚が上がり、実験者の指を打つ。これは、生まれたばかりのときも、完全にあらわれる。足を、実験者の指に近づけるのに、二、三秒とかからないことがある。

胴、脚、足および趾の運動

幼児を、その右手か、左手を持ってぶらさげると、胴と臀部にいちじるしい「登攀」運動が起こる。胴と脚を上へ引っぱる収縮の波と、それにつづく弛緩の波、そして別の収縮の波が起こる。足をくすぐったり、お湯で刺激しても、足と趾に、いちじるしい運動が起こる。普通足のうらをマッチの棒でこすると、特徴的なバビンスキー反射がほとんどすべての赤ん坊にあらわれる。これは、変異の多い反応である。普通の型は、拇趾を上へ反らし（伸展）、他の趾を下へ下げる（屈曲）ことである。ときには、「扇」の型をすることがある。つまりすべての趾を拡げる。バビンスキー反射は、約一年で消失するが、正常の子供でも、もっと長く続くことがあるが〔大人で、出るのは異常。脳卒中などのとき出る〕、幼児は、趾でぶらさがることはできない。趾の下におかれた、針金や、他の丸い物体によって、しばしば屈曲が起こる。すなわち趾を閉じる。しかしちょっと刺激すると、棒や針金をはなす。

生まれたばかりの赤ん坊を、表面の硬いものの上に、顔を下むきにしておくと、ぐるっと回転する。ブラントン夫人は、つぎのような一ケースを記載している。被験者T（女）、生後七日。彼女は着衣で妨げられないときには、前から後へ、何回も回転した。腕をからだにくっつけて、表面の硬いものの上に顔を下むきにしておくと、彼女はいつもすぐ泣き始めた。泣くときはいつも、脚、腕、腹、背中の筋肉の弛緩と収縮が伴なった。泣いている間、彼女は普通膝を曲げ、普通は筋肉を収縮させ、それから弛緩させた。からだの両側の活動が平等でないため、彼女は最後には、からだの一側を下にして、横になったものだ。そして筋肉を最後に痙縮（スパスムス）させて、仰向けになった。ある場合には、仰向けになるのに一〇分かかり、痙縮が九回も起こった。

このケースでは、幾百の部分反応の全体が、回転という全身のより大きな行為をよび起こしたのである。ここでもまた、習慣は非常にすみやかに始まり、その反応はますます活発になり、たくさんの部分反応は減って行く。幼児がすみやかに、かつ最小の筋肉の努力で回転するのを学ぶには、何週間も、何カ月もかかる。

摂食反応

空腹の赤ん坊の顔、すなわち口角、ほほ、あごをさわると、ピクッと動く、すみやかな頭の運動が起こり、その結果、口は刺激の源に近づく（クスマウル、パイパーらは探索反射 Suchreflex とよんだ）。これは、生後五時間以後の赤ん坊で、何回となく観察された。これと違う特徴的な反応は、唇反射、あるいは吸乳反射である。眠っている赤ん坊の口角の上、あるいは下を、指先でちょっとさわると、唇と舌は、ほとんどすぐに、吸乳する位置をとる。吸乳自体は、一人一人の赤ん坊で非常に異なっている。それは、生後一時間以内のすべての赤ん坊でも見られる。出生時に著明な傷害をうけると、吸乳はおくれる。このような摂食反応は、吸乳、舌と唇とほほの運動、および嚥下を含んでいる。たいていの生まれたばかりの赤ん坊では、分娩損傷がないかぎりは（あるいは、両親が「精神遅滞」でないかぎりは）、このメカニズムは、かなり完全である。

摂食反応の全群は、容易に条件づけを行うことができる。条件づけは、人工栄養児でいちばんたやすく観察できる。手をのばすことのできる（約一二〇日で起こる）まえでさえ、赤ん坊は、哺乳瓶を見せられると、からだを「もじもじ」させて、非常に活発になる。手をのばせるようになってからは、哺乳瓶を見ただけでも、非常に嬉しそうなからだの運動を示し、すぐに泣き始める。赤ん坊は、哺乳瓶という視覚刺激に非常に敏感なので、一二フィート（三・六メートル）から一五フィート（四・五メートル）離れたところからそれを見せても、反応があらわれ始めるほどである。食べることと結びついた他のたくさんの条件因子がある。たとえば、たべ物に対する陰性反応、たべ物に対するかんしゃく等。これらは研究する価値が十分にある。これらの多くは、純粋な条件反応の組に入るように思われる。

這うこと

這うことは、まだはっきりわからない反応である。ちっとも這わない赤ん坊も多い。彼らのすべては、這うときいろいろな行動を示す。私は、たくさんの実験をしたのち、這うことは大部分習慣形成の一つの結果としてあらわれる、と信じるようになった。幼児を顔を下にしておくと、接触刺激と運動感覚刺激が、全身の活動をひき起こす。しばしば、からだの一側が、反対側より活発になる。その結果、円形（サーカス）運動が起こる。九カ月のある幼児では、数日円形の回転が見られたが、それ以上進歩は行われなかった。このように、からだを徐々によじったり、廻したりしながら、子供はときに右に、ときに左に、ときに前に、とくに後に動く。この運動で、子どもがある物体にどうにか達したり、ある物体をどうにかかいじったりできれば、われわれは、中央に餌のある迷路の中の飢えたネズミの状況に似た、状況をもつことになる。その結果、対象へ這って行く習慣ができる。もし刺激として牛乳瓶でいつも教育が行われるなら、這うことをおそらくつねに教えることができるだろう。われわれの毎日の検査は、つぎのように行われた。はだかの赤ん坊を、じゅうたんの上におく。脚を伸ばさせて、趾のいちばん遠い所にしるしをつける。つぎに、哺乳瓶か、一塊の砂糖（彼は以前砂糖に条件づけられたので、それを手に入れようともがく）を、手のとどかない所におく。検査は、五分で十分である。ときにテストの終わりに、這い出さないなら、彼のうしろ二、三フィートのところに電熱器をおく。これは、ただ全身の活動を促進さすためである。

レノアー・H・バーンサイドは、ジョーンズ・ホプキンス大学の研究室で映画やカメラ・ルシダ（物体の像を紙等に投射し、それをトレースする装置。プリズムから出来ている。写真機ではない）によって、幼児の移動のさいの協調運動について、非常に慎重な研究をした（『発生心理学モノグラフ』第二巻、第五号）。レノアーは、移動を、這うこと、這い廻ること、歩くこと、に分類している。

起立と歩行

最初は支えられて真っ直ぐ立ち、つぎは支えられないで立ち、そのつぎは歩き、走り、跳ぶ、という非常に複雑なメカニズムは、非常にゆっくり発達する。このメカニズム全体の出発点は、いわゆる「伸筋急縮」（extensor thrust）（足の底を急に圧迫したり、趾を開いてやるとき、一本の脚のすべての伸筋が急に収縮する現象。イギリスの生理学者、シェリントンの命名）が発達したものであるらしい。伸筋急縮は、普通幼児期の最初の二、三カ月には存在しない。出生後数カ月たってから、赤ん坊を、足の一部を始終床に接触させて、立位近くまで、両腕で徐々に持ち上げると、体重が足にかかるにつれ、両脚の筋肉がこわばる。この反射が出現してしばらくしてから、赤ん坊は自分のからだを引き上げようとし始める。七、八カ月のころ、多くの赤ん坊は、ちょっと手を貸してやると自分のからだを引き上げることができるし、短時間ある物体につかまると、自分のからだを立位で支えることができるようになる。この離れわざが完成すると、つぎの段階は一般に、物につかまって歩くことである。最後の段階は、独り歩きをすることである。独り歩きをする時期は、赤ん坊によってまちまちで、その子の体重や全身の健康状態や転んでけがをしたかどうか（条件づけ）といったことに左右される。独り歩きを始めるのは、生後一年のことが多いが、それよりわずか早いこともある。私の記録の中でいちばん完全に観察したケースでは、独り歩きは、一一カ月と三日であった。独り歩きを始めたのちは、この行為は学習されなければならない。それは、青少年が、自転車に乗ったり、泳いだり、スケートをしたり、綱渡りをして、からだの「平衡」をとるのを学習するのと同じである。歩くということの行為のメカニズムの発達にあたっては、二つの因子が、手に手をとって進むように思われる。一つは、からだの組織の実際の成長であり、他は習慣形成である。この行為は、指導（コーチング）によって早められるし（正の条件づけ）、一方子供が転んで、けがをすると、ほとんどどの時期でもいちじるしく遅くなる（負の条件づけ）。

発声行動

幼児の発する最初の音《おん》と、これらの音が条件づけされ、組織化されて、単語と言語習慣になることとは、第10章でくわしく述べるつもりである。

泳ぐこと

泳ぐことは、大部分は、学習の過程である。子供がはじめて泳ごうと試みるときには、腕、脚、手、胴を使う。よく組織された習慣は、十分に出来上っている。「バランス」をとること、呼吸をすること、恐れないことは、それ以外の重要な因子である。

生まれたばかりの赤ん坊を、頭だけで支えて、体温程度のお湯の中に入れると、全身の反応はほとんど起こらない。しかしもし冷水中に投げ込むと、はげしい全身反応が起こるが、泳ぎに似た運動はあらわれない。

握ること

生まれたばかりの赤ん坊は、ほとんど例外なく、右手か左手で、自分の体重を支えることができる。われわれがこれを調べるのに用いた方法は、どちらかの手に鉛筆の直径大の小さな棒を置き、その棒を指で握らすことであった。この刺激は、把握反射を起こす〔ダーウィン反射〕。そのとき普通同時に、泣き声をあげる。それから、指と手で棒をしっかり握る。この反応の間、赤ん坊を寝ている枕からもち上げることができる。助手が、両手を赤ん坊の下におき、枕に落ちたとき、支える準備をする。赤ん坊が自分のからだを支えることができる時間は、秒の何分の一から、一分以上まで、さまざまである。あるケースでは、この時間は、日によって非常に違っていた。

この反応は、生まれたときから、一二〇日ごろに消え始めるまで、ほとんど変化しない。この反応が消える日時は、さまざまである。観察されたケースでは、八〇日から、一二〇日以上であった。欠陥のある赤ん坊では、この反応は、正常な子供では消滅したずっとあとまで続く。

七、八カ月で生まれた未熟児は、この反射を正常産で生まれた赤ん坊と同じように示す。大脳半球のない赤ん坊も、同一の反応を示す。観察されたあるケースでは、これは、生まれたときから、一八日目に死ぬまで見られた。

赤ん坊は、自分の体重よりどのくらい重いものを支えることができるかは、これまで検査されたことがなかった。しかしわれわれは、赤ん坊に十分に着せたときと、少し着せたときに、これらの検査をした。

この原初的な反応は、もちろん最後には「活動の流れ」から消え失せ、二度とあらわれない。それは、あとで述べるように、手を使う習慣、手でつかむ習慣、および手をたくみに使う習慣に席をゆずるのである。

まばたき

生まれたばかりの赤ん坊は、目（角膜）に触れられたとき、あるいは空気の流れが目を打つとき、まぶたを閉じる。しかし生まれたばかりの赤ん坊は、影がすばやく目を横切ったときも、鉛筆や一枚の紙が全視野をすばやく通りすぎたときも、「まばたき」をしない。私が見たいちばん早期の反応は、六五日であった。メリー・カヴァー・ジョーンズ博士は、生後四〇日の赤ん坊で、この反応を認めた。

この反射は、明らかに、まったく突然あらわれる。それは最初は「疲労」しやすく、まったくまちまちである。生後八〇日でさえ、刺激が加えられても、まばたきをしない赤ん坊がいる。普通、生後一〇〇日の赤ん坊は、刺激を加えるといつでもまばたきをするが、この場合も刺激と刺激の間隔は少なくとも一秒なければならない。この反応は、死ぬまで、「活動の流れ」の中にとどまっている。われわれは、まだそれを立証できないがこの反応は、つぎのような条件視覚眼瞼反応のように思われる。すなわち

（U）S ………………………… （U）R
角膜との接触　　　　　　　まばたき

しかし目に触れる物体は、しばしば影を作る。よって、

（C）S　……………………………………（U）R
影　　　　　　　　　　　　　　　　　　まばたき

もしこの推理が正しいなら、影を見て、まばたきをすることは、無学習反応ではないだろう。

利き手

われわれはさきに、利き手は、長い間強制されていたその子の胎内における姿勢（真の習慣）のためだろう、と指摘した。利き手の研究は、生まれたばかりのときから、いくつかの異なった方法で行われた。

（1）左右の手くびの幅、前膊の長さ等々のような、左右の解剖学上の構造の測定。特別に工夫された器具で、数百人の子供を測定した。その結果、左右の測定で、有意な差がないことがわかった。測定の平均誤差は、観察されたおのおのの差より大きい。

（2）右手と左手でぶらさげる（握ることの項を見よ）時間を記録することによって。すべてこのような検査では、ある日には、右手で、翌日には、左手で、検査を始めるように注意を払った。第1表（左の二つの欄）を見ると、毎日の懸垂時間は、一定でないことがわかる。

（3）ある一定の時間、右手と左手でなされた仕事の全量をおおよそ記録することによって。この仕事のために、われわれは特別に工夫した加算器を用いた。これは、原理的には、たとえ赤ん坊がどう腕木を打っても、車が一方向にだけ回転するようにできている脱進器であった。車が回転すると、紐によって車にくっついている小さな鉛のおもりが巻かれる。もちろんそれぞれの手で用いるように別々の機械を作った。検査期間の始めに、二つのおもりをテーブルの上面に触れるまで下げた。それから赤ん坊の手を触れさせた。検査期間の始めに、彼の打つ運動が球を巻き上げ始める。普通赤ん坊は、観察者から刺激されないで、背中を丸出し

第1表　両手の毎日の結果

	懸垂時間（秒）		なされた仕事（インチ）	
日	右	左	右	左
1	1.2	5.6	16.16	13.75
2	2.2	3.0	25.00	15.00
3	0.6	1.4	37.50	36.25
4	0.6	0.4	12.00	15.00
5	1.2	1.0	15.00	27.00
6	1.0	1.6	17.16	16.00
7	0.6	3.2	21.25	29.37
8	1.0	2.2	24.16	18.37
9	1.8	1.8	17.25	13.00
10	1.4	0.6	28.00	9.00
平均	1.16	2.08	21.34	19.27

右が長い……3	右が多い……7
左が長い……6	左が多い……3
同じ…………1	同じ…………0

にして横になっている。五分の後に、赤ん坊を機械から離し、テーブルの上面の二つのおもりの高さを、インチで測った。

このようにしてえられた記録を見たところ、両手の仕事の間に有意の差がないことがわかった。

第1表（右の二つの欄）は、ある赤ん坊Jの生後一〇日間の記録である。この表全体は、仕事の加算と懸垂からえられた結果を示している。Jの懸垂の平均時間は、右手で、一・一六秒、左手で二・〇八秒である。右手でなされた平均の仕事量（おもりが巻き上げられた高さの平均）は、二一・三四インチ、左手は一九・二七インチであった。三日は、彼は右手でより長くぶらさがり、六日は左手で長くぶらさがった。一日は懸垂時間は等しかった。また、彼は、七日は右手で、三日は左手でおもりを速く巻き上げたことに注意して欲しい。

このように、利き手は、幼児期の最初の数日の間は変わることがわかる。しかし一人の子供の記録にもとづいて、云々することはできない。われわれは、ここでは、えられた結果の型を示すためだけに、一つの記録をあげたのである。多数のこのような記録をプロットして、分布曲線を作ると、懸垂時間を記入したときも、仕事の加算でなされた仕事全体を記入したときも、両手の間には有意の差はほとんど見られなかった。あきらかに、習慣（あるいはこれまでにわかっていない構造因子）が入ってきて、その結果を安定さすのに違いない。

（4）手を伸ばす行為が確立されてから、物を示して利き手を検査する。小さい物に手を伸ばしたり、いじったりする学習は、一三七ページで述べる。ここでは、利き手との関係のため、赤ん坊のいちばん早期の到達反応を述べよう。赤ん坊は、だいたい生後一二〇日で、はでな模様のある薄荷入りキャンデーの棒に手を伸ばすことができるようになる。われわれはまず、彼を積極的にキャンデーに条件づけしなければならない。これは、到達する習慣が確立するずっと前に、キャンデーの棒で赤ん坊を視覚的に刺激し、それからキャンデーを口の中に入れたり、赤ん坊の手にそれをおいたりすることによって、行われた。キャンデーを赤ん坊の手におくと、赤ん坊は口の中にキャンデーを入れる。普通、生後一六〇日になると、赤ん坊は、キャンデーを示されると、それにやすやす手を伸ばす。こうして、赤ん坊の利き手をしらべる準備ができた。

この興味ある期間に、われわれは全部で約二〇人の赤ん坊について、検査をした。検査をするさい、赤ん坊は、母親の膝の上においた。それで両手は自由になった。実験者は、赤ん坊の前に立ち、両手を結ぶ線上に刺激を近づけるように注意を払いながら、赤ん坊の目の高さで赤ん坊の方へゆっくりとキャンデーを差し出した。キャンデーがちょうど手の届くところにくると（そして普通それよりずっと前ではない）、両手は活発になり、一方の手か、片方の手か、あるいは両手をもち上げて、キャンデーの方へ手を近づけた。

このときどっちの手で最初に触れるかに注目した。こういう性質の検査の結果、生後一五〇日から一年では、一律で、不変の利き手がないことがわかった。すなわちある日には、右手をいちばんよく使い、別の日には、左手をいちばんよく使った。

利き手についてわれわれのえた結論

利き手についてわれわれがえた結果から、われわれは、社会の慣習によって利き手がはっきり決まらないうちは、左右のどちらの手にも反応が分化しない、と信ずるようになった。その後まもなく社会は干渉し、「おまえは右手を使え」という。すぐに圧力が加わる。「ウィリー、右手で握手をしなさい」。われわれは、右手を振って「バイバイ」(さよなら)をいうように幼児に命令する。われわれは、右手を使って食事をするように、幼児に強制する。これ自体が、利き手を説明するにたる有力な条件づけ因子である。しかしあなたは言うだろう。「なぜ社会は右利きなのですか」と。これはおそらく、原始時代にさかのぼるのだろう。しばしば提出される理論は、おそらく真実だろう。心臓は左側にある。楯を左手にもち、右手で槍を突いたり、投げた人々は、楯の上にのせられて帰るよりもむしろ、楯を手にもって帰ることのほうが多かったということを、われわれの遠い遠い原始時代の先祖たちが学ぶのは容易だった。もしこれになんらかの真理があるなら、われわれの原始時代の先祖たちが、若者を、右利きになるように教育しだした理由を容易に知ることができる。

楯がすたれるずっと前に、写本と本の時代がやってきた。そのずっと前に、遊歴詩人や、吟遊詩人(中世に、歌を歌い楽器を弾いて歩いた詩人)は、口で、伝説を結晶させた。強い右腕はわれわれの英雄伝説の一部になった。われわれの器具はみな――ロウソク、大小のはさみ、等々――右利きの人のために作られたし、現在でも、右利きの人のために作られている。

利き手が、社会的に教え込まれた習慣なら、われわれは左利きの人――社会的な圧力に抵抗した勇敢な人々――を改宗させるべきか、それとも改宗させるべきでないか。私は、左利きでも仕事が十分に早く、十分によくできるなら、その結果有害なことは何一つとしてないとかたく信じている。右利きにするのなら、言語が十分に発達しないうちに、右利きにしたらいいと思う。のちの章で、はじめから、われわれは行為を言語化――行為をことばにし、逆に、ことばを行為にする――し始めていることを示したいと思っている。さて、左利きに変えたり、急に右手を使うように子供を説得すると、子供は、六カ月の幼児の水準にもどる。彼の行為にたえず干渉することによって、われわれは、手を使う彼の習慣をこわしてしまうし、同時にしゃべることに干渉してしまうかもしれない（そのわけは、ことばと手を使う行為は、同時に、条件づけられるからである）。いいかえると、彼が再学習している間に、手を使うことだけでなく、しゃべることも下手になってしまう。子供は、完全な幼児に逆もどりする。からだ全体の組織化されてない（情動的な）内臓の支配《コントロール》が再び優勢になる。この年齢より大きい子供を変えるには、世間一般の両親や教師がしているよりももっと賢明な扱いが必要である。

主要な点は、つぎのように、結末がつくと、私は信じている。利き手は「本能」ではない。それは構造的〔解剖学的〕にきまるものでさえなく、社会的に条件づけられたものである。しかし、なぜ完全に左利きの人が、五パーセントもあり、また混合型――たとえばボールを投げたり、書いたり、たべたりするときは右手を使い、斧《おの》や鍬《くわ》を使うときは左手を使う人――が、一〇〜一五パーセントあるかはわからない。(2)

学習しないでも備わっている装備についての要約

われわれは、出生時、あるいはその直後に、光に対する瞳孔反射（対光反射）、膝蓋腱反射等々の、いわゆる臨床神経学的な徴候や反射のほとんどすべてを見た。

われわれは、呼吸に伴ううぶ声、心臓拍動、血管運動性の収縮（血管の直径の減少）と拡張、脈拍を見た。消化管では、吸乳、舌の運動、嚥下、飢餓収縮、消化管全体における腺の反応を必要とする消化、排泄（排便、排尿、発汗）を見た。微笑、くしゃみ、しゃっくりという行為は、少なくとも一部は消化管に所属している。またわれわれは、ペニスの勃起を見た。

われわれは、胴、頭、頸の運動を見た。胴に関するかぎりは、幼児が自分の手でぶらさがっているとき、いちばんよく観察できる。つぎにリズミカルな「登攀運動」があらわれる。われわれは、幼児が泣くとき、排便、排尿のとき、回転するとき、頭を上げたり、廻すとき、胴が呼吸運動をするのを見た。

われわれは、腕、手首、手、指が、たえず動くのを見た（親指は、あとまで、運動に加わるのはまれである）。この活動においてとくに注目すべきことは、くり返し手を握り、開き、閉じ、腕全体を振り廻し、手や指を口に入れ、鼻をつかみ、腕や指を顔にあてることである。

われわれは、睡眠中を除いて、脚、くるぶし、足、指がほとんどたえまなく動くのを見た。しかし眠っていても、外部（また内部）刺激が加えられると、動く。すなわち膝をまげ、脚をお尻で動かし、くるぶしを廻し、趾を廻す等々。もし足のうらにさわると、趾の特徴的な運動（バビンスキー反射）がおこる。また左の膝をつねると、左足は刺激を加えられた点まで動いてくる。右の膝の場合もそうである。

それ以外の活動——まばたき、手を伸ばすこと、手を使うこと、利き手、這うこと、立つこと、坐ること、歩くこと、走ること、跳ぶこと——は、あとの時期にあらわれる。あとであらわれるこれらの活動の大多数では、行為のどれくらいの部分が訓練、すなわち条件づけのためかを言うのはむずかしい。われわれは、大部分は、疑いなく成長による構造上の変化のためであり、残りの部分は、訓練、すなわち条件づけのためだと、信じている。

本能はどうなったか

そこでわれわれは、本能という概念全体はアカデミックなもので、無意味だ、と認める覚悟ができないか。われわれは、生まれたばかりの瞬間から、習慣因子が存在しているのを見た。またわれわれは、普通生理学的反射とよばれている、見かけは非常に単純な多くの行為の中でさえ、習慣因子が存在しているのを見た。さて、一二三ページで述べたジェームズの本能の表や他の本能の表にもどろう。ある幼児で、ジェームズが記載しているような行動——模倣、競争、清潔、その他、彼があげている他の形式——が観察されたときには、その幼児は、学習反応（彼は種々条件づけをされている）に関しては卒業生である。

したがって、現実の観察から、われわれは、もはや本能という概念を受け入れることができなくなる。われわれは、どの行為も一つの発生史をもっていることを見てきた。唯一の正しい科学的な操作は、問題になっている行為を研究のためにとり出し、その生活史を見守り、記録することではないだろうか。

微笑をとろう。それは生まれたときに始まり、器官内の刺激か、接触刺激によって、ひき起こされ、すぐに条件づけられる。母親を見ると微笑がおこる。つぎに、声の刺激によって微笑がおこる。最後に、絵で見たか、聞いたか、読んだかした人生の状況によって微笑がおこる。われわれは、何を笑うか、だれを笑うか、だれと一しょに笑うかは、特殊の条件づけをもっている。それは、われわれの生活史全体によって規定されている。それを説明するには、どんな理論も必要でない——必要なのは、発生的な事実の系統的な観察だけである。フロイト主義者がユーモアや笑いについて骨を折って作ったばかげた説は、観察や実験によって事実が明らかになったとき、吹きとんでしまうもみがらみたいなものだ。

つぎに手を使うことを取り上げてみよう。それは一二〇日で始まり、六カ月で円滑になり、早くなり、容易になる。それは、一日の中でそれに費やされた時間や、幼児が遊ぶ玩具——その玩具でけがをしようが、しまいが、またその玩具を扱うとき、大きな音のためにしばしば驚こうが、驚くまいが——に左右されるが、さまざまな仕方で完成される。幼いときの訓練という因子を無視して、いわゆる「構成本能」を論ずることは事実の世界から逃げ出すことだ。

また教育上の宣伝には、上と同じような無意味なことばがたくさん見られる。「子供の内部の資質を発達させよう」というのがそうである。性質や本能というこの神秘的な内部生活をあらわしている他の句は、「自己実現」、「自己表現」、「しつけのない生活」（たとえば野蛮人の）、「残忍な本能」、「人間の下品な自我」、「基本的な事実」のようなことばである。アルバート・ペイスン・ターフーン、ジャック・ロンドン、レックス・ビーチ、エドガー・ライス・バローズのような作家（これらの作家は、野生の動物、冒険、探検、金鉱の発見をテーマにして小説を書き、原始的なもの、本能的なものを強調した）が、今日世間一般におよび起こしている反響は、心理学者自体の間違った考えによって助長され、支持された、社会の言い伝えが（とくに性に対するタブーを通じて）貯えられている機構のためである。

行動主義の中心的な原則――複雑な行動はすべて簡単な反応の成長、あるいは発達であるという原理――をもっと理解し易くするために、ここで**活動の流れ**（activity stream）という考えを入れることにしよう。

ジェームズの「意識の流れ」の代わりとしての活動の流れ

だれもかれも、意識の流れについてのウィリアム・ジェームズの古典的な章になじみがある。われわれはみなその章が好きだった。しかし今日では、それは、乗合馬車が現代のニューヨークの五番街（東京の銀座にあたる）にあるように、現代心理学には不釣合である。乗合馬車は、絵のように美しいが、もっと能率的な交通機関に席をゆずってしまった。

われわれは、人間の幼児の行動について、既知の事実の多くを吟味してきた。ますます複雑になる人間の機構の全体を示すために、図を描いて見よう。この図はたいへん複雑である（第20図）。まず第一に、われわれは、図表の上に、ごくわずかの活動しか示す余地がない。第二にわれわれの研究は、正確な図を作れるほどデータが完全でない。最後に、それを起こす内臓反応と内臓刺激、および情動反応と情動刺激についてのわれわれの知識は、とうてい正確とはいえない。

こういう困難があるにもかかわらず、複雑な生活の図表を考えてみよう。卵が受精したときに始まり、年が増すにつれてますます複雑になる活動の流れを考えてみよう。われわれが遂行する無学習行為のいくつかは、短命である。それらは、わずかの期間しか、流れの中に止まっていない。たとえば、吸乳、学習されない把握（学習された把握や手を使うこととは逆に）、拇趾の伸展（バビンスキー反射）。それらは、その後永久に流れから消え去ってしまう。人生ののちになって始まり、その後のこる他のものを考えてみよう。た

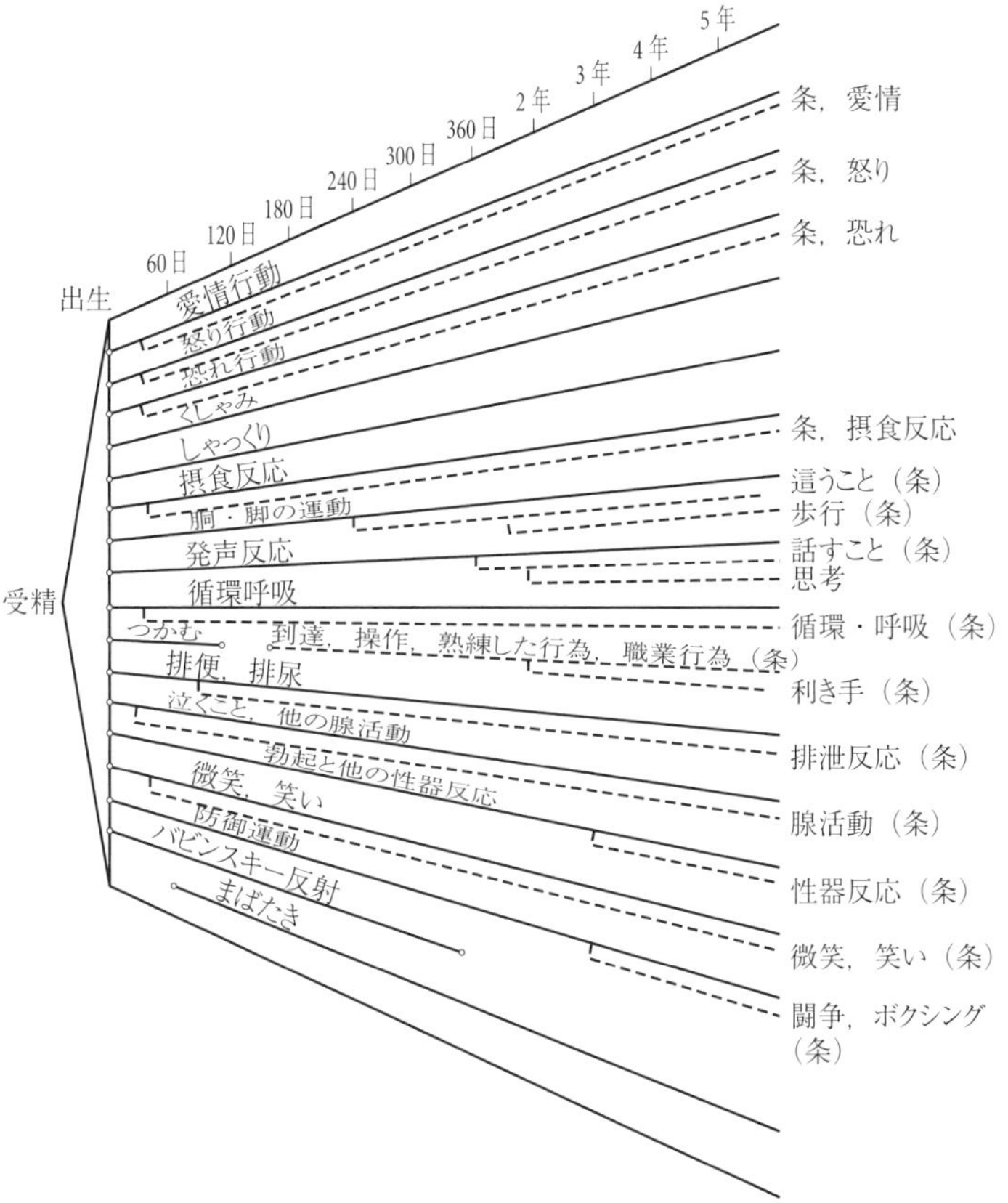

第20図　活動の流れ。この略図はますます複雑になる人間の活動の系統を示す。実線は各系統の無学習の始まりを示し，点線は各系統が条件づけによって，どんなに複雑になるかを示す。この図は完全なものでも正確なものでもない。したがってもっと徹底的に発生的研究をするまで，この種の図を，各年齢の幼児ができることを測る物差しとして使ってはならない。

とえば、まばたき、月経、射精。まばたきは死ぬまで、月経は、四五〜五五歳まであり、その後なくなる。射精は、七〇代〜八〇代、あるいはそれ以後まで、男性の図表に残っている。

無学習行為はそれぞれ——呼吸や循環でさえ——生まれてすぐ条件づけられるという観点をもつことは、非常に重要である。またわれわれは、腕、手、胴、脚、足、趾の無学習運動は、すぐに安定した習慣になり、そのうちのいくつかは、一生涯流れの中に残り、他はわずかの期間だけ存在し、のちには永久に消えてしまうということを忘れてはならない。たとえば、二歳のときの習慣は、三、四歳の習慣にとって代わられねばならない。

この図表は、心理学の全領域をグラフの形で、すみやかに示してくれる。行動主義者が、研究しているあらゆる問題は、決定的で、確実で、実際に観察できる事件というこの流れの中に、位置を占めている。それはまた、行動主義の基本的な観点を示している。すなわち、人間を理解するために、われわれは、人間の活動の生活史を理解しなければならないという観点を示している。それはまた、心理学は自然科学で、生物学の決定的な一部分だということを、納得のゆくように示している。

つぎの二つの章で、われわれは、人間の情動に対する場合は、本能に対する場合よりも行動主義者の手でうまく行くかどうかを見ることにしよう。

注

（1）ジョーンズ・ホプキンス大学付属病院心理学実験室で研究しているマーガレット・グレイ・ブラントン夫人は、この問題についての貴重なデータをわれわれに提供して下さった（『心理学評論』第二四巻・四五六ページ）。メリー・カヴァー・ジョーンズ博士の研究「幼い子供における行動の早期の型の発達」（『発生心理学雑誌』第四巻、一九二六年）は、本書では自由に引用した。

（2）ここに注目し、追求しなければならない、いくつかの因子がある。親指、指、手をしゃぶる子供は、多い。そしてうまく扱わないと、これは、小児期の終わりまで続く。つねにそうとはいえないが、指しゃぶりには同じ側の手がいつも用いられる。そして指しゃぶりに使わない方の手が、物を扱うのがすぐにうまくなる、と予想される。また、立つ時期に達した幼児は、何カ月もの間、どちらかの手――おそらく実際にはより訓練され、より強い方の手であろうが――でつかまる。この期間には、反対側の手は空いている。そしてつかまる方の手は、使わないため遅れをとった方の手に追いつき、追い越すかもしれない。大人を対象に質問紙法を使ったり、統計的研究をしても、この問題は決して解明されないだろう。

第7章　情動（その1）

Emotions, Part I

われわれはどういう情動をもってこの世に生まれてくるのか。われわれはどういうふうにして新しい情動を獲得するのか。われわれはどういうふうにして古い情動を失うのか。――この分野の一般的概観といくつかの実験的研究

上の二つの章で、われわれは、本能について現在行われている考え方が、行動主義者の実験的発見と一致しないことを示した。それでは、現在の情動（情緒）という概念については、よりましだと言えるだろうか。

本能という題目を除いて、おそらく情動ほどこれまでにたくさん書かれた題目はないだろう。なるほど過去二〇年間に、フロイト主義者や後期フロイト主義者によって発表された著書、論文、雑誌の数は、かなりの大きさの部屋を一杯にするほどである。それにもかかわらず、行動主義者は、これらのおびただしい文献を読むとき、その中に中心となる科学的見地が欠けていると感じざるをえない。一五年にもならな

い昔、行動主義者の発生的研究がみのりをあげ始めたときにはじめて、情動の問題も単純化できるし、またその解決に客観的な実験的方法を応用できるということがあきらかになった。われわれの多くは、情動についてのジェームズの「理論」で教育されたから、これから出発しよう。彼の主張の弱点を指摘することは、行動主義者は方法と結果に貢献する真のものをもっているということを、人々に納得させるいちばんやさしい道である。

情動についてのジェームズの内省的見解

四〇年ほど昔に、ジェームズは情動の心理学を退歩させた。しかしこの退歩は、最近やっととり返され始めた。生理学者、医学者であり、それに加うるに、世界がかつて知ったいちばんすぐれた心理学者であったジェームズは、彼より何十年も前に生まれたダーウィンから遠く離れてしまった。ダーウィンとランゲは、情動反応をひき起こす刺激と、それに対する反応を強調した。恐れの反応についての彼らの客観的な記述は、古典的であり、また徹底的に客観的・行動主義的であった。

しかしジェームズは、情動反応の客観的な記述にはうんざりしてしまった。彼は、情動の客観的な取り扱いを注釈して、こう言っている。「これまでに情動についてはたくさんのことが書かれたが、その結果を見ると、情動の単なる記述的文献は、心理学の中でいちばん退屈な部分の一つだ、ということがわかる。そしてそれは退屈であるだけでなく、あなたは、その細部は大部分作り話か、とるにたらないもので、正確のようなふりをしているが、実際にはまやかしだ、と感じられるだろう」と。ジェームズは一つの公式——あらゆる個々の情動を投げ入れることのできることばの容器——を捜し求めた。彼自身のたとえを使うと、彼は金の卵を産むガチョウをつかまえようとした。「というのは、そのとき産まれた一つ一つの卵を書きとめるのは、くだらないことだからである」と、彼は言っている。

金の卵を生むジェームズのガチョウ

ジェームズは、つぎの公式を発見した。すなわち「私の理論によると、これとは逆に、興奮を起こすものを知覚した直後に、肉体の変化がよび起こされ、そしてよび起こされたこの肉体の変化に対するわれわれの感じが情動だ」と。この公式の証明はなにか。彼に一そう発言する気にさせたわずかの内観だけが、彼の理論全体の中心点である。「もしわれわれがなにか強い情動を空想し、それについてのわれわれの意識から、肉体の徴候についてのすべての感じを取り去ろうとするなら、あとに何も残らないことに気づくだろう。情動を構成している『精神の材料』は何もなく、残っているものは、知的な知覚の冷やかで、中立的な状態だけであることを発見するだろう」。だからジェームズによると、情動を研究する最善の方法は、一つの情動をもちながら、じっと立ち、内観し始めることである。あなたの内観の結果は、つぎの形をとるだろう。「私はゆっくりした心臓の拍動の『感覚』をもつ――口の中がかわいた『感覚』をもつ――私の脚からやってくる一群の『感覚』をもつ。この『感覚』群――この意識状態――が恐れという情動である」。各人は、彼自身の内観をもたなければならない。どんな実験的研究方法も不可能である。観察の検証も不可能である。いいかえると、情動の科学的・客観的研究は不可能である。ジェームズや、彼の後を追って、この題目を研究した人々の胸には、情動反応の型は、どういうふうにして発生するのか、思弁しようなどという考えが浮かばなかったのはあきらかである。まして、実験しようという考えは浮かばなかった。彼ジェームズにとっては、それは、われわれの未開な祖先の遺産である。実質のない、ことばの上だけのこの公式によって、ジェームズは、心理学から、いちばん美しく、いちばん興味のある研究分野を取りあげてしまった。彼は、情動の研究に、ほとんどとりかえしのつかない条件を課してしまった。というのは、ジェームズの公式は、この国の実際に指導的なすべての心理学者にうのみにされたからだし、また彼らは、思いもよらないほど長い年月の間、平気でそれを教えつづけるだろうからである。

現在行われている情動のリスト

ジェームズは、内観以外の方法を用いようとしないで、まず、彼が粗大感情――悲しみ、恐れ、怒り、愛――とよんでいるもののリストと、彼のいう繊細感情――道徳感情、知的感情、および美的感情という項目にまとめられる――のリストをあげている。後者の数はたいへん多いので、一つ一つあげられないほどである。

マグドゥーガルは、これとは違った分類をした。彼は、どの主要な本能も、それと結びついた一次的な情動をもっていることを発見した。たとえば、恐れという情動は、逃走本能と結びつき、嫌悪という情動は、拒否本能と結びつき、驚歎という情動は、好奇本能と結びつき、怒りという情動は、喧嘩本能と結びつき、征服と得意という情動は、卑下本能および自己主張本能と結びつき、情愛という情動は、父性本能および母性本能と結びついている。このほかに、性格のはっきりしない情動傾向のグループがある。われわれはすでに、念入りにこしらえられたマクドゥーガルのこの本能群が（本能として）存在しないことを示したから、それについて一そう考察するのはむだである。また現行の他の心理学教科書にのっている情動のリストを吟味するのに、時間を費やすことはできない。こういうリストは価値がない。というのは、それを作るのに、客観的な方法が一つとして、用いられてないからである。

情動という問題に対する行動主義者の研究

過去数年の間、行動主義者は、新しい角度から、情動という問題を研究した。成人についての観察から、成熟した個人は、男性も女性も、情動という一般名のもとに包括される広い範囲の反応を示すことがわかった。アメリカ南部の黒人は、太陽の皆既食とともに訪れる暗さを見て哀れな声を出し、おののき、しばしばひざまずいて、泣き叫び、自分の罪を許してくれるように神に祈る。これらの黒人は、夜墓地を横切ろうとしない。彼らは、お守りや遺品を見せられると、すくみ、しりごみする。彼らは、雷が落ちた森を焼こうとしない。農村社会では、大人も子供も、暗闇が訪れ始めるやいなや、家のまわりに集まる。彼らはしばしば、夜気にあたると「みじめになる」と言って、それに理屈をつける。もっと人ずれしたわれわれの観点から判断して、いちばん普通の種類の状況は、彼らにいちばん強い種類の情動反応をひきおこす。

しかし問題をさらに明確にし、身近に感じられるようにしよう。ここに、三歳のある子供が、われわれの実験室で、こわがったもののリストがある。すなわち、暗闇、すべてのウサギ、ネズミ、イヌ、魚、カエル、昆虫、機械仕掛の動物のおもちゃ。この幼児は、積木ではしゃいで遊んでいる。一匹のウサギか、他の動物をそこに入れると、この子は組み立てる活動をみなやめてしまう。彼は、囲いの一方の隅へ逃げて行き、「それをのけてちょうだい」と泣き叫ぶ。同じ日に検査された別の子は、これとは違った態度を示した。また別の子は、恐れの反応を示さないかもしれない。

行動主義者が、成人の反応型を検査すればするほど、人々を取り巻いている物や状況の世界は、物や状況を能率的に使用したり、取り扱ったりするさいに要求される反応よりも、もっと複雑な反応をよび起こすことを発見する。いいかえると、対象は「充電」されているように思われるし、また能率的な習慣の法則があてはまらない何千の付随的な身体反応をよび起こすように思われる。私は、これを、黒人のウサギの脚で説明しよう。われわれにとって、ウサギの脚は、その動物の死体から切りとられ、投げ捨てられたものである。人は、それを、イヌの餌の一部として、イヌに投げてやるかもしれない。ところが、多くの黒人は、ウサギの脚に、このように単純な方法で反応しない。黒人は、それを乾かし、磨き、ポケットに入れ、気にかけ、大切にし、非常に注意して守る。彼はときどきそれをしらべる。心配なことが起こったときには、彼はそれに指図と援助を求める。一般的にいうと、彼は、ウサギの脚として、それに反応しなくて、宗教的な人が神に反応するのと同じように、それに反応する。

文明というものは、物や状況に対するこのような余分な反応を、ある程度、人からはぎとってしまった。パンは、空腹のとき、たべるものであり、酒は、食事とともにか、おめでたいときに、飲むものである。しかし単純で、平凡で、非情動的なこういうものが、教会で聖餐式をまねして個人に供せられるときには、ひざまずかせ、祈らせ、おじぎをさせ、目を閉じさせ、ことばやからだのもろもろの反応をよび起こす。聖者の遺骨や遺品は、ウサギの脚が黒人によび起こすのとは異なっているが、（起源という点では）完全に似た反応を、敬虔で、宗教的な人によび起こす。行動主義者はさらに前進し、彼の同僚の日常の行動を研究しさえする。たとえば、行動主義者は、隣りの家の人が夜間地下室でする物音を聞いて、まったく子供のような反応を起こすことを発見する。また行動主義者は、主《しゅ》のみ名が「濫用される」とショックを受け、それは不敬だとか、そんな無作法な振る舞いをした人は罰《ばち》があたると、理屈をつける人が多いことを発見する。また行動主義者は、イヌやウマの近くに行かないようにするため、後もどりしたり、道路をわざわざ横切る人が多いことを発見する。また行動主義者は、とんでもない相手を選んでもなんらかの仕方でその行為を合理的に説明できない男女がいることを発見する。つまり、われわれが、この世の対象や状況を実験室にとり入れ、それらに反応する生理学的に健全で、科学的な方法を決定し（実験倫理学は後日これを研究するかもしれない）、この反応形式を規準とか標準とか名づけ、つぎにこのような規準に立って、人間の日常行動を検査するなら、われわれは、規準からずれていることが普通なのだ、ということを発見するだろう。このずれは、付随反応（accessory reaction）、遅延反応（slowed reaction）、無反応（non-reaction）（麻痺）、阻止反応（blocked reaction）、陰性反応（negative reaction）、社会から是認されない反応（盗み、殺人等）、本当は別の刺激に属している反応（代理）の形をとる。

付随反応：被験者は、仕事をすみやかに、正しくする。しかし彼は青くなったり、泣いたり、大、小便をもらすことさえある。彼の口の腺は働かなくなることもある。彼は、その情動状態にもかかわらず、堅実に、正しく反応する。付随反応の別の例は、仕事をしながら、口笛を吹くこと、話すこと、歌うことである。

遅延反応：彼はその行為をするが、反応時間は増している。彼は、仕事でへまをしたり、仕事をよしたりする。あるいは、非常にたくさんのエネルギーか、非常にわずかのエネルギーで反応する。質問に対して、ゆっくりか、非常に早く、答える。

陰性反応：彼は、食物に恐れを示す。すなわち彼は、それを押しのけたり、それから逃げたりするかもしれない。イヌ、あるいはウマに対する普通の反応の代わりに、被験者は、それから歩み去るかもしれない。恐怖症（ホビー）は、このグループに入る。

社会から是認されない反応：被験者は、「立腹のあまり」、たとえば人殺しをしたり、財産に危害を加えたりする。私は、ここでは、法律で罰せられるが、情動的な因子が介在しているために、法律の行使が慈悲でもってやわらげられるあらゆる行為を念頭においているのである。

別の刺激に属している反応：あらゆる同性愛的な反応。母親に対する息子のすべての性的攻撃。フェティッシに対するあらゆる性的反応。自然の情愛という仮面をかぶっている、子供に対する両親の反応等。

もちろん、われわれが「情動的」とよんでいるが、これらの項目のどれにも入らないような反応がたくさんある。

以上のグループのすべてを、今のところ、ことばを定義しないで、情動的とよぶのが、正しいように思われる。

生理学的に標準化された反応の規準はまだない。しかしそれを研究する方法はいくつかある。物理学が進歩したおかげで、昼と夜、四季、天気に対するわれわれの反応の仕方は、大いに標準化された。われわれはもはや、雷が落ちた木に、その木が呪われているかのように、反応しない。われわれは、もはや、敵の爪の切屑、髪の毛、排泄物を手に入れたとき、敵より有利な立場にあるとは考えない。われわれは、青い空を、俗界を超越した存在が、これという理由なく、ハープを弾き、讃美歌を歌っている王国とは考えない。

われわれは、もはや遠い、ほとんど見ることができない山が地の精や妖精の骨であるかのように、それに反応しない。科学や地理学や旅行のおかげで、われわれの反応は標準化された。食物に対する反応は、食品化学者の研究によって標準化されつつある。われわれはもはや、なにか特別の形の食品を、「清潔」とか、「不潔」とか、考えない。われわれは、現在では、それを、決定的な肉体の要求を、みたすか、それともみたさないもの、と考えている。

ところが、われわれの社会的な反応は、相かわらず標準化されていないし、歴史的な案内書さえない。エール大学のサムナー教授は、このことを十分に指摘された。同教授によると、考えうるかぎりのありとあらゆる社会的な反応は、ある時代には、非情動的な、「正常な」行為の仕方と考えられていた、という。たとえば、一人の女性はたくさんの夫をもっても差し支えなかったし、一人の男性はたくさんの妻をもっても差し支えなかった。飢饉のときには、子や孫を殺しても、人間の肉をたべても、差し支えなかったし、神をなだめるため、子や孫をいけにえとして捧げても差し支えなかった。また妻を、隣人や客に貸しても差し支えなかったし、妻が夫の死体を火葬にするとき使う燃料でやけどをしたときには、彼女は礼儀正しく振る舞った。

今日われわれの社会的な反応は、十分に標準化されていない。われわれが両親の前にいるときの、あるいはわれわれの指導者の前にいるときの、一九三〇年〔本書出版の年〕のわれわれの付随反応を考えてみたまえ。われわれの英雄崇拝のこと、すなわち知識界の巨人、著述家、芸術家、および教会に対するわれわれの尊敬を考えてみたまえ。群集の中や、秘密結社〔キュー・クラックス〔反黒人・反ユダヤ人を旗じるしにした秘密結社〕や社会的な結社〕で、われわれがどう振る舞うか考えてみたまえ。またフットボール、野球、選挙、宗教的な復活〔回心〔ある宗教を突如信仰するようになること〕、ホリー・ローラー教徒〔新教の一分派で、その信徒は宗教感情を激しい身体運動や叫びであらわす」の奇怪な仕草）のさい、われわれがどう振る舞うか、また大切にしているものがなくなったり、愛する人が死んで悲しんでいるとき、われわれがどう振る舞うか、考えみたまえ。われわれは、これらの付随反応をかくすたくさんのことばをもっている。いわく、尊敬、家庭愛、神に対する愛、教会に対する愛、愛国心、敬意、お追従、畏敬、熱狂。これらたくさんの情動刺激に直面すると、われわれは、幼児のように振る舞う。

行動主義者はどういうふうに研究するか

大人のこれらの反応はすべて、複雑な性質をもっているから、行動主義者が大人の情動の研究を始めると絶望する。だから行動主義者は、問題がもっと単純な幼児から始めなければならない。

われわれは、三歳の子供から始めよう。われわれは広い道やわき道に出掛け、三歳の子供を集めてこよう。また金持ちの邸宅へ行こう。われわれは、彼らを実験室に連れてき、ある状況に直面させる。まず最初にわれわれは、一人の男の児を明るい遊び部屋に一人で行かせ、玩具で遊ばせたとしよう。突如ヘビか、なにか他の動物を放つ。つぎにわれわれは、この子を暗い部屋に連れて行き、突然新聞紙で小型の焚火をする。われわれは、人生のほとんどあらゆる種類の状況を再現できるように、舞台をこしらえる。

しかし、われわれは、この子を上の状況にただ一人でおいて検査してから、大人――おそらくは父親か、母親――が一しょにいるとき、同年輩で、同性の子供がいるとき、異性の子供がいるとき、および一群の子供がいるときに、もう一度検査しなければならない。

この子の情動的な行動の状態を知るために、われわれは、この子を母親から離して、検査しなければならない。われわれは、たべなれない、違った食物をこの子にたべさせたとき、知らない人に食物をたべさせてもらったとき、知らない看護師に風呂に入れてもらったり、着替えさせてもらったり、ベッドに連れて行ってもらったとき、この子がどういう行動を示すかを検査しなければならない。われわれは、この子から玩具や、その他の遊び道具を、取りあげなければならない。またわれわれは、大きな子供に、この子をいじめさせたり、この子を高い所や絶壁（しかし怪我をしないように）に連れて行ったり、仔ウマやイヌにのせたりしなければならない。

私は、われわれの方法が簡単で、自然で、正確だということを、あなたに納得していただくために、われわれが今現にどういうふうにしているかを――客観的な実験の広い分野があるということを――あらましお話ししたのである。

このような実験結果の要約

われわれがこのような実験で発見したことの一つは、多くの（全部ではない）三歳の子供さえも、情動的という一般名で包括される、あらゆる種類の、役に立たない、無邪気な反応をもっている、ということであった。

彼らは、いろいろな状況をこわがり[1]、多数の他人をはにかみ、風呂に入ったり、着替えをするとき、かんしゃくを起こす。彼らは、ある食物を与えられたり、新しい看護師が食事をたべさすとき、かんしゃくを起こす。彼らは、母親がいなくなると泣き叫ぶ。彼らは、母親の着物のかげにかくれる。彼らは、訪問者があると、はにかみ、だまってしまう。特徴的な光景は、一方の手を口に入れ、他方の手で母親の着物をつかむことである。自分の近くにやってくるどの子供とも喧嘩をする子がいる。こういう子は、餓鬼大将、弱い者いじめとよばれる。これに反して、背の丈が彼の半分もない子供におどかされると、泣いて逃げる子供もいる。こういう子供の両親は、この子を臆病者といい、この子の遊び友達は、この子を自分たちの身代わりの羊にする。

これら種々の種類の情動反応の起源

三歳の子供は非常に若い。だからわれわれは、情動反応は遺伝だ、と結論しなければならないのか。愛情、恐れ、怒り、はずかしさ、はにかみ、ユーモア、嫉妬、内気、畏敬、尊敬、賞讃、残酷という、遺伝の型があるのか。それとも、これらは、起源という点についてはなんの意味もない行動の一般的な型を書きしるすことばにすぎないのか。歴史的には、これらの起源は、遺伝だ、と考えられてきた。この問題に科学的に答えるには、新しい実験方法が必要である。

情動反応の起源と発達についての実験

われわれは、われわれの実験で、貧乏人や金持ちの家庭から無作為にとられた幼い子供は、情動の起源についての研究ではよい被験者にならない、という結論に早くから達した。彼らの教育上の行動は、あまりにも複雑である。幸運なことに、われわれは、病院で乳母に育てられているたくさんの強い、健康な子供や、実験者の目のもとで育てられた別の子供を研究することができた。これらのうち数人の子供は、ほぼ生まれたときからまる一年観察され、他の子供は、二歳の間中、二、三人の子供は、三歳の間中、観察された。

病院で育てられたこれらの子供を、情動的な状況におくときには、年のいった子は普通幼児用の椅子に坐らせたが、幼児がたいへん小さいとき――幼くて起き上がれないとき――には、母親か、看護師の膝の上に坐らせた。

(1) 実験室の動物に対する反応

われわれはまず子供を実験室に連れて行き、種々の動物で一定の検査をした。われわれは、開け放した部屋で、幼児だけか、看護師と一しょにか、あるいは母親と一しょに、検査が受けられるように実験室を整備した。子供たちは、暗い部屋でも検査された。この部屋の壁は黒で塗られていたが、家具は置いてなかった。それは、本質的に異常な状況をかもし出した。われわれは、幼児の頭の後で灯をつけたり、幼児の前と上で部屋を照明できるように、この暗い部屋を設備した。幼児は、いつも一人ずつ検査された。普通、幼児をつぎの状況においた。

まず第一に、いつも攻撃的な生きた黒ネコを見せた。このネコは、ゴロゴロという音をやめなかった。ネコは、各検査の間中、何回も、幼児の上によじのぼり、まわりを歩き、ネコが普通する仕方で子供にからだをこすりつけた。毛のある動物に対する幼児の反応については、昔からたくさんの間違った説が行われているので、われわれは幼児が、諺にまでなっている「黒ネコ」に対してつねに積極的に行動するのを見て、びっくりした。ネコの毛、目、鼻をさわろうと手を伸ばすのが、いつも見られる反応だった。

また幼児に、いつも一匹のウサギを見せた。ウサギも、幼児に手を使う反応をつねによび起こすか、あるいはぜんぜん反応をよび起こさなかった。片方の手でこの動物の耳をつかまえ、それを口につけようとするのが、よく見られる反応の一つだった。

いつも用いられた毛のある別の動物は、白ネズミだった。この動物は、小さくて、白いためだろうが、幼児がこれをじっと見つめていることはまれだった。しかしこの動物がじっとしているときには、子供はそれに近づこうとした。

エアダールというイヌ〔黒い斑のあるテリア〕――大きいものや小さいもの――も見せた。このイヌも、非常に人なつこかった。このイヌは、ネコやウサギと同じ大きさの動物がよび起こしたような、手を使う反応をめったに起こさなかった。子供が、明るい照明のもとか、頭の後を薄暗い灯で照されて、暗い部屋の中で、これらの動物によって検査されたときでさえ、恐れの反応は起こらなかった。

情動的に条件づけられてない子供にこれらの検査をした結果、毛のある物や動物に対する反応は、遺伝だという古めかしい説明は、まったく老婆のお話だということが決定的に立証された。

つぎに、羽のある動物、普通はハトが、用いられた。最初、ハトを、紙袋の中に入れて、見せた。これは大人にとってさえも、異常な状況である。もがいている鳥は、長椅子のまわりで、袋を動かしたものである。しばしばハトはクークー鳴き声をあげた。ハトは紙袋をガサガサと動かしたが、子供はめったに手を伸ばさなかった。しかしハトが実験者の手にのせられるや、普通の手を使う反応が起こった。われわれは、子供の目の前で、ハトの羽をバタバタと動かしてみせた。これは、ハトの脚をつかみ、頭を下にすると、容易に起こすことができた。このような条件下では、大人でさえ、ときどき身をかわし、少ししりごみする。幼児の顔の前でハトを羽ばたきさすと、幼児は普通まばたきをした。また反応するのをためらったり、手を伸ばさなくなったりした。しかし鳥が静かになると、手を伸ばし始めた。

これと同じ条件下で、われわれがよくやった別のテストは、あけ広げた部屋と暗い部屋で、小さな新聞紙を燃やすことだった。いくつかのケースでは、新聞紙に最初火をつけると、幼児は熱心に手を伸ばした。そのため、子供をおしとどめなければならなかった。しかし火が熱くなると、手を伸ばすことや、手を使う反応はやんだ。このようなときに、幼児は、大人が火のすぐそばに近づくとき用いる手をかざす反応の萌芽のように見える姿勢をし、手をいくらかあげて、坐るかもしれない。実験を何回もくり返せば、この型の習慣がきっと発達するだろう。それは、動物や人間が太陽に対してする反応と完全に似たものだろう。太陽が非常に熱くなり、彼らが活動できなくなると、彼らは、影のある所へ動いて行く。

(2) 動物園の動物に対する反応

病院で育てられた子供と、家庭で育てられた子供——その情動についての歴史はわかっている——を、二、三回、動物園へ連れて行った。たいていこれは、彼らには生まれてはじめての経験だった。観察中の子供たちの動物園での反応は著明でなかった。人間の生物学的な歴史で明らかに非常に大きな役割を演じた動物を、子供に十分に見せるために、ありとあらゆる努力がなされた。たとえば、われわれは、霊長類の小屋でかなり長い時間を費やした。またわれわれは、トカゲ、カエル、カメ、ヘビが飼われている小屋で長い時間を費やした。跳んでいるカエルは、これまで条件づけされた子供にとっては、上述の（一七一ページ）恐れ反応をよびおこすほど強い刺激であるのに、このような小屋では、子供は、カエルやヘビに対するごくわずかの陰性反応さえも示さなかった。

無学習の情動反応の発端の三つの型についての証明

生まれたばかりのときには、三組の刺激によってよび起こされる三つの異なった情動反応の型がある、と私はそれ相応の理由から確信している。便宜上、われわれは、それを「恐れ」、「怒り」、および「愛」とよんでよい。私は、恐れ、怒り、愛ということばを使うが、これらのことばからそのことば本来の意味あいをすべてとってしまいたいと急いでつけ加えさせて欲しい。どうか、われわれがそういう名前をつけた反応を、前の章で研究した呼吸、心臓拍動、把握、およびその他の無学習反応と同じように見て欲しい。

事実はつぎの通りである。

恐れ

木の大きな枝が近くで折れたり、裂けたりするとき、また目の前で雷やその他の大きな音がするとき、未開人は恐慌状態におちいるが、この発生は合理的な根拠がある。幼児、とくに大脳半球（この部位は、音に対する反応がもっとも著明である）のない幼児についてのわれわれの研究の結果、われわれは早くも、実に生まれたばかりのときから、高音はほとんどつねに幼児に顕著な反応をよび起こすことを知った。たとえば、ハンマーで鋼鉄の棒を叩くと、幼児は跳び上り、驚き、呼吸を止め、それに続いて、著明な血管運動性の変化を伴なったもっと速い呼吸をし、突然眼を閉じ、手をギュッとつかみ、口をつぼめる。その後は、幼児の年齢に応じて、泣いたり、地面に倒れたり、這い出したり、歩き去ったり、走り去ったりする。私は、恐れ反応をよび起こすいろいろな音響刺激について、系統的な研究をしたことがない。どういう型の音も、怒れ反応を起こすのではない。ある極端に低い調子の、ガラガラいう音も、ゴールトン笛（人間、または動物が聞きうる最高音を測定するため、フランシス・ゴールトンが考案した器具）の非常に高い音も、恐れ反応を起こさないだろう。私は、半分眠っている生後二、三日の赤ん坊の耳もとで、突然新聞紙の半ぴらをザラザラといわせたり、唇でシューッという音をたてたりして、何回も恐れ反応を起こした。純音――ともかく音叉でえられるもの――は、恐れ反応を起こす上には有効でない。聴覚刺激の性質と反応中の個々の部分反応とについて、もっとたくさんの研究がなされたあかつきには、刺激と反応の全体像が完全にあきらかになるだろう(2)。

これと同一の恐れ反応を起こす別の刺激は、支えがなくなることである。とくに、からだが、支えのなくなったのを埋め合わせるようなかまえをとっていないときである。これは、新生児が眠っているときに、いちばんよく観察できる。赤ん坊がそのとき落っこったり、敷いてある毛布が突如引っぱられたり、毛布と一しょに赤ん坊を引っぱったりすると、普通恐れ反応が起こる。

生後二、三時間の新生児では、この恐れ反応はすみやかに「疲労」する。つまり同一の音が何回も加えられたり、同一種類の支え刺激が何度も取り去られると、第一と第二の刺激だけが反応を起こす。ときには、第一刺激だけが反応を起こす。しかしばらく刺激を加えないでおくと、同一刺激が有効になる。

大人や高等晴乳動物でも、支えが取り払われ、それに対するかまえが出来ていないときには、強い恐れ反応が起こる。われわれが細い板を渡って歩かなければならないなら、細い板に近づくにつれ、からだのすべての筋肉には、それに対するかまえが自然に出来る。しかしわれわれが完全にしっかりしている橋を渡って、真中まで来たとき、突然橋が傾き始めるなら、われわれの反応は言わずとも明らかである。これがウマの場合なら、どんな橋にせよ、もう一度橋を渡らすのに苦労する。田舎の橋でこわがるウマは多い。子供をはじめて深い水たまりに急に連れ出したときも、同一の原理が働くと、私は確信している。水の浮力は、実際彼のバランスを奪う。水が温かいときでさえ、呼吸停止が起きたり、手をギュッとつかんだり、泣いたりする。

あなたが、二歳になるお嬢さんの手をひいて、通りを意気揚々と歩いているとき、突如、あなたのお嬢さんがあなたを違った方角に引っぱって行った経験がないだろうか。あなたは急いで、お嬢さんの背中を強く引っぱり、真っ直ぐ歩かせようと、手を強く握ったとき、お嬢さんが突然からだをこわばらせなかったろうか。お嬢さんはありったけの金切声をあげ、通りの真中に、銃の槊杖《さくじょう》〔銃についている鋼鉄製の細い棒。銃身の掃除に使う〕のようにこわばって横にならなかったろうか。顔が青くなるまで、大きな口を開けて叫ばなかったろうか。また声が出なくなるまで、叫び続けなかったろうか。もしあなたがそういう経験をおもちでないなら、怒りという行動の描写は、あなたには気の抜けた、つまらないものに見えるにちがいない。

おそらくあなたは、村の餓鬼大将が子供をつかまえて倒し、子供があばれることさえできないほどしっかり腕と脚をおさえつけているのを見たことがあるだろう。あなたは、この子がからだをこわばらせ、顔が青くなるまで叫んでいるのを見たことがあるだろうか。

人々が、市街電車や列車の中で、肘でおされたり、電車や列車に突然不当にギューギューつめこまれたとき、人々の顔にあらわれる突然の変化に注目したことがあるだろうか。からだの運動を妨げられると、われわれが怒りとよんでいる一連の反応があらわれる。これは生まれたときから見られるが、生後一〇日から一五日の幼児にもっとよく見られる。頭を手と手の間に軽くつかまえるとき、腕をからだの両脇におさえつけるとき、脚をしっかりしばるとき、怒りの行動があらわれる。怒りの行動のさいの無学習反応の諸要素は、これまで一度も列挙されたことがなかった。しかしある要素、たとえば、全身をこわばらせること、手、腕、脚を猛烈に運動さすこと、呼吸をとめることは、容易に観察される。はじめは泣かないが、ついであけられるだけ、口を大きくあけ、顔が青くなるまで、呼吸をとめる。これらの状態は、子供にごく軽い傷をこしらえるほどの力をくわえなくても、起こすことができる。実験は、皮膚にごくわずか青味が出たときにやめる。どんな子供もこのような状態におちいるし、また反応は、いらだたせるような状況がなくなるまで続く。ときにはその後長い間、続くこともある。われわれは、重さが一オンス〔約二八グラム〕を越えない鉛の玉のついた紐で、腕を頭の上でしばって、このような状態を起こした。このわずかのおもりで腕の運動をずっと阻止しても、この反応を十分に起こすことができた。子供があおむけに横になっているとき、綿で頭の片側を押しても、この反応を起こすことができるときがある。この状態がよく観察されるのは、母親か、看護師がいくらか荒々しく、急いで、子供に衣服を着せるときである。

愛　情

幼児でこの情動を研究することは、因襲的な面で、多くの困難がある。だから、われわれの研究は、直接実験的というよりもむしろ、偶然的なものである。愛情反応を起こす刺激は、あきらかに、皮膚をなでること、くすぐること、静かにゆすること、軽くたたくことである。代わるべきよい名前がないので、性感帯とよんでよい場所、たとえば乳首、唇、性器を、刺激するとこの反応は特別容易に起こる。幼児におけるこの反応は、その状態に左右される。泣いているときには、泣きやみ、ほほ笑み始め、ゴロゴロのどをならしたり、クークーいう。生後六〜八カ月の幼児でさえ、くすぐられると、著明な笑いを伴なった、腕や全身のはげしい運動を起こす。だから、われわれは、一般に用いられているよりもはるかに広い意味で「愛情」ということばを使ったのである。われわれがここで、はっきり区別したい反応は、一般に、

「情愛のこもった」、「気立てのよい」、「やさしい」とよばれているものであり、「愛情」ということばは、これらすべてのものと、両性間の大人で見られる反応を合んでいる。

これら三つの一般型以外の無学習反応があるか

これら三つの型の反応が、遺伝的な背景をもったすべてであるかどうかは、われわれは確信をもって答えられない。またこれらの反応をよび起こす別の刺激があるかどうかは、今のところ疑問のままにしておかねばならない。われわれの観察は完全であるにしても、幼児の情動反応はまったく簡単で、それを起こす刺激はごく少数であるらしい。

われわれが恐れ、怒り、愛情とよぶことに一致したこれらの反応は、最初はまったく漠然としている。各反応において部分反応がなんであり、それはどのくらい違うかを見るために、まだ多くの研究をしなければならない。たしかにそれらは人生の後年に見られる複雑な種類の情動反応ではないが、少なくとも、私は、それらは未来のすべての情動反応を生む核をなしている、と信じている。のちに述べるように、それらはすみやかに条件づけられるから、それらを遺伝的な反応の仕方とよぶのは好ましくない。それで、つぎのように、観察された実際の事実を重んずるほうが、おそらくいいだろう。

（普通恐れとよばれるもの）

（U）S ……………………… U（R）

音響刺激　いきをとめる。からだ全体を「ジャンプ」させる、

支えのないこと(3)　すなわちとびあがる。叫ぶ。しばしば排便や排尿が

ある（その他、実験的に解決されてないたくさんの他のことがある。部分反応の最大部分は、内臓のものである）。

（普通怒りとよばれるもの）

（U）S ………………………… U（R）

からだの運動をおさえつけること …… 全身をこわばらせる。金切声をあげる。一時いきをとめる。顔の赤みは青みにかわる等。全身のあらわな反応があるが、運動の中で最大の濃度を占めるものは、内臓の分野にある。このように荒々しく扱われた幼児の血液検査の結果、血糖が増加していることがわかった。これは、おそらく、副腎の分泌の増加を意味するのだろう。

（普通愛情とよばれるもの）

（U）S ………………………… U（R）

皮膚や性器をなでる、軽くたたく。足の上にのる等。 …… 泣き止む。ゴロゴロいう。クークーいう。決定されないたくさんの他の反応。内臓の因子の優勢なことは、循環、呼吸の変化、ペニスの勃起等からわかる。

もしわれわれが、これらの無学習（いわゆる情動的な）反応を、この簡単な公式の点から見るなら、それほど間違いを犯すことはないだろう。

この説の最近の批判

E・S・ロビンスンは、私の結果が客観的な性質をもっていると確信していないのはあきらかである。彼はこういっている（『発生心理学雑誌』一九三〇年、九月号、四三三ページ）。「私は、マンデル・シャーマンとアイレーン・シャーマンの二人に、ワトソンが観察したものと、私が幼児の行動から解釈したものの相違について、統計学的に検討してくれとたのんだ」。しばらく二人の研究を見てみよう。

シャーマン博士夫妻の『人間行動の過程』は、われわれの情動分析の単純さに、ある疑問を投げているように思われる。音、食物をとりあげること、針で刺すこと、おさえつけること、落とすこと等々は、幼児に種々の反応を起こした。これらの反応は映画にとられ、つぎに一群の大学生の前で映写された。そして大学生は、幼児が示した情動に名前をつけるように命ぜられた。幼児の反応に経験のある人なら、おそらく予言することができるように、大学生たちは、観察した反応にまちまちの名前をつけた。この研究の目的が何であるかを言うことは、私には困難である。ある刺激、あるいはある状況に反応している子供を来る日も来る日も見ている経験のある研究者だけが、「反応を言って、その反応を起こした刺激を予言したり」、逆に「刺激を言って、刺激で起こる反応を予言する」立場にある。シャーマン博士夫妻が、私の研究に注意深くついて行かれたなら、われわれが恐れ、怒り、愛情とよぶべきでなくて、むしろ反応X、反応Y、反応Zとよぶべきだ、と示唆したことを思い出されただろう。長い間幼児Aについて研究した人は、確実にこの子の反応X、反応Y、反応Zに非常に大きな差異があるのに気づくようになる。これは、私が確認する側の人に要求したすべてである。行動主義者の真の仕事は、反応Xを別のある刺激に結びつけ、反応Yをそれとは違う刺激に結びつけ、反応Zをさらに別の刺激に結びつけることができるかどうかを見ることであるし、また結びつけることができるなら、どういう方法で結びつけるのかを見ることである。またこのような情動が新しい刺激にしっかり結びつくことができるにしても、この結びつきは再びこわれるのだろうか。またこわれるのなら、どういう方法でこわれるのだろうか。非常に多数の研究者は、私の研究を確認してくれたが、私が行った方法について行く人はだれでも、それを確認できる、と信じている。[4]

われわれの情動生活は、どういうふうにして複雑になるか

われわれは、われわれ自身の観察を、どうすれば、非常に複雑な大人の情動生活についての観察と一致させることができるか。われわれは、暗闇を恐れる子供が多いのを知っている。われわれは、ヘビ、ネズミ、昆虫を恐れる女性が多いこと、また恐れは、日常用いられる普通のたくさんの物に結びついていることを知っている。恐れは、人、場所、木、水のような一般的な状況に結びつく。これと同じ仕方で、怒りや愛情をよび起こす物や状況の数も大いに増加する。怒りや愛情は、はじめは、物を見ただけでは起こらない。しかし人生の後年では、人を見ただけで、これら二つの原初的な反応が起こる。それでは、このような「結びつき」(attachment)は、どういうふうにして増大するのか。はじめは情動をひき起こさないものが、どういうふうにして、のちには情動をひき起こすのか。またどういうふうにして、われわれの情動生活の豊さと危険性が増大するのか。

われわれは最初、この分野ではむしろ実験をする気がしなかった。しかし研究の必要性が大きかったの

で、ついにわれわれは、まず恐れを作り上げ、つぎにそれを除く実際的な方法をも研究してやろうと決心した。われわれは、最初の被験者として、アルバート・Bを選んだ。この赤ん坊は体重二一ポンド〔九・五キロ〕、年齢一一カ月で、ハーリエット・レーン病院の乳母の一人に面倒をみてもらっていた。彼は、この病院で、生まれてからずっと過ごしていた。彼は驚くほど「いい」子だった。われわれが彼について研究していた何カ月の間、実験が終わるまで、われわれは彼が泣いたのを見たことがなかった。

実験室内で情動反応を作り上げる実験を述べるまえに、条件反射を作る方法を思い出す必要がある。条件反射を作るには、問題となる反応をよび起こす基本刺激がなければならない。次の段階は、それをよび起こすある別の刺激を手に入れることである。たとえばブザーが鳴るごとに腕と手を引っ込めさすのがあなたの目的なら、あなたはブザーが鳴るたびに、電気ショックか、他の有害な刺激を使わなければならない。すると、ちょうど電気ショックを与えたときに腕を引っ込めるように、ブザーが鳴ると、腕を引っ込めるようになる。さて、われわれは、恐れの反応をすみやかに、かつ容易に、よび起こす無条件刺激、つまり基本刺激をすでに知っている。それは、大きな音である。われわれは、二九ページで述べた実験で電気ショックを使ったように、これを使おうと決心した。

われわれがアルバートで行った最初の実験は、白ネズミに対する条件恐れ反応を作ることだった。われわれは最初に、大きな音を鳴らしたり、支えを取り去ることだけが、この子に恐れ反応をよび起こすことを、何回もテストをくり返して、確認した。この子は、一二インチ〔三〇センチ〕以内のところにあるものはなんでも、手がとどき、手が使えた。しかし大きな音に対する反応は、たいていの子供で起こるのと同じ特徴をもっていた。直径一インチ〔二・五センチ〕、長さ三フィート〔九〇センチ〕の鋼鉄の棒を、大工の使う金槌で叩いたとき、もっともいちじるしい反応が起こった。

条件情動反応ができる経過を示すわれわれの記録をここにくわしく挙げておこう。

一一カ月と三日　（1）アルバートが何週間も一しょに遊んできた白ネズミを、突然バスケットからとり出して（これはいつもと同じである）、彼に見せた。彼は左手をネズミにのばし始めた。ちょうど彼がこの動物に手を触れたとき、棒を彼の頭の後ろで鳴らした。子供ははげしく跳び上がり、前に倒れ、マットレスに顔をぶつけた。しかし彼は泣かなかった。

（2）彼の右手がネズミにさわったとき、棒を鳴らした。彼は再びはげしく跳び上がり、前に倒れ、しくしく泣き出した。

彼の条件が乱されたため、その後一週間検査はなされなかった。

一一カ月と一〇日　（1）ネズミを突如そっと見せた。彼はじっと見つめていたが、最初のうちは、それに手を伸ばそうという傾向を示さなかった。つぎにネズミをもっと近くにおいた。そのとき、ためしに手を伸ばす運動が、右手で始まった。ネズミが子供の左手に鼻をすりつけたとき、彼は手をすぐ引っ込めた。彼は、左手の人差し指を動物の頭のほうに伸ばし始めたが、さわらないうちに急に引っ込めた。したがって、先週与えられた二つの結合刺激〔ネズミを見せることと棒を鳴らすこと〕が無効でなかったことがわかる。彼はそのすぐ後に積木で検査された。これは、条件づけの過程に積木が関係しているかどうかを見るためであった。彼は、すぐさま積木を取り上げ、落とし、強く打ち始めた。毎回検査の後半に、彼を鎮め、彼の一般的な情動状態を調べるために、しばしば積木を与えた。条件づけの過程が進行中のときは、積木はいつも見えないところにしまわれていた。

（2）ネズミと音を結びつけて刺激した。彼はびっくりし、それからすぐに右側にのめって倒れたが、泣かなかった。

（3）ネズミと音を結びつけて刺激した。右側に倒れたが、両手でからだを支えた。しかし頭をネズミからそらしていた。泣かなかった。

（4）ネズミと音を結びつけて刺激した。上と同一の反応が起こった。

（5）ネズミだけを突然見せた。彼は顔にしわをよせ、しくしく泣き、からだを強く左に引いた。

（6）ネズミと音を結びつけて刺激した。すぐ右側に倒れ、しくしく泣き出した。

（7）ネズミと音を結びつけて刺激した。ひどくびっくりして、泣いた。しかし倒れなかった。

（8）ネズミだけ見せた。ネズミを見せるとすぐ、赤ん坊は泣き始めた。ほとんどすぐに、彼ははげしく右側に向いて、倒れ、四つんばいになってからだをもち上げ、急いで這って逃げ出した。あまり早く逃げ出したので、マットレスの端に達しないうちに、やっとのことで、つかまえることができたほどだった。

これは、恐れ反応の起源は条件づけられたものであるということを立証している。そしてこの証明は、情動行動についてのわれわれの研究を、自然科学的な土台の上にのせていることは確かである。それは、ジェームズのあの不毛な公式よりも金《きん》の卵を産むもっと生産的なガチョウである。それは、大人の情動のいちじるしい複雑さを説明してくれる。われわれはもはや、このような行動を説明するのに、遺伝をもち出すには及ばない。

条件情動反応の転移すなわち拡大

ネズミについての実験をするまえ、アルバートは何週間も、ウサギ、ハト、毛皮の手袋、付添人の髪の毛、お面で遊んでいた。では、つぎに彼にこれらの動物やものを見せたとき、これらの動物やものに対する反応が、ネズミに対する条件づけ〔ネズミに対する恐れ反応〕によってどういう影響を受けるだろうか。これを調べるために、われわれは五日間実験をなんらしなかった。つまり、この五日間、彼には上述のどれも見せなかった。六日目の終わりに、われわれはもう一度彼を検査した。最初は、ネズミに対する条件恐れ反応がずっと残っているかどうか見るため、ネズミで行った。その記録はつぎの通りである。

一一カ月と一五日 (1) はじめ積木でテストした。彼は積木にたやすく手がとどき、いつものようにそれで遊んだ。このことは、部屋、テーブル、積木等々に一般的な転移 (transfer) のないことを示している。

(2) ネズミだけを見せた。すぐにしくしく泣き、右手を引っこめ、頭と胴をぐるっと廻した。

(3) 積木をもう一度見せた。それでよく遊び、ほほ笑み、のどを鳴らした。

(4) ネズミだけを見せた。彼は、ネズミからできるだけ離れた所で、左側にからだを傾けて、倒れ、四つんばいになり、できるだけ早くチョコチョコと逃げた。

(5) もう一度積木を見せた。彼はすぐにそれに手を伸はし、前と同じく、ほほ笑んだ。

以上のことから、条件反応が五日間保たれていたことがわかる。われわれは、ウサギ、イヌ、アザラシの革の上着、木綿、人間の髪の毛、お面の順に見せた。すなわち、

(6) ウサギだけを見せた。一匹のウザギを彼の前のマットレスの上に突然おいたところ、顕著な反応が起こった。すなわち陰性反応がただちに現れた。彼は、できるだけ動物から離れてかがみ、しくしく泣き、それからワーッと泣いた。ウサギを彼のからだにくっつけておいたとき、彼はマットレスに顔を埋め、それから四つんばいになって、はい出し、歩きながら泣いた。これは、いちばん納得のいく検査だった。

(7) つぎにしばらくたってから、積木を見せた。彼は前と同じく、積木で遊んだ。彼は、前よりももっと熱心にそれで遊んだことを、四人の人が観察した。彼は積木を頭の上にもち上げ、力一杯投げつけた。

(8) イヌだけを見せた。イヌは、ウサギの場合ほどはげしい反応を起こさなかった。イヌが子供を見つめると、子供はしりごみした。またこの動物が近くにやってくると、彼は、四つんばいになろうとしたが、最初は泣かなかった。イヌが見えなくなるや、彼は静かになった。それからイヌは子供の頭に近づいた（彼はそのとき横になった）。アルバートは、すぐに真っ直ぐ立ち、反対側に倒れて、ふりむいた。それから彼は泣き出した。

(9) 積木をもう一度見せた。彼はすぐに積木で遊び始めた。

(10) 毛皮の上着（アザラシ）を見せた。すぐ左側に引っこみ、むずかり出した。上着を彼のすぐ左側におくと、彼はすぐまわれ右をし、泣き出し、四つんばいではい出そうとした。

(11) 綿を紙の袋に入れて見せた。最後には、綿を紙の袋に入れないで、むきだしのまま見せた。最初それを足もとにおいた。彼はそれをけとばしたが、手で触れなかった。綿の上に彼の手をおいたところ、すぐに手を引っこめたが、動物や毛皮が起こしたようなショックは起こさなかった。彼はそれから、紙で遊び始めた。しか

し綿自体にはさわらないようにした。しかし検査の時間内に、彼は、綿に対する消極的な態度を失った。

(12) アルバートがちょうど遊んでいるとき、実験者Wが頭を下げて、この子がWの髪の毛をいじるかどうかを見た。アルバートは、髪の毛にさわらなかった。他の二人の観察者が、同じことをした。アルバートはすぐ、二人の髪の毛をいじり始めた。つぎにサンタ・クロースのお面をもってきて、アルバートに見せた。彼は、まえにはそれで遊んだのに、それにはげしく反抗した。

以上の記録は、拡大、すなわち転移という現象の有力な証拠である。そしてこの転移という現象は、条件情動反応が他の条件反応に似ているという一そう有力な証明である。どうか、私が**分化反応**について、三九ページで述べたことを思い出して欲しい。その箇所で、私は、もし人がある動物を、たとえばある高さの音Aに条件づけるなら、はじめはたいていの他の音もその反応をよび起こすという事実を明らかにした。さらに私は、実験を続けると――たとえば、音Aを鳴らすときはいつも餌をやるが、他の音を鳴らすとき、餌をやらないと――その動物は音Aにだけ反応するようになる、ということを述べた。

私は、条件情動反応の転移、すなわち拡大というこの場合にも、同じ因子が働いていると確信している。私は、実験をしなかったが、情動の分野でも、他の分野と同じく、分化反応をはっきり作ることができる、と信じている。私の言っている意味は、実験をずっと続ければ、ネズミを見せたときはいつもはっきり恐れ反応を示すが、毛のある他の物体を見せたときは恐れ反応を示さないようにすることができる、ということである。もしそういうことができるなら、それは**分化条件情動反応**といえる。これは、実生活にもあるように思われる。多くの人は、幼児期と青年期のはじめには、未分化な情動状態にある。多くの成人、とくに女性は、ずっとその状態にとどまっているし、未開人もみなその状態にとどまっている（迷信）。しかし教育のある大人は、物体、動物、電気を扱うときにうける長い訓練によって、条件情動反応の第二の段階、つまり分化した段階に到達する。

もし私の推理が正しいなら、ここに、転移情動反応と、フロイト派のいう「浮動する情動」（free-floating affect）〔フロイトは、対象のない漠然とした恐れを「浮動する不安」とよんだ。フロイトは「浮動する情動」ということばは使用していない〕を説明する完全に正しい道がある。条件情動反応が最初作られると、物理的に相似たたくさんの刺激（この場合は、毛のあるものはすべて）は、はじめは一つの反応をよび起こすだろう。そして実験が、未分化条件反応から分化条件反応の段階へ進まないなら（あるいは非常に幸運な環境の道具だてが起こらないなら）、あなたが知っているかぎりは、たくさんの刺激がその反応を起こしつづけるだろう。分化条件反応の段階では、はじめに条件づけられた対象、あるいは状況だけがその反応をよび起こすのである。

要約

われわれは、本能とよばれている反応が遺伝でないように、普通情動とよばれている複雑な反応型が遺伝だという証拠がないことを知らなければならない。

われわれの発見は、つぎのように述べるのがもっといいだろう。すなわち、刺激に対する人間の幼児のあらゆる反応を調べたところ、第一の型の刺激――大きな音、支えのないこと――を与えると、ある型の全身の反応、すなわち、息をしばらく止めたり、全身を跳びあがらせたり、泣いたり、またいちじるしい内臓反応が起こり、第二の型の刺激――おさえつけること、拘束すること――を与えると、大きな口をあけて泣いたり、息を長い間止めたり、循環系や他の内臓にいちじるしい反応が起こり、第三の刺激を与えると――皮膚、とくに性的に敏感な部分をなでること――ほほ笑んだり、呼吸が変化したり、泣くのを止めたり、クークーいったり、ゴロゴロいったり、勃起したり、その他の内臓の変化が起こることを発見した。これらの刺激に対する反応は、独特ではないこと、すなわち多くの部分反応は同一だということに注意して欲しい。

これらの無条件刺激は、比較的簡単な無条件反応と一しょになって、われわれがのちに情動とよぶ複雑な、条件づけられた、習慣の型の出発点になる。いいかえると、情動反応は、他のたいていの反応の型のように作られる。直接の条件づけや転移によってその反応をよび起こす刺激の数が増加するだけでなく（代理）（こうして、刺激の系列は非常に増加する）、反応にいちじるしいつけ加えが起こったり、修正が起こる。

われわれは、情動反応の複雑さを増す別の因子を、考慮に入れなければならない。同一の対象（たとえば一人の人）が、ある状況では恐れ反応に対する代理刺激になり、少しあとになると、別の状況では、愛情反応に対する代理刺激になり、また怒り反応に対する代理刺激にさえなる。情動はこれらの因子によってますます複雑になり、ついに小説家や詩人さえも満足するほど複雑な情動の機構になる。

私は、あとで人間のもっと複雑な反応型の二、三を述べるときに、とり上げる一つの考えを――少なくとも挿入句のように――紹介するまで、この章をおしまいにしたくない。この考えとは、どの情動反応も、目、腕、脚、および胴の運動のような外部にあらわれた因子があるにもかかわらず、内臓の因子や腺の因子が優勢だ、ということである。恐れのさいの「冷汗」、無関心や悲しみのさいの「はりさけるような心」、「うなだれた頭」、「はち切れるような青春」、青年男女の「どきどきする心臓」は、単なる文学的表現以上のものである。それらは、真の観察の一小片である。

私はもっとあとになってから、つぎの命題を展開したいと考えている。すなわち、社会は、これらのかくれた内臓の反応や腺の反応をつかまえることができなかった。つかまえることができたなら、社会はわれわれの反応を取り締まる傾向があるから、それを訓練したろう。だからわれわれ大人の外部にあらわれた反応の多く——話すこと、腕、脚、胴の運動——は訓練されたし、習慣になった。しかし内臓的な行動は、その本質上、人目につかないため、社会は、それをつかまえて、法律や規則に従わせ、自己〔社会〕に合体さすことができなかったと。この命題の一つの系は、われわれは、これらの反応を記述する名前ももたないし、ことばももっていないということである。それは、ずっと言語化されなかった。人々は、二人のボクサーと二人の剣術家のあらゆる行為をよく選ばれたことばで述べることができるし、彼らの反応の個々のこまかい点まで批判できる。というのは、これらの熟練した行為を遂行するための、ことばで書かれた手引があるからである。ところで、情動的に興奮させる対象に直面したとき、内臓の反応や腺の反応が従わなければならない規則が書いてあるトランプ・ゲームの本があるだろうか。

われわれがこれらの反応を一度も言語化しなかったため、われわれがことばであらわすことのできないかなり多くのことが、われわれの中で起こっている。われわれはそれをことばでどうあらわすかを学んだこともないし、それを言いあらわす単語もない。人間の行動の中の言語化されない行動の理論は、フロイト派が現在「無意識的コンプレックス」、「抑圧された願望」とよんでいるものを、自然科学的に説明する方法を与えてくれる。いいかえると、われわれは今や情動行動の研究において、自然科学にもどることができる。われわれの情動生活は、習慣の他の組のように成長し、発達する。しかし一たび植えつけられた情動の習慣は、使用しないために打撃を受けるだろうか。それは、手を使う習慣（manual habit）や言語習慣のように、捨てさられたり、大きくなりすぎるだろうか。ごく最近まで、われわれは、このような質問に答えるすべがなんらなかった。しかし現在では、いくらか答えることができる。つぎの章で、私はそれを示そう。

注

（1）メリー・カヴァー・ジョーンズ博士は、ヘクシャー記念施設での年長児の研究で、とくに、突然跳びはねるカエルは、恐れ反応をよび起こす刺激として、いちばん効果があったと報告している。いちばん著しい反応は、動物が突然おそいかかってきたとき見られるものであった。このため、しばしば、小動物を箱にかくして、部屋のまわりに置くことにした。子供は部屋の中の物をいじっているうちに、遅かれ早かれ、動物の入っている箱の蓋を開けた。ジョーンズ博士は、『新世代』誌一九三〇年（四四五ページ以下）に、情動についての彼女の研究をすべて要約して述べている。

（2）私の研究した何百人の子供のうちの一人だけは、大きな音で恐れ反応を起こさないことがわかった。この女の子は発育と栄養がよく、すべての点で正常だった。別の刺激に対しても、恐れ反応を示さなかった。恐れにいちばん近いと思われるものが、傘を開いたり、つぼめたりするのを見たときと、そのさいの音を聞いたとき、起こった。私は、この例外をなんら説明できない。

（3）さきに述べた恐れ反応と、非常に熱い物や冷たい氷水にさわったとき、なぐられたとき、切られたとき、刺されたとき、やけどをしたとき、およびその他の有害な刺激によって起こった反応〔つまり痛み〕との間に、どういう関係があるか、私にはわからない。

（4）最近ヴァレンタインは、数種の恐れが先天的だと主張している（『発生心理学雑誌』一九三〇年、九月号）。

第8章　情動（その2）

われわれはどういう情動をもってこの世に生まれてくるのか。われわれはどういうふうにして新しい情動を獲得するのか。われわれはどういうふうにして古い情動を失うのか。——われわれはどういうふうにして、情動生活を獲得し、変え、それを失うかということについてのその後の研究と観察

まえの章で、述べた実験は、一九二〇年に完成した。一九二三年の秋まで、それ以上の実験は行わなかった。情動反応は、非常にたやすく作ることができるということを発見してから、われわれはつぎに、それはこわされるかどうか、もしこわされるなら、どういう方法でこわされるのかを見ようと決心した。その後の検査は、アルバート・B——条件反応が作られた子供——で行わなかった。というのは、この子は、そのすぐ後で、郊外の家の養子になったからである。

その後実験は、一九二三年秋まで休んだ。そのとき、ある金額の金が、ローラ・スペルマン・ロックフェラー記念財団によって、教育学部の教育研究室へ寄附されたので、その一部が、子供の情動生活の研究

を続けるために用いられた。われわれは、ヘクシャー記念施設を研究の場所に選んだ。そこには生後三カ月から七歳までの子供が、七〇人ほど収容されていた。しかしここは、実験的研究をする上に理想的な場所とは言えなかった。そのわけは、われわれは、子供たちを十分に管理することが許されなかったし、避けることのできないいろいろな流行病のために、研究をしばしば中断しなければならなかったからである。このような支障があったにもかかわらず、たくさんの研究が行われた。実際の実験は、メリー・カヴァー・ジョーンズ博士によって行われ、彼女によって結果がまとめられた。(1)

恐れ反応を除く試みで用いられた種々の方法

子供で条件恐れ反応を見つける

われわれは、恐れ反応――そういうものがあるとすれば――をよび起こすように計画された一群の状況に、いろいろな年齢のたくさんの子供をおいて実験を始めた。すでに述べたように、家庭で育った子供たちは、恐れ反応を示す傾向がある。また恐れ反応は、条件づけることができる、と信じてよいたくさんの理由がある。各人に、これらの状況を通過させると、いちばん顕著な条件恐れ反応を示す子供を見つけることができるばかりでなく、これらの反応をよび起こす対象（および一般的な状況）をも見つけることができる。

われわれはここではもちろん、一つの不利な条件下で研究した。すなわち、われわれは子供たちの恐れ反応の発生史を知らなかった。だからわれわれは、観察された恐れ反応が、直接条件づけられたものか、単に転移したものか、わからなかった。この点はいつも、一つの障害――のちに述べるように、この研究における特別むずかしい点——になった。

使わないことによって恐れ反応を除く

ある子供の恐れ反応と、この恐れ反応をよび起こす刺激の在所を見つけてから、つぎにわれわれがしたことは、それを除くことであった。一般には、十分に長い期間刺激を除くだけで、子供や大人から「恐れを忘れさす」ことができると考えられている。われわれはみな、「それから離れていなさい。そうすれば、いつかそれより強くなるし、そんなことはみんな忘れちゃいますよ」ということばを聞いたことがある。この方法の効果を調べるために、実験室で検査がなされた。ジョーンズ博士の記録はつぎの通りである。

ケース一——ローズ・D、二一カ月。彼女は、他の子供と囲いの中に坐っている。しかしこれらのどの子にも恐れを示さなかった。ウサギを一匹、幕の後ろから入れた。

一月一九日。ローズはウサギを見て、ワーッと泣き出した。実験者がウサギをつまみ上げると、泣くのは少なくなった。しかしウサギを床にもどすと、再びはげしく泣きだした。ウサギをとり除くと、彼女は静かになり、クラッカーを受けとり、やがて積木の所にもどって行った。

二月五日。二週間後、この状況をくり返した。彼女は、ウサギを見ると、泣いて震えた。実験者は、ローズとウサギの間の床に坐った。彼女は、数分間泣きつづけた。実験者は、釘を打ちつけた板で、彼女の注意をそらそうとした。彼女は、最後に、泣くのを止めたが、ウサギを見つづけ、遊ぼうとしなかった。

ケース八——ボビー・G、三〇カ月。

一二月六日。ボビーは、ネズミを箱に入れて見せられたとき、わずかの恐れ反応を示した。彼は、数フィートの距離からそれを見、後じさりし、泣いた。ボビーが、遊んでいる囲いの中にいるネズミを我慢し、あきらかに恐れを示さないで、それにさわることができるように、三日間訓練を続けた。一月三〇日まで、ネズミでさらに刺激しなかった。

一月三〇日。約二カ月、特別の刺激を与えないでおいてから、ボビーをもう一度実験室に連れてきた。彼が囲いの中で遊んでいるとき、実験者が、手にネズミをもって現れた。ボビーは跳び上り、囲いの外側に走って行き、そして泣いた。ネズミを箱に入れると、ボビーは実験者のところへ走って行き、実験者の手を握って、はげしい混乱を示した。

ケース三三――エリナー・J、二一カ月。

一月一七日、彼女が囲いの中で遊んでいるとき、カエルを彼女の後ろから入れた。彼女はそれをじっと見、それに近寄って、最後にそれにさわった。カエルが跳んだ。そのとき彼女は後じさりした。あとでカエルを見せたとき、彼女は首を振り、実験者の手をはげしく振り払った。

三月二六日。二カ月間動物で実験をしないでおいてから、エリナーは実験室に連れてこられ、カエルを見せられた。カエルが跳び上ったとき、彼女は後じさりし、囲いから逃げ、そして泣いた。

これらの検査やこれと似た性質の他の検査から、われわれは、情動的混乱の場合には、廃棄（disuse）という方法は、普通考えられているほど効果的でないと信ずるようになった。しかしこの検査は、十分長い期間にわたって行われたのでないから、完全な証明にならないということを認めてもよい。

言語機構による方法

ヘクシャー記念施設の被験者の多くは、四歳以下だった。だから恐れ反応をよび起こす対象について、子供をことばで組織化できる可能性は非常に少なかった。子供がかなり広い言語機構（verbal organization）をもつまで、この方法を用いて、なにもすることができないのは当然である。しかし満足すべき一人の被験者――五歳の少女、ジャン・E――は、十分にことばができていたので、それを広範な検査で使うことができることがわかった。はじめウサギを見せたところ、いちじるしい恐れ反応があらわれた。しばらくの間ウサギは見せなかったが、毎日一〇分間、ウサギについての話をした。実験者は、ピーター・ラビットの絵本、玩具のウサギ、粘土で作ったウサギのような道具を見せた。ウサギについての短い物語もした。この物語をしている間、彼女は、「おばちゃんのウサギはどこにあるの」とか、「私にウサギを見せてちょうだい」と言ったものである。一度彼女は、「私はおばちゃんのウサギにさわって、なでたわね。でも泣かなかったわね」（これは嘘だったが）と言った。ことばによる組織化を一週間してから、ウサギをもう一度見せた。彼女の反応は、実際にははじめウサギを見せたときと同じだった。彼女は、遊びをやめて跳び上り、後じさりした。なだめすかすと、彼女は、実験者がウサギをおさえている間だけ、ウサギにさわった。しかしウサギを床におろすと、彼女はすすり泣き、「あっちにやってちょうだい。持って行ってちょうだい」と言った。言語機構は、動物に対する実際の、手を使う適応や内臓の適応に結びつかないときは、恐れ反応を除く作用は、ほとんどなかった。

刺激をしばしば与える方法

この方法による実験は、続けられなかったが、その結果は、絶望的だった。この方法を行うにあたって採られた手続きは、恐れ反応を起こす動物を、毎日何度も見せることだった。ある場合に、現実的な陰性反応が起こらなかったが、これは、注目されたただ一つの改善であった。陽性反応は、この方法を用いても起こらなかった。ある場合には、適応よりも、加重効果（summation effect）〔反応が増大すること〕がえられた。

社会的因子を入れる方法

われわれは、学校や運動場で、子供たちのグループの間で起こることをよく知っている。もし、グループが恐れを示さない物を、そのグループのある子供がこわがるなら、恐れを示した子は身代わりにされ、「弱虫」とよばれるだろう。われわれは、二、三の子供について、この社会的因子を用いようと決心した。一つのケースを、ここでくわしく述べよう。

ケース四一――アーサー・G、四歳。

アーサーは、金魚鉢にいるカエルを見せられた。他の子供は、そこにはいなかった。彼は泣いて、「カエルがかむよ」と言い、囲いの中から走って逃げた。しかしあとで、彼は、別の四人の子供と一しょに部屋に連れ戻された。彼は、自分と一しょにいる他の子供の先頭に立って、金魚鉢のほうへ威張って歩いて行った。しかし彼の友達の一人が一匹のカエルをつまみ上げ、それをもって彼のほうを向いたとき、彼は金切声をあげて、逃げた。これを見て友達は彼を追いかけ、あざ笑った。しかしこの特別の場合、恐れが弱まらなかったのはもちろんだった。

これは、恐れを除くために、一般に用いられている、いちばん危険な方法の一つだろう。これは、恐れを起こす動物に対してばかりでなく、全体としての社会に対して、陰性反応をはぐくむ傾向がある。普通社会的模倣とよばれているおだやかな社会的方法を用いる場合、よい結果がえられる。ジョーンズ博士は、二つのケースを挙げている。私は、それを引用しよう。

ケース八――ボビー・G、三〇カ月。

ボビーは、マリーとローレルと一しょに、囲いの中で遊んでいる。ウサギをバスケットに入れて、見せた。ボビーは、「いや、いや」と泣き叫び、それをしまってくれという身振りを実験者に示した。ところが、二人の少女が、すぐに走ってきて、ウサギを見、興奮してしゃべり出した。ボビーはすぐに興味をもち、「なに、見せて」と言い、走り寄った。彼の好奇心と、社会的状況における自己主張性は、他の衝動を圧倒してしまった。

ケース五四――ヴィンセント、二一カ月。

ヴィンセントは、ウサギを手、あるいは顔に押しつけられたときでさえ、ウサギをこわがらなかった。彼の唯一の反応は笑うことと、ウサギの毛のほうへ手を伸ばすことだった。同じ日に、彼はウサギを見て泣くロージーと一しょに、囲いの中に入れられた。すぐにヴィンセントは、恐れ反応を示した。通例の遊戯室という状況では、彼はいつもロージーの泣き声には、注意を払わなかったが、ウサギと結びつくと、ロージーの悲しみは、いちじるしい暗示効果があった。このようにして、転移された恐れは、二週間以上も続いた。

二月六日。エリーとハーバートは、ウサギと一しょに、遊戯室の囲いの中にいた。ヴィンセントがそこに連れてこられたとき、彼は、ある距離を保って、注意深く、立ち続けていた。エリーは、ヴィンセントをウサギのところへ連れて行き、彼にウサギをさわらせた。すると、ヴィンセントは笑った。

しかし上に述べたことからわかるように、この方法を用いるにあたっては、難点がある。すなわち、ある対象をちっともこわがらない子供が、その対象に恐れ反応を示す子供の行動によって条件づけられることである。[2]

以上に述べた方法はどれも示唆に富んでいるし、また最終的な結論をうるまできわめつくされなかった。しかしどれも特別効果があるとは思われないし、危険がなくはない。

再条件法、あるいは無条件法

これまでに発見された恐れを取り除く方法の中で、いちばん効果があった方法は、**無条件づけ**、あるいは再条件づけである。再条件づけということばは、身体修練主義者が種々の型の健康宣伝に用いたことがあったが、それはともかくとして、このことばは、適当なことばとはいえない。無条件づけということばが、唯一の役に立つことばのように思われる。

われわれが無条件づけで用いた方法と、われわれが手に入れた結果は、ピーターについてなされた研究を述べれば、いちばんよくわかるだろう。

ピーターは、三歳ぐらいの、活発で、熱心な子供だった。[3] この子は、普通の生活状況にはよく適応していたが、恐れについては例外だった。彼は、白ネズミ、ウサギ、毛皮の上着、綿花、カエル、魚および機械仕掛の玩具をこわがった。彼の恐怖の記述から、ピーターはアルバート・B（一八四ページ）が成長したものにすぎない、と考えてよい。ただ、ピーターの恐れは「家庭で生じた」ものであって、アルバートのように、実験的に作られたものではないことを忘れてはならない。とはいうものの、ピーターの恐れは、つぎに述べるように、はるかにもっと顕著だった。
　ピーターは、遊戯室の小さいベッドにいて、すぐに玩具に夢中になった。白ネズミを後ろから、ベッドの中に入れた（実験者は幕の後ろにいた）。ネズミを見ると、ピーターは金切声をあげ、恐れの発作をおこし、あおむけになって、ばったり倒れた。刺激を除くと、ピーターは、ベッドから出てき、椅子に坐った。二歳の少女、バーバラをベッドに連れてき、前と同じく、白ネズミを入れた。彼女は恐れを示さず、手にネズミをとり上げた。ピーターはじっと坐りながら、バーバラとネズミを見ていた。ピーターの所有物である一本の紐にさしたビーズ玉が、ベッドにおき放しになっていた。ネズミが紐の一部にさわるたびに、彼は、「ぼくのビーズ」と不平そうな声で言ったものだ。しかし彼は、バーバラがそれにさわっても、文句を言わなかった。椅子からおりるようにいわれても、彼は首を横に振った。恐れはまだしずまってはいなかった。彼が自由に遊ぶ心ができるまでに、二五分かかった。翌日、つぎに述べる状況と対象への反応が注目をひいた。

遊戯室と手すりつきベッド……………………玩具をとり、抗議しないでもベッドに入る
ころがっている白いボール……………………それをとり上げて、持って行く
ベッドの手すりにぶらさがっている毛皮のボロ……………それをとり除くまで、泣き叫んだ
ベッドの手すりにかけた毛皮の上着……………それをとり除くまで泣き叫んだ
綿花……………………………………………ささやき、後じさりし、泣き叫んだ
羽のついた帽子……………………………泣き叫んだ
粗い皮の玩具の白ウサギ……………………陰性反応も陽性反応も起こらなかった
木製の玩具……………………………………陰性反応も陽性反応も起こらなかった

ピーターからこれらの恐れを除くための訓練は、最初は、二〇〇ページで述べたような、社会的因子を利用することであった。いちじるしい改善が見られたが、再訓練が完成するまえに、この子は猩紅熱にかかり、二カ月間入院しなければならなかった。病院から帰ってくるとき、タクシーに乗ろうとすると、大きなイヌが、彼と看護師に吠えついた。彼と看護師は、ひどく驚いた。ピーターは、タクシーの中で気分が悪く横になり、疲れ切ってしまった。回復に二、三日を要してから、実験室に連れてこられ、もう一度動物で検査された。すべての動物に対する彼の恐れ反応は、大げさになっていた。そこでわれわれは、他の型の操作――直接の無条件づけ――を使おうと決心した。われわれは、彼の食事を管理《コントロール》しなかったが、クラッカーと一杯の牛乳からなるお三時を彼にやる許可をえた。われわれは、彼を小さいテーブルの前の高い椅子に腰掛けさせた。お三時は、長さ四〇フィート〔一二メートル〕の部屋で与えられた。彼がお三時をたべ始めたちょうどそのとき、ウサギを粗い網目の金網の中に入れて見せた。われわれは初日には、彼がたべるのを妨害しないように十二分に離して見せた。そこでこの点にしるしをつけた。翌日、食事に対する妨害がかろうじて認められるところまで、ウサギを近づけた。そしてこの場所に、しるしをつけた。三日目、およびそれ以後も、同じ手続きをくり返した。ついに、ウサギをテーブルの上までおくことができるようになり、その後は膝の上におくことができるようになった。つぎに、許容度《トレランス》は、陽性反応にかわった。ついに彼は、一方の手でたべ、片方の手でウサギと遊べるようになった。これは、彼の内臓が、彼の両手と並行して再訓練された、という証拠である。

ウサギ――いちばん大げさな種類の恐れ反応をよび起こす動物――に対する恐れ反応を打ちこわしてから、つぎにわれわれは、毛のある動物や毛皮のついた物体に対してどういう反応をするかを見たいという関心をもった。綿花、毛皮の上着、および羽毛に対する恐れ反応は、完全になくなった。彼は、それをみ、それをいじり、それからほかのものに向かった。彼は、毛皮のぼろをつまみ上げ、それを実験者のところへもってきさえした。

白ネズミに対する反応は、いちじるしく改善された。それは、少なくとも許容段階に達したが、非常に興奮した積極的な操作は起こらなかった。彼は、ネズミとカエルの入っている小さいブリキの缶をいくつも拾い上げ、それを部屋のまわりにもってきた。

それから彼は、完全に新しい動物で検査された。彼がこれまで見たことがないかわいいハツカネズミを、もつれ合ったミミズの塊と一しょに、彼に渡した。彼の反応ははじめは陰性だったが、これは、二、三分すると、ミミズに対する陽性反応と、ハツカネズミを平然と眺めることに変わった。

われわれは、いつものように、ここでも、この子が条件づけられた一次的な状況（一次的な条件反射）を知らないため、家庭で生まれた恐れを研究するのに甘んじた。もしわれわれがこの点について知っていて、彼の一次的な恐れについて彼を無条件づけしたなら、すべての「転移された」恐れ反応もおそらくたちどころに消失したろう。われわれが一次的な恐れを作り、それから一次的な恐れの転移と無条件づけについて、もっと経験を積めば、われわれは、この興味ある分野をしっかりとした根拠の上に立って研究できるようになるだろう。一次的な条件反応、二次的な（および二次以上の）条件反応、および種々の転移反応の間には、反応（強度）に相違がありそうである。もしそうなら、情動の歴史がわかっていない子供にいろいろ違った状況を示せば、その子が最初どれに条件づけられたかを、あてることができるだろう。

情動という研究分野全体は、このように実験的に研究されたときには、血わき肉おどるような分野になるだろうし、また家庭と学校——日常生活においてさえも——で実地に応用のきく分野になるだろう。ともかくわれわれは、今や、恐れ反応の実験的発生と、安全な実験的方法によって恐れ反応を根絶した少なくとも一例を、この目で見た。もし恐れをこのように取り扱うことができるのなら、なぜ怒り（かんしゃく）や愛情と関係のある他のすべての情動の機構を扱わないのか。私は扱うことができると確信している。いいかえると、情動の機構は、すでに指摘したように、起源に対しても、衰退に対しても、厳密に他の習慣と同じ法則に従うのである。

上に概略を述べたケースに、無条件づけを使ったことは、重大な欠点があった。それは主に、われわれが子供のすべての食事を管理しなかった点である（ついでに言うと、十分に管理できるまで、幼小児を実験してはならない）。子供に恐れの対象を見せたちょうどそのとき、子供をなでたり、愛撫したり、揺り動かしたなら、（性的な刺激を加える——こうすると、内臓の再訓練が行われる）無条件づけは、はるかに早く行われたかもしれない。

無条件づけの研究についてのこの予報は、不完全で、不満足なものにせよ、今のところこれ以外報告がない。われわれは、たくさんの幼児について、また管理のできるよりよい条件下で幼児を実験できるまで、条件づけと無条件づけの問題をそのままにしておかねばならない。

子供の情動的条件づけをもたらす家庭因子

将来われわれは、人間の子供を泣かせたり、こわがらせないでも——これらの反応をよび起こす無条件刺激（痛み、有害な刺激、騒音）があるときは別だが——幼児期から小児期を通じて育てることができるようになるだろう、と思っている。このような無条件刺激はごくまれにしか存在しないのだから、子供は実際には泣かなくてもいいのだ。しかし、彼らを見てみたまえ。彼らは、朝、昼、晩、泣いているのだ！　幼児は、キリキリとお腹の痛むとき、おむつのピンが柔かいお尻にささったとき、お腹が空いたとき、ベッドのスラッド〔ベッドのマットレスを支える木の棒〕の間に頭をつっこんだとき、マットレスとベッドの脇の間に落ち込んだとき、ネコにひっかかれたとき、それ以外の仕方でからだの組織を傷つけられたとき、大きな音がしたとき、支えるものがなくなったとき、すすり泣く立派な権利があるのだ。しかし別の場合には、泣く正当な権利がない。これは、家庭における不満足な訓練法のために、小枝が曲がるように早く、われわれが一人一人の子供の情動の構造を台なしにしてしまったことを意味している。

子供はどういう状況で泣くか

ジョーンズ博士は、一グループの九人の子供のもとで、彼らが朝目をさましたときから、夜ぐっすり眠るまで、研究を続けた。どの泣き声も記録し、どの笑い声も観察した。彼女は、笑い声と泣き声の持続時間、それらが起こる時刻、この反応をよび起こす一般的な状況（これはいちばん念入りに研究された）、泣くことと笑うことがつぎの行動に及ぼす残効を記録した。グループの子供は、一六カ月から三歳までで、ヘクシャー記念施設で検査された。しかし彼らは、そこに一時いたにすぎず、家庭で育てられた子供だった。最初の観察をしてから、一カ月後に、違うグループの観察が行われた。

泣き声をよび起こす状況を、よび起こされた泣き声の回数順にあげることにしよう。

（1）便器に坐らせられたとき。

（2）持ち物をとりあげられたとき。
（3）顔を洗ってもらうとき。
（4）部屋に一人でおいてきぼりにされたとき。
（5）大人を部屋に残してきたとき。
（6）うまく行かないことをしているとき。
（7）大人や他の子供と遊んでもらえなかったり、自分を見守ってもらえなかったり、話しかけてもらえないとき。
（8）衣服を着せてもらうとき。
（9）大人に自分を高く持ち上げてもらえないとき。
（10）衣服を脱がされるとき。
（11）風呂に入れてもらうとき。
（12）鼻をかまされたとき。

これは、泣く反応をよび起こすいちばん普通の一二の状況にすぎない。一〇〇以上の状況が、すすり泣き、しのび泣きを起こした。上の一二のうち、つぎの状況に対する反応は、無条件怒り反応、あるいは条件怒り反応とみなすことができる。（1）便器に坐らせられたとき。（2）持ち物をとりあげられたとき。（3）顔を洗ってもらうとき。（6）うまく行かないことをしているとき。（10）衣服を脱がされるとき。（11）風呂に入れてもらうとき。（12）鼻をかまされたとき。他方、（5）大人を部屋に残してきたとき、（7）大人と遊んでもらえないとき、（9）大人に自分を高く持ち上げてもらえないとき、は、条件愛情反応の一つで、愛着をいだいている物、あるいは人が見えないか、あるいは愛着をいだいている人が、いつものような反応を示してくれない悲しい状況（たとえば「愛」が冷たくなった場合）に近いように思われる。ジョーンズ博士は、条件型と無条件型の恐れが、泣く多数の原因になっている場合が多い、と述べている。たとえば、滑り台を滑るとき、テーブルの上に立ったとき等である。おそらく上の分類の（4）と（5）は、その中に恐れ反応の要素をもっているのだろう。

この種の研究を行うさいには、泣くということは、ねむけ、空腹、疝痛等々のような器質的因子のためかもしれない、ということをいつも心にとめなければならない。ジョーンズ博士は、（おそらく）生体内の原因による多数の涕泣は、午前九時と一一時の間に起こることを発見した。この発見の結果、この施設は、休み時間を昼食後ではなく、昼食前にし、非常に幼い子供のためには、昼食前と昼食後の二つの休み時間をおいた。このため、生体内の原因によって泣く回数や混乱した行動の量がいちじるしく減少した。

子供を笑わせるもの

笑いとほほ笑みをよび起こす状況は、同じようにして、記録された。笑いの共通の原因を順にあげると、つぎの通りである。

（1）遊んでもらうこと（ふざけて着替えをすること、くすぐられること）。
（2）他の子供たちと走ること、他の子供を追いかけること、他の子供とふざけること。
（3）玩具で遊ぶこと（とくにボールが効果的である）。
（4）他の子供をいじめること。

（5）遊んでいる他の子供を見ること。
（6）いろいろやってみて、その結果適応できたとき（たとえば、玩具、あるいは器具の部品を組み立てたり、動かしたりすること）。
（7）ピアノ、ハーモニカで、多少音楽的な音をたてること。歌うこと。ドンドン叩くこと。

笑いやほほえみをよび起こす、全部で八五の状況が書き留められた。いちばん多く笑いを起こす状況は、くすぐること、ふざけて衣服を着ること、やさしく風呂に入れてもらうこと、他の子供とふざけること、からかうこと（しかし「口答え」をする機会がある場合にかぎる――口答えは、やさしく扱われること、つづけさまに拳でなぐられること、くすぐられることを含んでいるから、性にもとづいた学習反応であろう）であった。これらの微笑反応がどのくらい無条件的で、どのくらい条件的かを、ここで論じることはできない。その状況の扱い方次第で、また子供の生体内の条件次第で、同一の刺激があるときには笑い声を起こし、あるときには泣き声を起こしたということに注意しなければならない。たとえば、子供が顔を洗ってもらっているとき、あるいはからだを洗ってもらっているとき、浴室に泣き声が響き渡っても、いつも子供を笑わすことができた。たとえば、ハーモニカを吹くだけで、部屋全体の空気がかわり、悲しみが笑いになることがあった。小さい子供に普通のやり方で衣服を着せているとき、すなわち引っぱられたり、ねじられたり、まわされているときには、子供はいつも泣き出したが、ふざけて着せると、泣き声の代わりに笑い声や、ほほえみが起こった。しかしわれわれは、子供がしなければならないことをしているとき、すぐに度を越して、子供を楽しませすぎ易い、ということに注意しなければならない。私は、このようにして増長した子供たちが、風呂に入ったり、ベッドに行ったり、衣服を着たり、たべたりするとき、新しく来た看護師が、楽しませて欲しいという子供たちの要求に屈しなかったり、あるいは屈しようとしないため、子供たちが、彼女をいじめているのを見たことがある。

われわれの結果は、またもや不完全であるが、現在泣き声をよび起こしている家庭内のたくさんの状況を、ほほえみ（一般には笑い）をよび起こす状況——これは、適度なら、生体の物質代謝という面ではよりよいことは疑問の余地がない——にとりかえるのは、たいへんやさしいということを示した。さらにまた、われわれが子供をじっと見守って、子供の環境では何が足場かを知ることができれば、子供の環境を作りかえ、それによって不都合な機構が発達しないようにすることができるだろう。

子供に陰性反応を教え込むべきか

この国の教育界には、子供には陰性反応をむりやり教え込むべきでない、という感傷的な見解が行われている。私はこれまで、この宣伝に賛成したことはなかった。実際、ある陰性反応は、生体の保護という問題として、科学的に教えこまなければならない、と思っている。私はそれ以外の方法を知らない。とはいえ、私は、条件恐れ反応と、単なる恐れ反応とを区別すべきだ、と考えている。本来の（無条件）恐れ刺激に条件づけられた陰性反応は、内臓に大きな変化を起こす——おそらくは、正常な物質代謝を破壊する。条件怒り反応——その性格は必ずしも陰性ではない（それは、戦いや攻撃のさいの陽性反応を含んでいる）——もあきらかに同一である。私は、キャノンが発表した簡単な事実を頭において、そう言ったのである。キャノンによると、恐れ行動や怒り行動のさいには、消化と吸収が完全に妨げられることが多い。すなわち食物は、胃に停滞して、醱酵し、細菌の繁殖する素地となり、有害な産物を出す。このように、恐れ行動や怒り行動は一般に生体には有害だ、という見解には、正当性がある（しかし、種族は、高い音、支えのないことに陰性反応をしなかったなら、また運動が妨げられたとき、もがかなかったなら、おそらく生存できなかったろう）。これに反して、愛情行動は、普通、物質代謝を高めるように思われる。すなわち、消化と吸収は、あきらかにもっとすみやかに行われる。夫と妻に質問すると、正常な性行為のあとでは、飢餓収縮が胃に始まり、食物をたべたくなることがきわめて多いという事実が明らかになる。

しかし陰性反応にもどろう。少なくとも私の考えによると、陰性反応が（条件づけられた）手を使う行動——たとえば、わずかの有害な刺激が作用したため、手、脚、からだをひっ込めること——に作り変えられる場合には、内臓はほとんど関与しない。私の言うことをはっきりさせるため、一例をあげよう。私は、つぎの二つの方法で、ヘビに対する陰性反応を作ることができる。私がヘビを示したちょうどそのとき、おそろしい音をたてる。すると子供は、地面に倒れ、恐怖のあまり完全に泣き叫ぶ。まもなくヘビを見ただけでも、同じ作用をあらわすようになる。あるいは、私はヘビを数回見せ、幼児がそれに手をのばすたびに、その指を鉛筆でぶつ。こうすると、だんだんに、ショックを起こさないで、陰性反応を示すようになる。私は、ヘビでこれをやらなかったが、ロウソクを使ってやってみた。一度刺激されて、ひどいやけどをすると、子供は条件づけられる。しかしこれは、いつもはげしい反応を伴う。ロウソグの焔を何回も見せて、そのたびに、手をひっこめるくらいに指を熱くさせると、陰性条件反応が作られるが、この場合は、ひどいショックを伴わない。しかし、ショックを起こさないで、陰性反応を作るのは、時間がかかる。

今日、文明は、たくさんの種類の「してはいけない」ことやタブーの上に築かれている。文明の中に適応して生きている人は、それに注意を払うことを学ばなければならない。陰性反応は作られなければならないが、強い情動反応を起こさないで、できるだけ公正に作られなければならない。子供や少年は、通りで遊んではいけないし、自動車の前を横切ってはいけないし、見知らぬイヌやネコと遊んではいけないし、ウマの脚に上ったり、ウマの足もとに立ってはいけないし、人々に火器をむけてはいけないし、性病にかかる機会や、私生児をうむ機会をもってはいけない。私がここにあげた以外の何千ものことをしてはいけない。私は、社会によって要求されている陰性反応が全部、倫理的に正しい、と言っているのではない（私が倫理的というのは、将来存在する新しい実験倫理学に従って、という意味である）。今日守られているたくさんのタブーが、生体にとって究極的に「いい」ものかどうか、私は知らない。私は、社会というものが存在している――それは一つの事実である――と言っているだけだ。そしてわれわれが社会の中に生きているならば、社会の慣習が、「退け」といえば、退かなければならない。もちろん、無法者、いろいろの禁止されたことをしている人、その結果社会的な懲罰をうけた人が、世の中にはどんどん増加している。これは、もちろん社会的な試行錯誤実験が可能になったということを意味している。そのよい例は、レストラン、ホテル、たくさんの家庭でさえ、女性の喫煙が今日では大目にみられていることである。社会が、その機関（たとえば、政治制度、教会、家庭）を通じて、あらゆる行為を支配しているかぎり、どんな学習も可能でないし、新しい社会的反応を試みることも不可能である。過去二〇年間に、女性の社会的地位はいちじるしく変化し、結婚の紐帯はいちじるしく弱まり、政党支配の徹底性は著明に減り（すなわち、実際に、独裁はくつがえされた）、教育のある人に対する教会の威力はいちじるしく弱まり、また性に対するタブーは減少した。危険なのは、取り締まりが急激に弱まること、新しい型の行動を表面的に試みること、十分にためしてみないで新しい方法を受けいれることであるのはもちろんである。

陰性反応を作るさいの体罰の使用

子供を家庭や学校で教育するさい、体罰を加えてもいいかどうか、という問題は、周期的に議論の的になった。私は、われわれの実験によってこの問題のけりはほとんどついた、と信じている。罰ということばは、われわれのことばに入りこんではならなかったことばである。

からだを鞭で打ったり、ぶったりすることは、種族とともに古い慣習である。犯罪人や子供の懲罰についての現在の説でさえも、その底には、教会の古い、宗教的、マゾヒズム（被虐）的な慣習が横たわっている。「目には目、歯には歯」という聖書の意味の罰は、われわれの社会的・宗教的な生活全体を暗に害している。

たしかに子供を罰することは、科学的な方法ではない。両親として、教師として、また法律家として、われわれは、個人が、集団の行動と一致した振る舞いをするようになることだけに関心をもっているし、関心をもたねばならない。あなたはすでに、行動主義者というのは厳格な決定論者だという意見をおもちになったはずである。すなわち、子供や大人は、今現にしていることをしなければならない。彼らを違ったふうに行動させる唯一の方法は、第一は彼を訓練しないことであり、第二は再訓練することである。子供や大人が家庭や集団によって定められた行動の規準に合致しないことをするのは、家庭や集団が、形成期にその人を十二分に訓練しなかったためである。しかし一生を通じて形成期なのだから、社会的訓練は一生を通じて行わなければならない。とすると、個人（欠陥者や精神病質者以外の）が「悪い」のは、すなわち行動の定められた規準からずれているのは、われわれ自身の過失である。「われわれ自身の過失」というのは、両親、教師、それ以外のあらゆる集団の成員の過失という意味である。われわれは好機を昔逸したし、現在も逸しているのだ。

しかし鞭で打つことと、なぐる問題にもどろう。ぶったり、なぐったりすることに弁解の余地は一つもないのだ！　その理由はこうである。

第一に、逸脱した行為は、父親、あるいは母親が家に帰って、折檻をする何時間も前に起こった行為が非常に多いからである。条件反応というものは、こういう非科学的な手続きでは決して作れない。一人の子供が朝した行為を夕方折檻すれば、その子は、将来悪い行動をしなくなるという考えは、笑止千万である。また防犯という見地からみて、笑止千万なのは、ある年に犯した犯罪を、その一、二年後に罰する――実際に罰するのは――わが国の法律上、および裁判上の処罰方法である。

第二に、ぶつことは、両親、あるいは教師の情動のはけ口（サディズム的な）として用いられることが多い。

第三に、行為のすぐあとでなぐっても、（いやしくもなぐるなら、絶好のときだが）、なぐる程度は科学的に調節されてもいないし、調節することもできないことが多い。すなわち、たいへんおだやかになぐったので、条件陰性反応を作るにたるだけの強い刺激にならないことがある。あるいははげしくなぐったので、子供の内臓系全体が不必要にかき乱されることがある。また逸脱行為もそれに伴なう処罰もあまり行われなかったので、陰性反応を作るだけの科学的条件ができないことがある。最後に、何度も何度もくり返しなぐられたので、すべての効果が失われてしまうことがある。つまりなれが生じ、「マゾヒズム」――人が有害な刺激に積極的に（性的に）反応する一状態――として知られている精神病理学的な一状態におちいる可能性がある。

それでは、私が作る必要があると上で述べた陰性反応は、どのように作るべきか。私は、子供が、指を口に入れたとき、たえず性器をいじっているとき、子供がガラスの皿に手をのばし、引っぱっているとき、ガス栓や水道栓をひねっているとき、もしその子がその行為に夢中になり、また両親がまったく客観的に（行動主義者が、ある対象に対する陰性反応、あるいは退避反応を作るとき、わずかな電気ショックを用いるように客観的に）すぐにコツンと叩くことができるなら、子供の指をコツンと叩くべきだと思う。社会は（集団も、子供のすぐ側にいる両親も）、年のいった子供には、コツンと叩く代わりに、「してはいけません」とことばを使う。もちろん社会はいつも、「してはいけません」とことばを用いなければならないだろう。しかし将来われわれが環境を配列しなおすことができれば、陰性反応が子供や大人で作られることはますます少なくなるだろうと思う。

陰性反応の形成という体系全体の中の一つの悪い特徴は、両親が状況に巻き込まれてしまう――つまり懲罰の体系の一部になる――ことである。子供は大きくなると、いちばんよくなぐった人――普通は、父親――を「にくむ」ようになる。私は、子供がコップや精巧な花瓶に手をのばすと、罰せられ、一方玩具や、遊ぶことが許されている他のものに手をのばすと、電気ショックをうけないで、それを手に入れることができるように、将来テーブルの上を配線して実験したいと思っている。つまり、対象や生活状況自体を、陰性反応にしてみたいと考えている。

犯罪に対する現在の刑罰方法は暗黒時代の遺物である

子供を育てるさいの懲罰について述べたことは、犯罪の分野で大人にも同じようにあてはまる。私の考えでは、病人、あるいは精神病質者（精神障害者）、あるいは訓練されていない人が罪をおかすのだから、社会は、まさしくつぎの二つのことに関心をもつべきだ。すなわち、（1）精神障害者や精神病質者は、できれば、治療されるべきだ。しかしそれができないなら、どんな危害も加えられず、また集団の他の成員に危害を加えることができないようなよく管理された（非政治的な）施設に収容されるべきだ[4]。いいかえると、これらの人の運命は、医者（精神科医）の手にゆだねられるべきである。見込みのない精神障害者が教化されるかどうか、という疑問は、何度も何度ももち上った。誇張された感傷や、中世の宗教的な指令は別として、それに反対する理由はない。（2）精神障害者や精神病質者でない、社会的に訓練されていない人は、訓練所に入れられるか、年齢、職業をとわず、訓練を施す学校へ入れられて、文化を身につけ、社会的になるようにされるべきだ。さらにまた、この期間中は、彼らは、集団の他の成員に危害を加えることのできない場所におかれるべきだ。このような教育や訓練は、一〇年から一五年、あるいはそれ以上かかるかもしれない。彼が再び社会に入るのに適した訓練を身につけることができないなら、彼はつねに再訓練をうけるべきだし、逃亡できない大きな工業施設や農業施設で、毎日のパンを手に入れるようにされるべきだ。どんな人間——罪人も、そうでない人——も、空気、太陽、食物、運動、あるいは快適な生活状態に必要な他の生理学的因子をとりあげられてはならない。他方、一日一二時間熱心に仕事をすることは、どんな人にも有害でないだろう。こうして追加訓練のため隔離された人は、行動主義者の手もとにおかれなければならないのは、もちろんである。

このような見解は、当然刑法を完全になくしてしまう（警察制度をなくしはしない）。それは、当然刑事弁護士、法律の（刑事上の）判例、犯罪人を裁く法廷をなくしてしまう。著名な法律家の中には、事実上は、この見解に賛成している人が多い。しかしすべての法律書が自然の大変動のため焼かれてしまうか、すべての弁護士や法律家がみな行動主義者になろうと決心するまでは、私は、逸脱者を取り扱う現在の報復説、あるいは刑罰説（宗教的な一理論）が、条件情動反応を作ったり、こわしたりすることについて、われわれが知っている事実に立脚した科学的な一理論にとって代わるなどとは考えていない。

情動行動の中でいちばん重要な構成形式は何か

われわれが、この章と前の章で述べた情動行動――学習されたものも、学習されないものも――の種々な形のほかに、行動主義者の関心を大いにひいている二つの別の型がある。それは、**嫉妬**と**羞恥**である。これまで行動主義者は、それらを研究する機会がほとんどなかった。私は、嫉妬も羞恥もともに作られたものだ、と信じている。

悲しみ、憂い、憤慨、立腹、尊敬、畏敬、正義、慈悲として一般に知られている情動行動の別の型は、行動主義者には、非常に簡単なように思われる。それらは、われわれがすでに十分に論じた無学習行動の非常に簡単な型の上に築かれた大きな上部構造だ、と行動主義者は考えている。

しかし嫉妬と羞恥は、これからさき大いに研究しなければならないものである。これまで私は、羞恥の最初の出現と、その発生的な発達を観察する機会をもたなかった。私は、羞恥というものは、最初のあらわなマスターベーションとある点で結びついていると考えたい。刺激は、性器をいじることであり、最終反応は、血圧の上昇、およびとりわけ潮紅として知られている皮膚の表在性の毛細管の拡張である。赤ん坊のときから、子供は、マスターベーションをしてはならないと教えられ、マスターベーションをすると罰せられる。その結果、性器と結びついた状況、あるいは性器と関係のある状況――ことばによるものにせよ、そうでないものにせよ――は、マスターベーンヨンのさいほとんどつねに見られる赤面と頭をさげる反応を起こすのだろう。しかしこれは、純粋に思弁的なものである。

私は、最近、嫉妬について二、三の観察と実験を行った。

嫉妬とは何か、それをうむのはどういう刺激か、その反応はどういう型か、と一群の人に尋ねてみたまえ。あなたは非常にあいまいで、いちばん役に立たない答えしかえられないだろう。またその人に、その反応を起こすのは、どういう無学習（無条件）刺激か、どういう無学習（無条件）反応の型か、と尋ねてみたまえ。この二つの質問に、あなたは、非科学的な答えしかえられないだろう。たいていの人は、「ああそうです。嫉妬というのは純粋の本能です」という。もしわれわれが、つぎのように図示するなら

S ……………………………… R
?　　　　　　　　　　　　?

われわれは、刺激（S）と反応（R）の左側の疑問符を埋めなければならない。

それにもかかわらず、嫉妬は、今日の個人の機構の中でいちばん強力な因子の一つである。それは、法廷でも、行動を起こすいちばん強い「動機」の一つとして、認められている。強奪や殺人は、そのために行われる。人の生涯は、そのために作られたり、作られなかったりする。夫婦間の喧嘩、別居、離婚は、他の単一の原因よりも、嫉妬にさかのぼることができるほうがもっと多いだろう。嫉妬は、すべての個人の活動の流れ全体にほとんどあまねくしみわたっているので、嫉妬というものは、生まれつきの本能

だ、という見解を人々にいだかせたほどである。しかし、あなたが、人々を観察し始め、どういう種類の状況が嫉妬行動をよび起こすか、この行動のこまかい点は何か、を決定しようとするやいなや、あなたは、その状況は非常に複雑（社会的）で、反応はすべて高度に組織化（学習）されていることを発見するだろう。このこと自体から、嫉妬は遺伝的な起源をもっている、ということは疑わしくなる。それゆえ、ある人の行動から、その状況と反応があきらかにならないかどうか見るため、しばらくの間その人を見てみよう。

どういう状況が嫉妬行動をよび起こすか

さきに述べたように、まず第一に、その状況はつねに社会的なものである。つまりそれは、人を含んでいる。ではどういう人か。つねに、条件愛情反応をよび起こす人である。これは、母親かもしれないし、父親かもしれないし、兄弟かもしれないし、姉妹かもしれないし、恋人かもしれないし、妻かもしれないし、夫かもしれない。また同性愛的愛着の対象を、このグループに入れなければならない。はげしい反応をよび起こすのは、第一は恋人同士の間であり、第二は夫婦の間である。このように簡単に検討してみることは、われわれが嫉妬を理解する上にいくらか役に立つ。またその状況はつねに代理的な状況、すなわち条件づけられた状況である。それは、条件愛情反応をよび起こす人を含んでいる。このように一般化すると――もしそれが正しいなら――それは遺伝的な行動形式の組からたちまち閉め出されてしまう。

嫉妬反応とは何か

大人のこの反応は、さまざまである。私は、大人と子供のケースを、非常にたくさん書きとめた。われわれの手続きを変えるため、まず大人の反応をとり上げよう。

ケースA。Aは、「非常に嫉妬深い」夫で、二年前、少し年下の美しい女性と結婚した。二人はよくパーティーに出掛けた。もし彼の妻が、（1）パートナーに少しくっついて踊るなら、（2）一人の男性としゃべるため、ダンスの仲間に入らなかったり、その男性に低い声でしゃべるなら、（3）歓喜の瞬間に、彼女が、衆人環視の中で、しかも明るい光のもとで、他の男性に接吻をするなら、（4）彼女が、他の女性とでさえ、食事に行ったり、お茶を飲みに行ったり、買い物に行くなら、（5）彼女が自宅でのパーティーに、自分自身の友達を招待するなら――嫉妬行動が示された。このような刺激は、夫につぎの反応を起こす。

（1）妻と話したり、踊るのを拒否させる。

（2）彼は全身の筋肉を緊張させ、口をかたく閉じ、目をますます細くし、あごを「ひきしめる」。つぎに、彼は、他の人からはなれて、部屋に引きこもる。彼の顔は赤くなり、つぎに黒くなる。この行動は、事件が起こってから、何日も続くかもしれない。いや普通何日も続く。彼は、この事件について、だれとも話そうとしない。仲裁は不可能である。嫉妬状態というものは、ひとりでに走り出すか、あるいは止まらなければならないもののように思われる。妻自身は、愛の保証がないためか、無実のあかしがないためか、弁解の余地がないためか、あるいは敬意を払っていないため、何かをして、よりをもどそうとしない。そのくせ、妻は夫に献身的で、夫が嫉妬に狂っていないときに、彼自身認めたように、決して不貞ではなかったのだ。育ちのよくない人や、学歴のない人でも、彼の行動が外部にあらわれるのを、容易に見ることができる。すなわち、彼は妻の目つきをそしるかもしれない。あるいは、もし彼が本当の攻撃者なら、彼は自分を攻撃する、つまり自殺するかもしれない。

次に子供の嫉妬行動を取り上げよう。嫉妬の最初の徴候は、二歳ぐらいの子供Bに見られた。この子は、母親が父親を抱擁したり、父親にぶらさがったり、接吻したりすると、いつも嫉妬を示した。この子は、これまで一度も「身代わりの小羊」にされたことがなかったし、また夫婦の性交渉のさい、いつも側に居ることが許されたし、歓迎されさえしていたが、二歳半のとき、母親が父親を抱擁するといつも、父親を攻撃し始めた。彼は、(1)父親の上着を引っぱり、(2)「ぼくのママ」と叫び、(3)父親を押しのけて、二人の間に割り込んだ。もし接吻が長くつづくと、この子の反応状態は、非常に著明になり、はげしくなった。いつも朝に——とくに、両親がおきる前に寝室にやってくる日曜日には——彼は、両親に持ち上げられ、歓迎され、非常にかわいがられた。しかし、二年九カ月のとき、この子は父親に「パパは会社へ行かないの」と言うか、あるいは直接命令的に「パパは会社へ行きなさい」と言ったものである。三歳のとき、彼は、弟と一しょに、看護師に連れられて、祖母のところへやらされた。彼は、一カ月間、母親から離れてくらした。この期間に、母親に対する強い愛着は弱まった。両親がこの子を訪れたとき(三七カ月だった)、両親が子供のまえで愛を示しても、嫉妬をあらわさなかった。嫉妬行動が最後に起こるかどうか見るため、両親が長い間抱擁していたときも、子供は、はじめ父親、つぎに母親に、駈けよって、しがみつくだけだった。この検査は四日間くり返されたが、その結果は同じだった。

つぎに父親は、もとの状況が嫉妬を起こすことができないのをみて、母親をぶったり、母親のからだと頭をなぐったり、母親の両肩をもってゆするまねをした。一方母親は、泣き声をあげ、抵抗するふりをした。子供はしばらくの間じっと立っていたが、つぎに歯をむき出し、爪をたてて父親にとびかかり、喧嘩が終わるまで、放そうとしなかった。子供は泣き出し、父親の脚をけとばし、引っぱり、手でなぐった。つぎに、父親が受け身になり、母親が父親を攻撃した。母親が、偶然ベルトの下をなぐった。父親は、本当に痛みを感じ、からだを二つに折り曲げた。それなのに、子供は再び父親を攻撃しはじめ、彼が戦闘力を失ったのちも、攻撃し続けた。このとき、子供は本当に混乱し、実験はやめなければならなくなった。しかし翌日、嫉妬行動は、父親と母親が抱擁したときも、あらわれなかった。

親に対する嫉妬のこの型は何歳ぐらいで起こるか

この型の嫉妬行動の発生をさらに検査するために生後一一カ月の男の児を検査した。この赤ん坊は、栄養がよく、条件恐れ反応がまったくなかった。しかし母親に対する強い愛着はあったが、父親には愛着をいだいていなかった。父親は、この子が親指をなめようとすると、手をよくピシャッとたたいたり、種々の種類の実験を試みて、彼の心の落ち着きをかき乱した。一一カ月のとき、彼は、長い距離を速く這うことができた。

父親と母親がはげしく抱擁しているとき、この子は、両親をじっと見つめなかった。両親の性交渉は、この子の生活には、なんの意味ももたなかった。この点は何回も何回も検査された。両親のほうへ這って行く傾向はなかった。まして両親の間に這って割り込むことはなかった。嫉妬は存在しなかった。

つぎに父親と母親が、喧嘩し合った。床にはじゅうたんが敷かれていて、なぐる音や、しくしくいう母親（つぎに父親）の低い泣き声は、大きく響いて聞こえなかった。喧嘩が始まると、この子はすぐに這うのをやめ、いつでも母親のほうを長い間じっと見つめた。しかし父親のほうは決して見つめなかった。喧嘩がつづいていると、この子は何度も、しくしく泣いたり、大声で泣いたが、どちらの味方にせよ、喧嘩に加わろうとはしなかった。騒音や床のゆれる音や、両親の顔の見えること――それは、彼にとっては、彼自身が、ピシャリと打たれたり、泣かされるときと同一の視覚刺激だが――は、行動をよび起こすにいたるだけの複雑な刺激だったが、その行動は、一部は視覚的に条件づけられた恐怖型の行動だった。両親が性交渉をしているとき、あるいはどちらかの親が他方の親を攻撃しているときに、この子にはあきらかに嫉妬行動は見られなかった。

嫉妬は一人っ子が赤ん坊の弟妹に直面しなければならないときに突然あらわれるか

フロイト派の人々の中には、嫉妬行動の起源をたどって行くと、弟か妹が生まれた子供時代に達する、と主張している人が多い。彼らは、一歳、あるいはそれ以下の子供でもはげしい嫉妬が実際に見られる、と言っている。しかし私の知っているかぎりでは、フロイト派の人々は、この理論に実際の実験的検討を加えたことがなかった。

嫉妬の起源について観察している間に、一度私は、弟が生まれたときの一人っ子の行動を観察する好機会にめぐまれた。B――この子の父親に対する嫉妬行動は上に述べた――が、二年三カ月のとき、弟が生まれた。彼は、母親と付添いの看護師にはげしい愛着をいだいていた。彼は、一歳未満のときには、自分より幼い者に対して系統だった反応をなんら示さなかった。母親は、二週間病院に行って、いなかった。Bは、この二週間、いつもの看護師に、面倒をみてもらった。母親が帰ってきた日、付添看護師は、検査の条件が全部整うまで、Bを部屋で忙しく遊ばせつづけた。検査は明るい居間で、午後行われた。母親は、胸を出して、赤ん坊に乳をのませながら坐っていた。Bは、二週間、母親に会っていなかった。赤ん坊をだいた母親のほかに、Bのところに新しくきた有能な看護師、祖母、父親がいた。Bは階段を一人でおりて、部屋に入って行ってもいいと言われた。だれもかれも、絶対に静かにし、できるだけ自然な状況を作るようにと言われていた。Bは部屋にいる母親のところまで歩いて行き、ひざまずいて、「ママ、どうしたの」と尋ねた。彼は、母親に口づけしようともしないし、ぶらさがろうともしなかった。彼は、三〇秒間、母親の胸も、赤ん坊も見なかった。それから彼は、赤ん坊をみて、「小さい赤ちゃん」と言った。それから彼は、赤ん坊の手をとって、やさしく手をなで、頭と顔をこすり、「赤ちゃん、赤ちゃん」と言い始めた。それから彼は、せきたてられたわけでもないのに、赤ん坊に口づけした。彼のすべての反応は、非常に親切で、やさしかった。この子が顔見知りでない有能な看護師が、赤ん坊をとり上げた。彼は、これに対して、少なくともことばで、反抗して、「ママが赤ちゃんをだくんだよ」と言った。このように、実際には、この子は、母親の状況の一部として赤ん坊に反応したのであり、嫉妬反応の最初の要素は、彼の母親から何かを取り上げた(母親の運動を妨げた)ものに向けられている。これは、予想したように、たしかに非フロイト派的な反応である。これが嫉妬反応の最初の徴候であった。しかし母親の膝の上の彼の居場所を弟にとられてしまったにもかかわらず、この反応は、赤ん坊に対して陽性反応であって、陰性反応ではない。

つぎに、生まれたばかりの赤ん坊が、看護師によって部屋に連れてこられ、ベッドにおかれた。Bもまた、その後について行った。彼がもどってきたとき、父親が、「おまえはどれくらいジミーが好きだい」

ときいた。これに対し、「ジミーが好き——ジミーはおねんねよ」と言った。彼は、さらけ出した母親の胸をちっとも見なかったし、看護師が赤ん坊をとり上げようとしたときを除いて、母親にほとんど注意を払わなかった。この間、彼は、二、三秒しか赤ん坊に積極的に反応せず、その後は他のことに注意を向けた。

翌日、Bは、玩具、本等々が置いてある彼自身の部屋を、新しく生まれた赤ん坊にゆずらなければならなかった。彼はしばらくの間ジミーに部屋が必要なのだ、と言いきかされた。この状況だけが、自分の持ち物を新しい部屋に移して欲しいといういちばん熱心な積極的な反応をよび起こした。彼は、この新しい部屋で、その晩も寝たし、それ以後あの有能な看護師が帰るまで毎晩寝た。新しく生まれた赤ん坊に対して向けられた行動には、怒り、あるいは嫉妬の徴候はいささかもなかった。

この二人の子供の行動は、一年以上の間ずっと観察された。Bは、三歳のときも、赤ん坊に最初に会ったときのように、親切で思いやりがあった。看護師、母親、あるいは父親が赤ん坊をとりあげたときも、赤ん坊をなでたときも、嫉妬を示さなかった。一度、新しくきた看護師が、この子に「あなたは悪い子。ジミーはいい子。私はジミーのほうが好きよ」とこの子をからかって、嫉妬を作るのに成功したかに見えた。ちょうど二、三日の間、嫉妬心が彼に起こりそうになった。しかし看護師をやめさすと、状況は変わった。

これらの検査中、弟がまわりにいても、彼は、日々の日課がかき乱されるほど著明な兄弟間の愛着を示さなかったが、母親か父親が弟の手をたたいて叱ると、彼はいつも一歳の弟の肩をもった。弟が泣くとすぐ、三歳の兄は、両親の一方か、両方に実際にくってかかり、「ジミーはいい子だよ。パパやママはジミーを泣かしちゃいけない」と言った。

われわれは嫉妬についてなんらかの結論をひき出すことができるか

嫉妬についてのこれまでのわれわれの実験は、予報にすぎない。しかしもし一般化をするなら、つぎの形をとるように思われる。すなわち、嫉妬というものは、刺激が（条件づけられた）愛情刺激で、それに対する反応が怒りである行動である。しかしその怒りは、本来の内臓的な成分のほかに、多数の習慣型のいろいろな部分（戦うこと、拳闘をすること、撃つこと、話すこと）を含んでいると。われわれは、これらの事実をひっくるめるため、つぎの図式を用いてもよい。

（C）S ………………………… （UとC）R

余計な手だしをされたり、くちばしをいれられている愛の対象を見ること。

全身がこわばること、手を握りしめること、顔が赤くなり、つぎに黒くなること、息づかいのはげしいこと、戦うこと、ことばでやり返すこと等。

もちろんこうすると、味もそっけもない図式になってしまう。反応は多くの型をとるかもしれないし、刺激は私がここに書きとめたのよりはるかにもっと微妙な因子からなっているかもしれない。しかしわれわれがこういうことばで、嫉妬を公式化すれば、正しい道にいると信じている。

要　約

われわれは、人間の情動生活のいくつかの面を研究した。行動主義者のおもな主張は、人間の情動生活は環境が人間を磨きにかけることによって少しずつ形成されるということと、形成過程はこれまでたらめだったということである。行動の種々の型は、社会から吟味されないで、発達した。しかしわれわれは、情動反応が規則正しい方法で形成される——すなわち社会がなんらかの仕方で指定する——ことを示す証拠を少なくともいくつか提出した。言いかえると、情動反応が作られる過程は、少なくとも一部は理解できるのである。われわれは今や、一たび形成されたこのような反応のこわし方を理解しはじめている。われわれは、この後者の線の将来の発展に関心をもっている。子供っぽい愛情、怒り、あるいは恐れをもっていないような人は、ごくわずかしかいない。情動の病気になった人の治療にこのような方法を使えば、精神分析として現在知られている、疑問があり、粗雑で、非科学的な方法を、自然科学におきかえることができるだろう。

とはいえ、行動主義者は、ここで、自己の見解について一言の注意をはさんでおこう。行動主義者の結論のすべては、今のところ、ごくわずかのケースと、ごくわずかの実験をもとにしている。これは、近き将来是正されるだろう。行動主義的な方法を用いて、情動行動を研究する学者は、ますます増加している。分別のある人は、古い内観的な方法を決して二度と使わないだろう。この内観法こそ、ジェームズとその直弟子たちが、心理学の中のいちばん興味のある部分を破滅におとし入れたものなのだ。

つぎの章で、われわれは、肉体的な習慣の大きな体系、熟練した行為、職業行為等々を習得するさいに用いる手段を取り上げよう。

注

（1）メリー・カヴァー・ジョーンズ「子供の恐れの除去」『実験心理学雑誌』一九二四年、三八二ページ。

（2）メリー・カウヴァー・ジョーンズ「子供の恐れの予防と治療」『新世代』一九三〇年。彼女は、私がこの方法にたよっている以上に、この方法にたよっているらしい。彼女はこの論文の中で、カリフォルニア大学習慣クリニックで用いられた治療法をも述べている。最後に彼女は、家庭で恐れのケースを扱う上の一組の法則と条件を述べている。

（3）ピーターについての完全な報告は、ジョーンズ博士の筆で『教育学セミナリー』一九二四年一二月号にのっている。

（4）私は最近、クラレンス・ダローが犯罪について別の考えを述べたことを聞いた。彼は、犯罪者が育てられたような環境で育つと、商売、あるいは職業としては、盗みか、殺人しか学べない、と言っている。

第9章　手を使う習慣

どういうふうにそれは始まり、われわれはどういうふうにしてそれを保持し、どういうふうにそれを捨てるか

さきの章でわれわれは、一歳の幼児の機構に感銘をうけた。とはいうものの、この機構は、情動行動と栄養行動に集中しているように思われる。手を使う機構（manual organization）――すなわち腕、脚、および胴をあやつること――は、一歳の他の霊長類の示すものよりはるかに劣っている。

一歳のサル（アカゲザル）は、あちこちと突きあたり、柱から柱へ跳び、親ザルの叫び声にキイキイ答える。仔ザルは食物のために親ザルと喧嘩ができないので、悪だくみに訴える。仔ザルは隅に行き、敵に攻撃されたかのように、キーキーいい、棒か、水の入った皿をひっかく。親ザルは自分の餌をほうって、仔ザルを救うためにやってくる。仔ザルはすぐにキーキーいうのをやめ、餌をめがけて走り、口にほおばれるだけ、手にはもてるだけたくさん盗む。仔ザルが、もどってくると、母親か父親、あるいはその両方は、仔ザルをなぐったり、噛んだり、打ち倒したりする。しかし、これは仔ザルが逃げられなかったときの話

である。一歳のサルを見ていると、われわれは、非常にませた一二歳の子供のことを思い出す。一歳では、人間の子供は、まだすべての食物を、母親の乳房か、哺乳瓶で手に入れている。人間の赤ん坊は、ゴボゴボのどを鳴らしたり、クークーいい、ぜんぜんことばを使えないか、せいぜい一〇語か、一二語いえるだけである。彼は這って動き廻るか、たまたまそこにある家具の端に手をかけて、真っ直ぐ立つか、あちこちからだを動かすぐらいである。大人は、赤ん坊の代わりに戦わなければならないし、赤ん坊を防御しなければならない。例外はあるが、進化の尺度において上位にあればあるだけ、生体は、学習された行動にたよる、というのは、真理であるように思われる。

人間の赤ん坊は、無力であるにもかかわらず、徐々に動物界のどこにも見られない存在になる。人間の子供は、つぎに述べる習慣の三つの体系が発達するおかげで、永久に他の動物とは異なったものになる。すなわち、（1）**内臓の習慣**（visceral habit）、つまり**情動の習慣**の数、繊細さ、および正確さである。これについては、前の二つの章で述べた。（2）**喉頭の習慣**（laryngeal habit）、つまり言語の習慣の数、複雑さ、および見事さである。これについては、つぎの章で話そう。（3）**手を使う習慣**（manual habit）の数と見事さである。これをこの章で考察しよう。

人間は、指、手、腕、脚、および胴の習慣を作る大きな能力をもっている。われわれは、前の数章で、この体系全体を手を使う習慣の体系とよんだ。われわれは「手を使う」（manual）ということばに、胴、脚、腕、および足の機構を含ませなければならない。さきに述べたように（七〇ページ）、この機構の筋肉の骨組みは、大部分からだの横紋筋である。

環境の変化によって習慣が形成される

読者は今や、人間の幼児や小児について学んだことから、彼らは、からだの外から、光景、音、接触、匂い、味によってたえず刺激されているし、からだの内部から、分泌の有無によって、圧力の有無によって、消化管中の食物の運動によって、筋肉――平滑筋と横紋筋――の位置の変化によって、たえず刺激されているということを信ずる覚悟ができているはずである。このように人間の子供は、たえず刺激にさらされている。さて人間（またすべての他の動物）は、からだの内外から、攻撃されるとき、動かなければならないように作られている。視、聴、触、温度、匂い、味の刺激のすべて（いわゆる外界の対象）は、たいていの人が環境とよんでいるものを構成している。これは人間の環境の一部にすぎない。すなわち、それは（多かれ少なかれ集団に共通な）外部環境である。からだの中に存在している内臓刺激、温度刺激、筋肉刺激、および腺の刺激は――条件刺激でも、無条件刺激でも――椅子やテーブルと同じく、真に刺激するものである。それは、人間（各人）の環境の別の部分を構成している。すなわち、彼の内部環境、あるいは他人と共有していない環境をなしている。人間の環境のこの部分は、環境と遺伝のいずれの影響が大きいかという論議では、普通無視されている。生体はこの二つの環境によって同時に刺激されているのだから、あるときにはちょうど内部刺激に、他のときにはちょうど外部刺激に、反応しているのではない。胃の収縮刺激のもとでは、人は、一片のパンをつかみとろうとする。近くにいる巡査という視覚刺激は、彼の手をおしとどめさせ、ズボンのバンドをもっときつくしめさせる。性器からやってくる一群の刺激が働いているときには、彼は、相手をさがそうとする。しかし財布が軽いので、月並みな求愛や結婚は一時おあずけにしておく。青年時代にたたきこまれたことばによる教訓（喉頭の言語刺激）は、一時的な相手と結びつくのを押しとどめさす。

からだの外部と内部からやって来るこれらの強力な刺激——たべ物のないこと、性のないこと、手による、あるいはことばによる習慣的な活動のないこと——が、人をおそうやいなや、人間という生体は、反応し、動きつづけなければならない。これらの刺激は、たえず指の運動、手の運動、胴の運動、脚の運動、腕の運動、内部の筋肉の運動、腺性の反応器官の運動をよび起こす。幼児に起こるこれらの運動は、「手当たり次第」とよばれてきた。もしそれらが他の運動のようにひき起こされないという意味なら、それは、当然手当たり次第ではない。それらは、刺激に対する直接の反応であり、また人生におけるのちの運動のように、規則正しい。

たえず刺激されること、たえず運動することは、日々の珍しくない事件である。生体は眠っているときでさえ、刺激にさらされていないことはないし、運動していないことはない。

あなたは、生体というものはこれまで適応したことがないのか、と尋ねるかもしれない。今日、心理学者や精神分析学者が、「適応」と言っているのを、われわれはよく耳にする。個体は適応しなければならない、といわれている。あなたはときどき、これらのすぐれた学者は一体何を言っているのか、といぶかられるだろう。行動主義者は、適応している人は死者、つまりどんな刺激に対しても反応できない人だけだ、と信じている。個体が、刺激Aに反応したため（学習反応、あるいは無学習反応、あるいは両者の結合によって）、環境を変えることができ、その結果刺激Bに反応しなければならなくなるとき、事実はつぎの二つのことのうちの一つが起こることを示しているように思われる。すなわち、刺激Bが実際刺激Aをとり除くか、あるいは刺激Bに反応したため、環境が変わり、刺激Aの系列から逃げることができるか、である。第一の場合は、Aは、絶滅されるか、あるいは「打ち倒される」。第二の場合は、Aは、新しい環境では有効な刺激ではなくなる。こういう話は、こみ入っているだろうか。一例をあげよう。飢餓収縮が、胃に始まる（刺激A）。個体はあたりを動き始める。彼は、食べ物がたくさんある環境に到達する。いいかえると、彼は、食料品のある部屋に行き、たべる（刺激B）。飢餓収縮（刺激A）はたちどころにやむ。これは適応だ、とあなた方は言うだろう。たしかに、彼は、食べ物ではもはや刺激されない。しかしたべた後に、他の刺激——食物でない刺激——がすぐに効力を発揮し、他の反応を起こす。以上のことは、生体というものは、数学上の一点にたとえられる一期間よりも長い間、「適応」されないし、「適応」できない、という私の主張を立証している。ここで、刺激Aに対する個体の反応は、刺激Aがもはや効力を発揮しないような環境に変えることである。個体Xが、ベッドに横になり、眠ろうとする。通りのアーク灯が日除けの隙間を通してさし込む、彼は少しからだを動かす。依然光は目に入る。彼はもっとからだを動かす。またもや光は目に入る。彼は掛蒲団を頭にかぶる。息苦しい上、熱いので、彼はすぐに頭を出す。再び光はいや応なく目に入ってくる。そこで、彼は起き上がり、気のきいたことをする。すなわち日除けの破れ目の上に一枚の厚紙をピンでとめる。Aに対するこの反応は、刺激としてAをもはや含んでいない新しい環境をもたらす。このようにして、二つのケースは、分析がそれほどむずかしくない。個体は、刺激から免れる！　しかし彼は、その刺激だけから免れている！　別の刺激は、今や効果的に、また首尾よく、彼をおそうことができる。心理学者たちのいう適応障害という意味は、普通は、相反する作用傾向をもった二つの刺激のため、生体が、加えられているその刺激の外へ出られないという意味である。

しかし「適応」ということばは、便利なことばである。もしそのことばを、個体がその行為によって一つの刺激をしずめ、その刺激から逃れられる瞬間的な点という意味にとるなら、われわれは、やはりこのことばを使ってもよい。そのとき「適応」ということばの意味は、学習における一試行の終わりに似たものになる。すなわち、そのとき動物は、餌、性、あるいは水を手に入れているか、あるいは陰性反応を起こす一刺激から離れて定位しているのである。

これまでの説明は、個体が「状況に直面する」のに適した機構を持っている場合にしかあてはまらない。つまり、彼は刺激Aを消すことができるような型の習慣を作らなければならないか、あるいはこの刺激の有効な範囲の外に行くように動かなければならない。彼は、花の咲いている道を通って、この幸福な状態に到達することはできない。それに達するには、習慣を作らなければならない。彼は空腹なときには食料品のある部屋に行くのを学んだ。一歳の子供は、そうでなかった。彼は泣くことができるだけだ。光が目に入るときは、大人は、起きて、日除けの破れ目に一枚の紙をピンでとめることを学んだ。三歳の子供は、光が入らないようにしてくれと、母親にむかって、泣きわめくことができるだけだ。

これが、習慣形成の主旨である。外部環境および内部環境のある刺激は（いわゆる刺激が「ないこと」は、また完全に立派な刺激になるということをどうか忘れないで欲しい）、個体を運動さす。彼は、刺激Aを消すまえに、またその刺激のとどかないところに動くまえに、いろいろな方法で動き、いろいろなことをするかもしれない。もし彼が、再びこれと同一の状況に出会うなら、彼はこれらの結果の一つ、あるいは二つを、もっとすみやかに、またほとんど動かないで遂行することができるだろう。そのときわれわれは、彼は学習した、あるいは一つの習慣を形成した、というのである。

習慣形成の諸段階

基本的な習慣の形成を理解するには、もう一度人間の幼児を観察しなければならない。そこで哺乳瓶で育てられた赤ん坊をとり上げよう。生後三カ月のとき、哺乳瓶をゆっくりと彼に差し出す。哺乳瓶が赤ん坊の近くに、やっと手のとどく距離にあるとき、あなたは、赤ん坊がもじもじし、もがき始め、手、脚、腕を活発に動かし、目をすえ、口を動かし、泣き叫ぶが、哺乳瓶のほうへ手をのばさないことを発見するだろう。テストの終わりには、いつもすぐに哺乳瓶を赤ん坊に渡す。翌日、この操作をくり返す。からだの運動のすべてが顕著なことに、注目して欲しい。この日課を毎日くり返すと、全身の運動はますます目につくようになる。このとき、腕は慢然とした広範囲の運動をするように作られたテコである。胴、脚、足は、テコにしても、別の種類のテコ――強力であるが、わずかの範囲の運動しかできないテコ――である。腕と手以外のからだの部位の前におかれた哺乳瓶に、腕と手がぶつかったり、さわったりするチャンスは大きい。これが、われわれの操作習慣が、腕、手、指で作られ、足、脚、趾で作られない理由である。赤ん坊が腕をなくしたり、腕を生まれつきもっていないなら、この習慣は脚で作られるだろう。

ひとたび手が、哺乳瓶、あるいはわれわれのさしずめの目的のためには、一個のキャンデーや一塊の砂糖のような食べ物にさわると、手はそれをつかむ（無学習の把持）。つぎに、赤ん坊は、それを口へもって行く（以前に学習した習慣系の一部）。赤ん坊に、この種の試行を一日に一〇ないし一二回行わせると、三〇日で小さな物体に到達する習慣と、それを口へもって行く習慣がほとんど完全に出来上がる。この点で、哺乳瓶への反応、あるいは砂糖の塊への反応は、条件視覚反応であることに注意して欲しい。この赤ん坊は、哺乳瓶で乳を与えられているうちに、条件づけられたのだ。だからこの簡単な実験でさえ、長い長い間作用していたある量の機構が出発点である。もしわれわれが、鉛筆か、あるいは食べ物でない他の物体に赤ん坊を到達させたいなら、ずっと後にもどって、その刺激がある反応をよび起こさないうちに、赤ん坊をその刺激に条件づけなければならない。また哺乳瓶という刺激はもっともっと複雑な反応をよび起こすことに注目して欲しい。すなわち、最初もじもじし、つぎに全身のもっともっと活発な運動、（上に述べたような）腕、手、および指の非常に活発な運動を起こす。つまり反応は変えられ、組織化される。あるいは統合（integration）される（われわれはときどきそう言っている）。そしてその反応のことを、ますます高度に統合された反応というほうがいいだろう（もっともっと新しい要素が一つに集まって、一つの新しい反応、あるいは一つの複雑な反応になるように、それらの要素は条件づけられる）。

最後に、腕、手、および指の運動が完全になるにつれて――すなわちその反応が高度に組織化されるにつれて――目下手がけている仕事に関係のない運動、この場合には、胴、脚、足の運動は消えてしまう。完成した型では、到達という行為は、完全に効果的に起こり、その行為に不必要な運動はあらわれない。到達は、子供の基本的、一次的な手を使う習慣である。その後すぐに、それはもっと複雑になる。彼は、到達して、つかむだけでなく、その物体を落とすことを学ぶ。さらに彼は、自分の前に差し出されたものだけでなく、自分の右や左に差し出されたものに到達しようとする。最後に彼は、その物体を廻したり、ねじったり、引っぱったりする――箱の蓋を引っぱったり、瓶のコルク栓を抜いたり、ガラガラの端を箱につきさしたり、箱の蓋を開けたり、しめたりする――ことを学ぶ。到達から始まるこの複雑な習慣群を、われわれは**操作**（manipulation）とよんでいる。操作を本能と考えている人は、一二〇日から二〇〇日の赤ん坊を研究すべきだ。赤ん坊は、物体や、自分自身のからだの諸部分さえ、文字通り額に汗して操作することを学ぶ。

操作の習慣は、腕、手、および指の運動だけを含んでいるだけだと、誤解してもらいたくない。ある物体に到達するような運動は、実際からだ——そしてここに内臓も含めよう——のあらゆる筋肉の適応をひき起こすことは、さきに述べたことから容易に理解できる。つまり、正確に行われたどんな運動にもからだ全体の一反応が各部分に、またあらゆる部分に含まれている。これが、われわれの言う全体反応（total reaction）ということばの意味であり、また完全な統合ということばの意味である。肩、腕、肘、腰、手のひら、指、胴、脚、および足の運動は、いや呼吸や循環さえも、みな一定の秩序に従って行われなければならない。この秩序は美しく調和していなければならないし、各筋肉群のエネルギーの量は、ライフル銃でウシの目を撃ったり、玉突きで完全な突きをするような熟練した行為が行われる前に、程よい量になっていなければならない。

到達と操作という幼いときの基本的な習慣で、幼児は世界を征服し始める。(1) 粘土や泥で道具を作ることから、鍛鉄で道具を作ることまで、木を倒してぞんざいに川に橋を架けることから、大洋の一部に鋼鉄とコンクリートで橋を架けることまで、また自然のままの草と粘土で家を作ることから、コンクリートと鋼鉄の摩天楼を作ることまで、それらはみな、大部分、手を使う習慣の発達した例である。

一　習慣の発達する実例

過程全体をもう少し具体的にするために、操作の習慣が完全に出来上がっている三歳の子供の前に問題箱（あることをすると、たとえば小さい木のボタンを内に押すとはじめて開く箱）をおいてみよう。子供がそれを押すまえに、われわれは、箱を開けて、内に数個の小さいキャンデーが入っていることを見せ、それからそれをしめ、「開けたら、キャンデーをあげよう」と言う。この状況は、彼には新しいものである。彼が以前形成した操作の習慣は、この状況のもとでは、完全に、また即座に働かない。どの無学習反応も彼にそんなに役立たない。彼はどうするか。それは、彼の以前の機構に左右される。もし彼が以前玩具で遊んだために機構が十分に出来ていたら、彼はすぐにこの課題にぶつかって行く――（1）箱をとり上げる、（2）床《ゆか》にそれを強く打ちつける、（3）それをぐるぐる廻す、（4）底の板を押し上げる、（5）それを引っくり返す、（6）げんこつで叩く。いいかえると、彼は、昔、これに似た状況でするのを学んだあらゆることをする。彼は、行為の演奏曲目全体《レパートリー》をする。つまり、以前に獲得した機構のすべてを新しい課題に結びつけようとする。彼が、自分の意のままになる学習反応と無学習反応をそれぞれ五〇ずつもっていると仮定しよう。箱を開ける第一回目の試行で、彼が十分に強くボタンを押してかけがねをはずすまでに、これらの反応のすべてをしたと仮定しよう。また開けるのに要する時間は、約二〇分だとする。彼がそれを開けたとき、彼に少しのキャンデーを与え、箱を閉じ、もう一度箱を彼に渡す。二度目には、彼は少ししか運動をしない。三度目はさらに少ししか運動をしない。一〇試行、あるいはそれ以下では、彼は無駄な運動をしないで箱を開ける。彼は、二分でそれを開ける。

なぜ、開けるに要する時間が減って行くのか。また課題を解決する上に必要でない運動が、徐々に系列からおちて行くのか。これは昔から解決が困難な問題だった。というのは、だれも、この問題を単純化して、実験に訴えることができなかったからである。私は、一つの運動が最後までずっと続いて残り、他が消えてなくなる理由を、われわれが、**頻度**と**接近**とよんでいるものをもとにして、説明しようと試みた。私は、われわれが言おうと思っていることを、あなたに明らかにすることができると思う。われわれは、三歳の子供の個々の行為の一つ一つに名前をつけよう。われわれは、最終の行為――ボタンを押して箱を開ける行為――を50番と名づけよう。そのとき、第一の試行で、五〇の行為のすべて（そして多くのものは、一度以上あらわれる）が――われわれにいわしめれば――偶然の順でおこる。すなわち、

第二試行では、
47、21、3、7、14、16、19、38、28、2、………50

第三試行では、
18、6、9、16、47、19、23、27、………50

第九試行では、
17、11、29、66、71、18、………50

第一〇試行、およびその次の試行ではすべて、
14、18、………50

50

いいかえると、50番は、系列でだんだん早く現れる傾向があり、またそのため、他の運動が出現する機会は、だんだん少なくなる。なぜだろうか。われわれの前提では、50番の反応は、各試行で起こる唯一の

ものである。すなわち、環境、つまりこのテストをやらしている人は、50番が系列の最後に来なければならないように、この系列を配列したのだ。系列の最後になると、赤ん坊は食べ物を手に入れ、箱はしめられ、もう一度赤ん坊に渡される。それゆえ、50番の行為は、いちばん頻繁にくり返される行為、すなわち他の四九の行為よりももっと頻繁に起こる行為である。

さらに、50番の行為は、つねにその前の試行でいちばん最後の反応だから、つぎの試行の行為の系列ではもっと早く現れると信ずる理由がある。これが、接近の要因とよばれるものである。習慣形成を説明する上の、接近と頻度の要因は、ある学者たち——その中には、テネシー州ナシビルのジョージ・ピーボディー・カレッジのジョセフ・ピーターソン教授およびバートランド・ラッセルら——から批判された(2)。非常に重要なこの分野では、これまで実験的研究——私はともかくこれを決定的なものと考えているが——はなに一つとしてなされなかった。二、三の心理学者だけが、この問題に関心をもった。多数の心理学者は、残念なことに、そこに一つの問題がある、ということを見落としさえした。彼らは、習慣形成が親切な妖精によって行われる、と信じている。たとえば、ソーンダイクは、快が成功した運動のしるしをつけ、不快が失敗した運動を根絶する、と言っている。また心理学者の多くは、脳の中に新しい伝導路が作られる、とペラペラしゃべっているが、これは、新しい塹壕を掘り、古い塹壕を深くするハンマーとのみを手にした神ヴァルカンのちっぽけな召使たちが、脳にいるかのような話である。

私は、このようにことばで言いあらわせば、この問題が解決できる、とは確信していない。私は、習慣形成の過程全体を考察するある簡単な方法があるにちがいない、と思っている。そうでなければ、それは永久に解決できないかもしれない。条件反射の仮説とそのすべての簡単化（そしてそれは極度の簡単化ではないか、としばしば恐れているが）が、心理学に入ってこのかた、私は、別の角度から、この問題を研究するように、私自身の喉頭の過程を刺激された。

習慣と条件反射の関係

われわれがこれまでに研究した条件反応のいちばん簡単な場合と、われわれが今考察しているもっと複雑で、統合され、タイミングよくなされる習慣反応との間の関係は、理論上は、まったく簡単なように思われる。それはあきらかに、部分と全体の関係である。つまり条件反射は、習慣を作り上げる単位である。いいかえると、複雑な習慣を完全に分解すると、習慣の各単位は条件反射になる。さきの章ですでに考察した条件反射の型にしばらくもどってみよう。

S	…………………………	R
電気の接触（有害）		足の運動
条件づけたときは、円の視覚刺激		同じく足の運動を起こす

これは、条件反応の簡単な型である。さて仮説によって、あらゆる複雑な習慣は、まさしくこのような単位から出来ている。円の視覚刺激が提示されたとき、足をひっこめるように被験者を条件づける代わりに、彼を、たとえば右に一歩廻るように条件づけると仮定しよう。彼が右に廻ると、四角の視覚刺激が彼の目に入る。この刺激に対して、彼は、五歩前進するように条件づけられる。そのとき彼は三角形を見る。この刺激をうけると、彼は右へ二歩動くように条件づけられる。右へ二歩動くと、彼は、一つの立方体にぶつかる。これに対する反応としては、彼は、右、あるいは左へ廻る代わりに、三歩前進しなければなら

ない。あなたは、この簡単な説明から、彼に部屋を一廻りさせ、出発点にもどらせていることがおわかりになるだろう。われわれは、一連の視覚刺激を配列し、そのそれぞれに、彼が一定の仕方で――すなわち、右、左へ廻り、上、下、前、後へ動き、右手を挙げ、左手を伸ばす等――運動しなければならないように、彼を条件づけて、一廻りさせたのである。さて、われわれが彼を実験するたびに、はじめから彼を全系列走らせると仮定しよう。これは、ネズミ、あるいは人間が、たとえば複雑な迷路を学習するとき起ること（体系全体が運動感覚性に変わったのちの――二五七ページ）の記述ではないのか。迷路内のあらゆる小路、横道あるいは曲がり角は、迷路を学習する過程全体における一単位ではないか。タイプを打つこと、ピアノを弾くこと、その他熟練を要する行為は、このような簡単な一組の単位に解消されたり、分解されないか。もちろん現実生活では、習慣全体を作り上げている個々の条件反射を作る場合には、われわれは、正しい反応をすると、それに条件づけるために、食べ物を与えたり、子供を愛撫する。一方間違った反応をすると、われわれは彼に、平手打ちをくわしたり、罰を与えたり、袋小路を走らせっぱなしにして、部分的な疲労（それはおそらく罰の等価物だろう）におちいらせる。

なぜこれらの単位は、頃合いを見計らい、間隔をおいて起こるのか。われわれが生きている世界には、このような秩序、あるいは順序がない（しかし太陽、月、および星など二、三のものは例外である）。その答えは、こうである。社会、つまり環境の偶然の事件は連鎖をなしている。ここでいう社会とは、社会を構成している男女のことで、この男女が文字通り継起する複雑な反応の型を作らしたのである。単語は、一定数の文字からなり、それらは、ジョンソン、ウエブスター、あるいは他の初期の辞書編集者によって作られた一定の順序で並んでいる。ゴルフ・コースのホールは、一定の順序で入れられなければならない。玉突きは、一定の玉受けに打たれなければならない。環境の偶然の事件というのは、たとえば、あなたが自分の家からなつかしい水泳場へ行くとき、あなたは、（1）ある丘の右へ行き、（2）小川を横切り、（3）松林を通り抜け、（4）水のないかれた小川の左の土手に沿って、（5）牧場まで行き、（6）大きな柳の木の木立の後から、（7）目的とした船つき場に入る、という単純なことを意味する。上の各番号は、少なくとも学習期間に、反応しなければならない視覚刺激を示している。

あなたは、これらのすべてに「はいわかりました」と言うかもしれない。「けれども、それがどうしたのですか。条件反射を作ることは、習慣を作ることよりも、簡単に説明できるのですか」。これに対する答えは、こうである。たとえわれわれが条件反射を「説明」できなくても、われわれは解決することができないか、見かけは実験に訴えることができないある複雑な現象を、分析によって、もっと簡単なことばに帰着させたのであると。私は、われわれの公式の解決を、生理学者の手か、あるいは物理化学者の手にゆだねることができる、と信じている。

残った問題はこうである。すなわち、「刺激Xは、今は反応Rをよび起こさないだろう。刺激Yは反応Rをよび起こすだろう（無条件反射）。しかし刺激Xが最初に提示され、そのすぐあとで、（Rをよび起こす）Yが提示されると、Xは（ちょうどよいときに）Rをよび起こす。いいかえると、刺激XはYの代わりになる[3]」。

生理学者は反対して、こう言うかもしれない。「Xが生体を刺激しないという君の仮定は、間違っている。Xは、生体全体を刺激する。したがって反応Rをかすかによび起こす。つまり、外部にあらわれた反応としてあらわれるに足るほど強くないだけの話だ。Yは、反応Rをはっきりと起こす。というのは、生体は、Yで刺激されたとき、はっきりとRで反応するように生物学的に作られているからだ（無条件反応）。しかしYがRをよび起こしたのちには、この全体の感覚・運動部分の抵抗、あるいは慣性は、Rをかすかにしか起こさないXが、今やはっきりRをよび起こす程度に低下するのだ」と。たしかに生理学者が現在条件反応の根底にある種々の現象を説明しようとすれば、彼は、神経系の抵抗、干渉、加重、制止、強化、促通〔ある脊髄反射を起こす刺激が二つあるとき、一方の刺激を閾下で与えておくと、別の刺激が弱くても、この反射の起こること。シェリントンの発見〕、全か無か法則〔刺激の大小に関係なく、一定の大きさの反応が起こること〕ということばで説明しなければならないだろう。というのは、これらが、彼らの研究している現象だからである。しかしそれらはたいへん複雑な現象であるし、またそれらを記述しようとすることさえ、われわれにはたいへんこみ入っている。生理学者がこれらを電気的・化学的な過程に還元するまで、彼らはわれわれをそれほど助けることができないのではないか、と私は考えている。

幸運なことに、これらの生物学的な現象が物理化学のことばで説明される日まで待たなくても、われわれは、行動についての研究をしつづけることができるのだ。

学習曲線の細目

第21図は、複雑な（修正した）**ハンプトン・コート・迷路**（第22図）を学習した一九匹のネズミの記録を示している。横軸は、このネズミがした試行の数を示す。各ネズミは、一匹一匹テストされた。縦軸は、ネズミが、種々の試行で餌に到達するに要した平均時間（分）を示している。第一試行は、平均一六分以上かかっていることに注目して欲しい。この時間中、ネズミは迷路の中をぐるぐる廻り、袋小路に入り、

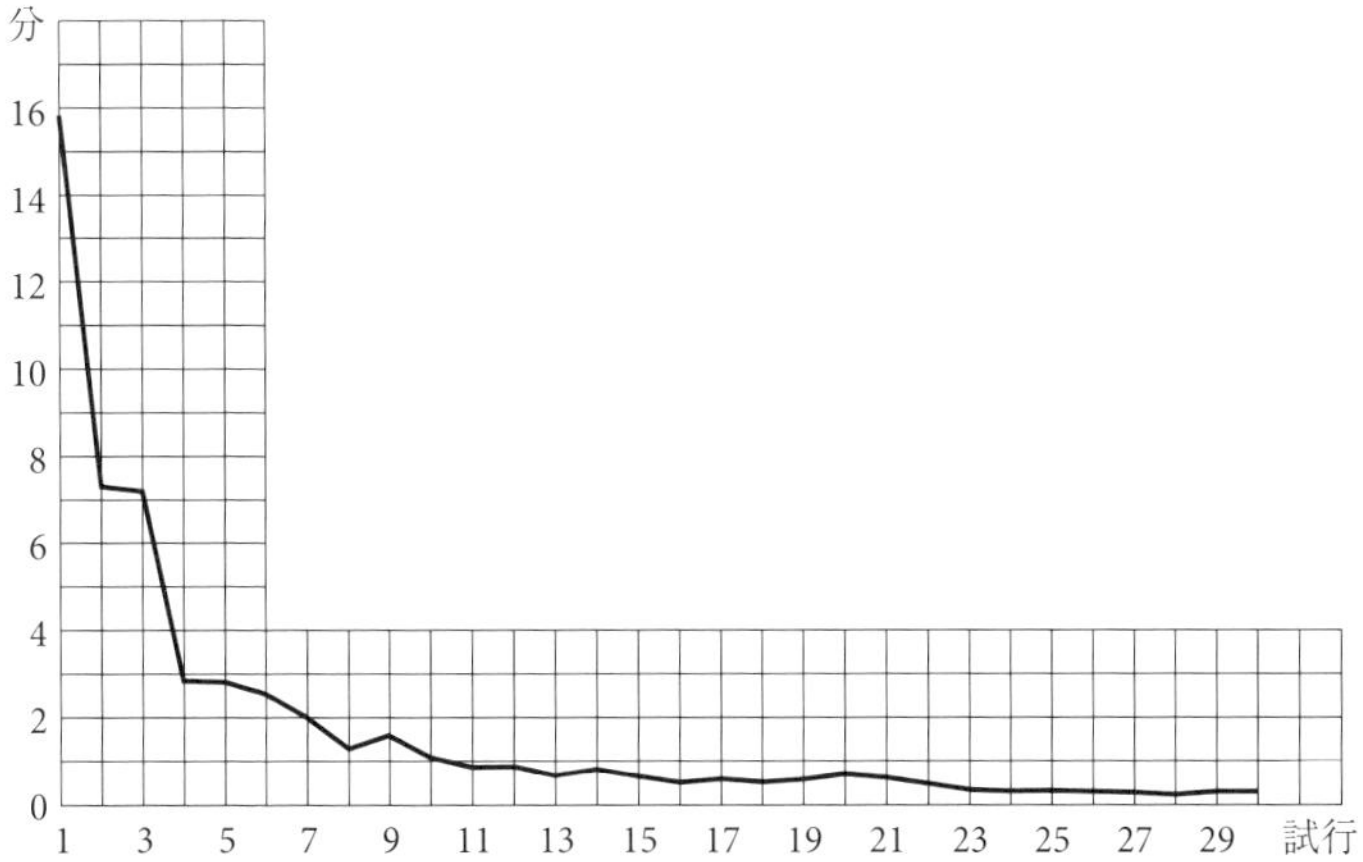

第 21 図　学習曲線。このカーヴは，19 匹の白ネズミが，複雑なハンプトン・コート・迷路を学習するさいに示した進歩をあらわしている。縦軸は，餌に達するまでに要した分を示す。こうして第 1 試行では，平均 16 分を要したが，第 30 試行では，約 20 秒になった。改善は，はじめは非常に速いが，その後はますますゆっくりになることに注目せよ。

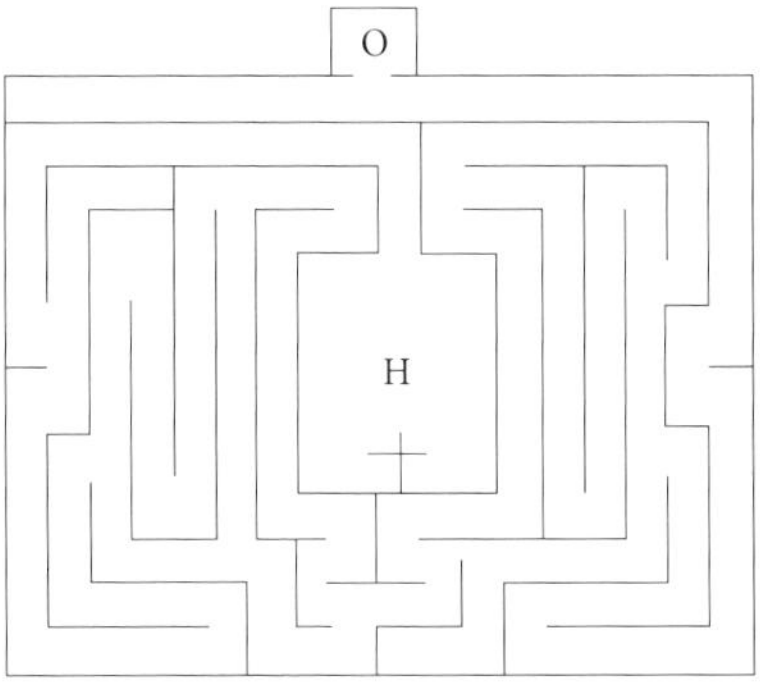

第 22 図　ハンプトン・コート・迷路。O に動物が，H に餌がおかれる。（ワトソン『行動・比較心理学入門』1914 年より）

出発点に逆もどりし、自分のまわりの針金にかみつき、自分のからだをひっかき、床の上のあの斑点、この斑点のにおいをかぐ。そして最後に餌を手に入れる。ネズミは、餌を一口だけたべるのを許される。そしてもう一度迷路にもどされる。餌の味は、そのネズミの活動を、死にもの狂いにさす。ネズミはもっと早く突進する。第二試行では、このグループの平均時間は、七分を少し上まわるにすぎない。第四試行では、三分以下である。第四試行から、第二三試行まで、改善は非常に徐々で、その後、改善は（この訓練方法では）、止まるようである。改善が訓練の生理学的限界に達したかどうかは、この曲線からは決定できない。一日に五試行以下の練習では、改善をもたらすような新事態は起こらない。部分的な飢餓は、改善をもたらすかもしれない。しかし多くの他の因子が働いて、改善がもたらされる（二五〇ページ）。

動物のこの**学習曲線**は、人間の分野からとった曲線よりももっとよく学習のこまかい点を説明してくれる。というのは、人間の学習を示すたいていの曲線は、たくさんの複雑なものを含んでいるからである。われわれがネズミで研究するときには、刺激をかなり一定に保つことができる。ネズミはこの迷路を五回走らねばならない。そうしないと、ネズミは十分な量の餌を手に入れられない。第五試行の終わりとその日の最後の試行で、ネズミは、山盛一杯たべることができる。人間は、学習の間、我慢しているし、他のものが彼を刺激する。内部環境は複雑である。たとえば内部言語（思考）はつねに攪乱因子である。社会的・経済的な因子も入ってくる。人間の学習曲線はしばしば、学習過程でいわゆる休息地、すなわち**プラトー**（**平坦期**）を示す。これは改善が起こらない期間、すなわち曲線がぐんぐん下降しない代わりに、水平にとどまっている期間である〔俗にいうスランプはこの時期のあらわれだろう〕。

どうすれば個体は、これらのプラトーを脱して再び改善を示すかということは、ビジネスにおいても、実験室においても重要な問題の一つである。サラリーやボーナスの増額、利潤への参加、責任の増大のような、いわゆる誘発因《インセンティブ》を与えることが、ビジネスでは試みられた。その結果、はじめは急速な改善がみられるが、普通それに引きつづいて別のプラトーがあらわれることがわかった。あるときは、原因は、家庭の事情——妻か、子供が病気だとか、その人が妻にやきもちをやいている等——である。あるときは、原因は経済的のものである。たとえば、ある人が、集団の中で暮らして行くのに必要なだけの金をもっている場合である。そこには、改善への刺激は存在しない。普通、個体の要求が増大すると、改善が再び始まる。たとえば、結婚して、子供ができた場合、費用のかかる都市に移った場合である。改善をもたらす万能薬のごとき方法は、一つとしてない。

個人は最低の経済状態にせよ、集団のなかでどうにか暮らして行くことができると、改善をやめてしまうのが、人間の欠点であるように思われる。人間は怠け者だし、労働したい人は少ない。また現代の風潮は、すべて働くことに反対している。最少の労働と最大のだらしなさが、たいていの工場の現在の秩序である。労働者——支配人にしろ、職長にしろ、筋肉労働者にしろ——は、つぎのことばで、このことを理屈づける。「おれは、自分のために働いているのではないのだ。なぜおれは、協同作業に身を粉にして働いて、だれか他の奴に自分の利潤のすべてをくれてやらなければならないんだ」。この人は、作業能力の改善、および作業習慣を発揮さす全身の機構は、自分自身のものだ、ということを見落としている。それらは、個人の所有物で、だれか他の人と共有しているものではない。青年時代に早く作業習慣を身につけること、他人よりも長い時間働くこと、他人よりも一生けんめい練習すること、こういうことは、今のところ、各界での成功者や天才をおそらくいちばん合理的に説明してくれるだろう。私がこれまで会った天才は、徹底的に働く人であった。

手を使う習慣の形成に影響する因子

手を使う習慣（およびことばの習慣）の形成に影響を及ぼす因子は、完全に満足の行くように研究されたことがなかった。実験の結果は互いに矛盾し、理論さえもまちまちである。しかし問題自体は興味がある。そこでそのうちのいくつかを取り上げ、それを解決するために現在行われている研究の型を、例を挙げて説明しよう。

（1）習慣形成に及ぼす年齢の影響

人間の**習慣形成**に及ぼす年齢の影響については、ほとんどわかっていない。この問題を研究すると、奇妙な抵抗をうけるように思われる。われわれは、年をとったネズミと若いネズミの**迷路学習**の方法の間には、相違があることを知っている。われわれは、歩数の相違、各試行に費やす時間の相違、誤りのない試行の最終走行時間の相違を記入した。あるネズミは、あまり年をとっているので、迷路学習ができない。若いネズミと年をとったネズミが迷路を学習するに要する試行の数には、ほとんど相違がない。年をとったネズミはあまり走り廻らないし、探索がゆっくりしている。また年をとったネズミの最終走行時間――学習したのち迷路を走るに要する最小の時間――は、若いネズミの場合より非常に長い。

人間には、これに似た事実がない。人間はあきらかに学習を非常に早く止めてしまう。だから、一般の世帯もちを一度しばらく攪乱させて、新しいことを無理矢理学習さすべきだ。しかしわれわれは、人間を管理できない。動物の場合には、われわれは、餌、水、性、および環境にある他の因子を完全に管理できる。世間一般の大人が新しいことを学習しなければならないような状況に出会うのは、地震、洪水、あるいは他の大異変のときだけである。一九二九年の株式市場の暴落〔世界大恐慌〕は、事態の突然の変化のよい実例である。それがどういう影響を及ぼしたかは、まだ十分に述べることはできないが、それが広範囲の人々の購買習慣を変えたことはたしかである。ぜいたく品はなしですまされ、自動車の注文はとり消され、宝石は購入されなかった。人々は金をもっていなかった。クーリッジ・ブーム〔第三〇代大統領クーリッジの就任中に起こった景気の上昇。それに続いて恐慌が起こった〕の年働かなかった多くの人は、仕事にもどって行った。われわれが学習に対する刺激を支配《コントロール》できないことが、人間の学習に対してほとんどよい実験ができない理由の一つである。

心理学者は、刺激を一定に保っておくこともできないし、各実験室で同一にすることもできないことを知っている。だから、学習についての研究の多くは、偶発的なもの――教室での工夫、学位論文等々――だった。われわれは、人間の学習のさいにさせなければならない複雑な仕事を行える施設をもっていない。われわれは、いつか、大きな実験室をもち、そこで研究を続けるはずである。そのとき、人間の食物、水、性欲、住居を、ちゃんと支配できるだろう。これらはすべて、人間は、学習を止める必要があるという現実的な証拠がないことを証明するためである。もし差し迫った状況なら、六〇歳、七〇歳、いや八〇歳の人でさえ、学習することができる。ジェームズが、たいていの人は三〇歳以後になると学習しないと言っているのは正しいのだ。しかし、三〇歳以後のたいていの人が、大馬力をかけたり、なにか異常なことをしないで、水と食物を手に入れていることと、性の神秘を探究していることを除けば、学習をする理由は何一つない。彼らは才能は乏しくても、生きることができるのである。

(2) 練習の分布

手を使う分野やことばを使う分野で、学習のさい練習を種々に配分するとどういう効果があるか、ということについては、これまでたくさんの研究が行われてきた。

ネズミに、一日に五試行、一日に三試行、一日に一試行、一日おきに一試行、迷路学習をさせよう。もしわれわれが、種々のグループの動物をとり、各グループを種々の方法で訓練するなら、不思議なことだが、ある範囲内では、練習の回数が少なければ少ないほど、各単位の練習は効果的である。いいかえると、各グループが全部で五〇試行だけ練習をするとすると、五〇回の練習期間の間隔が長いほど、結果はよい（J・L・ウルリッチ博士）。K・S・ラシュレー博士も、長いイギリス弓を射る人間の学習で、同じことを発見した。タイプを打つことや、熟練を要する他の行為についての、別の研究からも、この一般的な原理は確認された。

ロザリー・レイナー・ワトソン（ジョーンズ・ホプキンス大学心理学研究室）は、未発表論文の中で、学習過程の二、三の局面について、興味ある結果を述べている。彼女の研究のすべては、羽の矢柄と小さい鉄の矢じりのついた投げ槍を、的をめざして投げる大人の学習に関していた。的は、枠に垂直に打ちつけられた八×八フィート（二・四×二・四メートル）のコルクの板であった。的の中央に、二分の一インチ（一・三センチ）の白紙の金的があった。被験者は、二〇フィート（六メートル）の距離から、槍を投げる。彼女が研究した第一の問題は、連続的な練習が学習に及ぼす効果であった。いいかえると、人が、二四時間の間、二分に一度の割で槍を投げると、どういうことが起こるか、ということであった。上の曲線（第23図）は、実際に起こったことを示している。一〇人の人が、実験に参加した。各人は順番に、土曜日の午後八時か

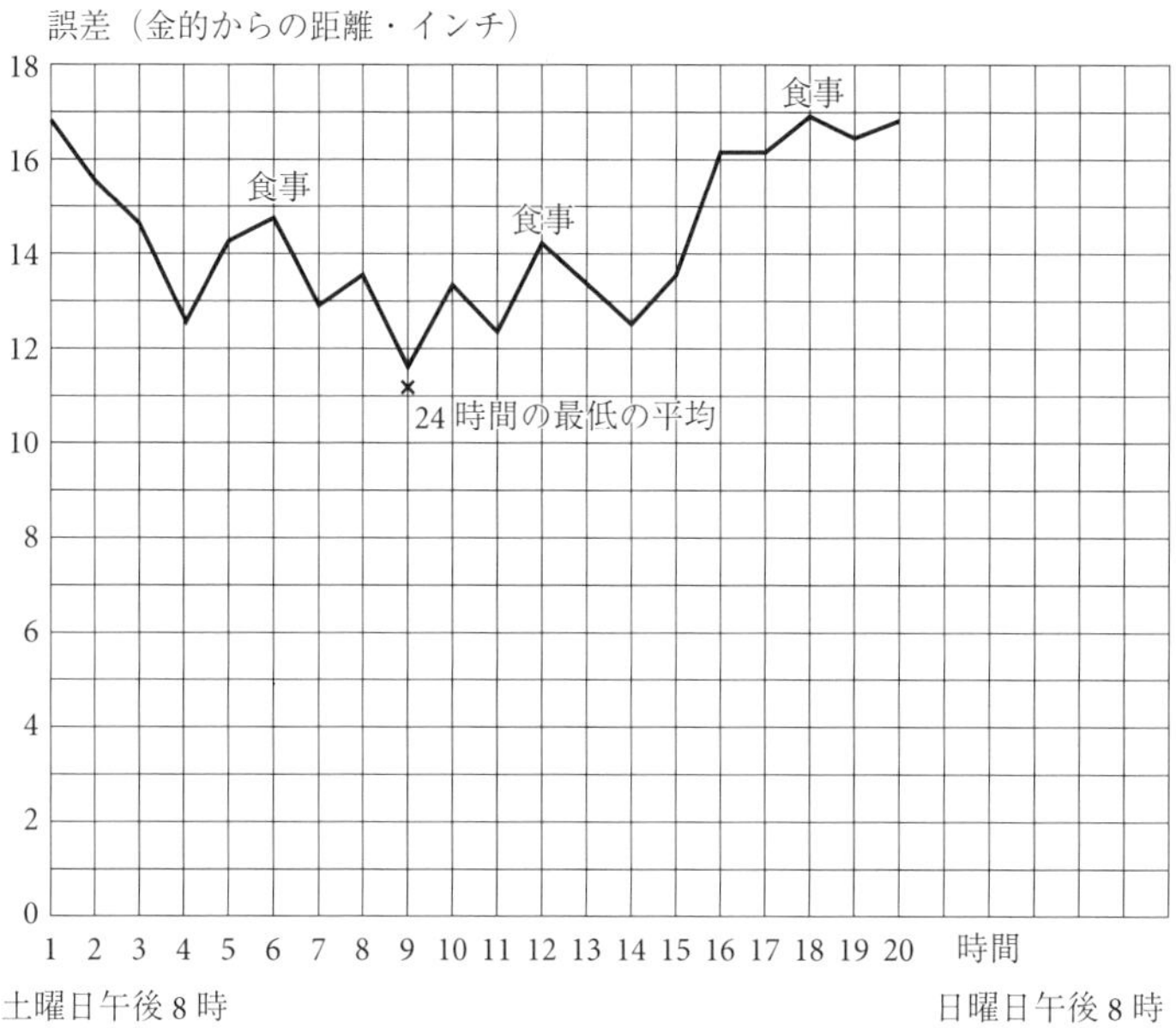

第23図 このカーヴは，10人の被験者が，20時間の間に，2分ごとに的に槍を投げたとき起こったことを示している。垂直線は誤差（槍があたった位置と的の中心との間の距離）を示し，水平線は各時間を示す。最初の4時間の進歩は急速だが，その後食事をとるまで，正確度は少しずつ落ち，それからまた3時間進歩があることに注目せよ。学習は9時間まではかなり一定し，一様である。その後はあきらかに改善は見られない。

ら、日曜日の午後八時まで、二分に一度、投げた。最後の四時間は、薬の効果をテストするために用いられたから、二〇時間だけが、記録用紙にのせられている。各人が槍を投げるやいなや、槍と金的との距離がインチで測られた。だから曲線上の各点は、約三〇〇回の平均である。食事は、六時間ごとに与えられた。たべるためにこの仕事がじゃまされたり、たべている間、仕事をやめてはいけなかった。つまり人々は、投げる合間にたべるのである。通例の冷たい食事が供せられた。もしその人がいつもコーヒーか、お茶をのんでいるなら、この実験のさいもそれをのんで差し支えなかった。最初の一時間では、金的の中心からの平均距離は、だいたい一七インチ（四三センチ）であった。改善は、最初の四時間では、急速であったが、つぎの二時間では、効果的でなくなった。六時間目の終わりに出された食事は、ある改善をもたらすように思われた。これは九時間の終わりまで続いた。その後、効力は徐々に失われた。二〇時間目の終わりには、グループは、実験のはじめほどよく投げなかった。学習は明らかに不明瞭になったか、失われてしまった。実験者は、不明瞭になったか、失われたのかを、まだ決定していない。

練習を広範囲に配分するとよりよい結果がえられる理由は、目下手もとにある事実から推測できるだけで、実際に説明を下すことはできない。とはいえ、われわれの目的が、人々に長弓の射方を教えて、できるだけ早く戦士に仕立てることであるなら、練習によってなんらかの改善がえられる間は、彼らに練習をギューギュー押しつけるべきだ、ということは明らかである。集中した練習は、学習に必要な試行の数という見地からは浪費的である。しかしわれわれは、実際上の必要から、この浪費的な方法を採用しなければならないときがある。

これらの実験から引き出される主要な教訓は、われわれの自由になる時間がないにしても、われわれがそのわずかな時間を集中した練習に用いるなら、今回の練習と次回の練習との間隔が非常に長くても、われわれは驚くほどよい結果をうることができる、ということである。

(3) 習得した機能の行使

十分な時間、ある行為を練習したのちに、**学習曲線**は水平になる。（新しい因子が入らないなら）その後一そうの改善は起こらない。このように十分に学習された**習慣**を、**機能**とよぶことにしよう。人が、これら

第2表　行使された機能の能率の日内変動（数字は金的の位置からのインチ。1インチは 2.5 センチ）

各時間の平均＼人名		B	Gich	Gre	H	L	Ray	Rich	G	W	平均
午前 8～9 時	1 時間目	6.3	10.3	12.5	11.5	10.2	10.4	7.0	11.8	5.6	10.7
午前 9～10 時	2 時間目	7.2	9.5	11.1	9.9	9.2	11.6	6.9	11.4	6.9	9.3
午前 10～11 時	3 時間目	7.0	10.2	11.6	11.7	8.3	12.1	8.3	9.8	5.9	9.4
午前 11～12 時	4 時間目	8.8	9.7	9.6	10.9	8.9	12.3	7.2	11.7	6.3	9.5
午後 12～1 時	5 時間目	10.0	9.7	9.7	12.7	11.3	8.4	8.4	12.5	5.1	8.7
午後 1～2 時	6 時間目	7.6	11.6	9.5	10.9	10.0	11.0	7.7	12.5	5.5	9.5
午後 2～3 時	7 時間目	8.8	10.0	10.6	11.4	8.8	10.8	6.2	13.0	5.3	9.4
午後 3～4 時	8 時間目	6.9	9.8	9.6	12.2	10.0	10.4	5.5	12.1	5.6	9.1
午後 4～5 時	9 時間目	7.6	13.3	12.5	9.8	8.7	10.2	5.7	11.0	4.9	9.3
午後 5～6 時	10 時間目	9.2	12.3	11.4	9.9	11.0	8.9	5.6	11.7	5.2	9.5
午後 6～7 時	11 時間目	7.1	11.3	9.3	16.7	10.3	9.8	5.5	11.8	7.4	9.9
午後 7～8 時	12 時間目	8.8	……	10.4	15.6	9.3	10.0	7.0	11.0	5.5	9.7

の機能の一つを、来る日も来る日も使っていると、仮定しよう。たとえば、人が一〇年間タイプを打っているとか、工場である種の仕事、あるいは他の種の仕事をしているとしよう。人がその仕事を早く出来るのは、朝か、午後か、昼食前か、それとも仕事が終わるちょうど前か。月曜日か、水曜日か、それとも金曜日か。春か、夏か、秋か、冬か。これらの問題のすべては研究されたが、その結果は一致していない。

上の問題の一つを述べよう。昼間能率のあがる全被験者は、まったくぼーっとしている。この問題を解明するため、上に引用したロザリー・レイナー・ワトソンは、槍投げの練習を徹底的に行った（二カ月以上の間毎日）九人の被験者をとり、彼らに午前八時から午後八時まで槍を投げさせた。この結果（第2表）から見ると、この機能の能率は、この実験条件下では、一二時間を通じて変わらないことがわかる。

この実験では、参加者の間に非常な競争があり、その状況の刺激価は、一二時間を通じてずっと高かった。変動——すなわち能率が一日のあるとき、あるいは他のときにおちること——は、飢餓収縮、昼食後のわずかの麻痺、および説明し易いいろいろな因子のためであろう。われわれは、今、それを論ずる暇がない。しかし事実はまだ十分に明らかにされていない。

(4) 一機能の行使に及ぼす薬物の影響

同じようにして、ある機能に及ぼす薬の効果が何回も検査された。コカイン、ストリキニーネ、アルコール、カフェインの効果、飢餓、寒冷、温熱、酸素飢餓、去勢(動物に対して)、サイロキシン、アドレナリン、睾丸抽出物の投与の効果が、検査された。この研究全体を公平に評価するには、モノグラフ(専門論文)で扱う必要がある。とはいうものの、ある機能を長い間練習したとき、一般にいって、薬が得点にほとんど影響を及ぼさないことは、驚くべきことである。たとえば、槍投げについての私自身の成績から、これは本当である。(第2表の「W」の記録を見て欲しい)。いろいろの日に、私はストリキニーネやコカインを二倍量とった。別の日に、私はほぼ六時間の間、二時間ごとにライムギ製のウィスキーを五〇C・C飲んだ。これらのいずれも、得点にごくわずかの作用さえ及ぼさなかった(薬を用いたときの得点は、上の表には示されていない)。他の人でえられた結果は、異なっていたかもしれない。もし別の機能がテストされたなら、私自身の場合、影響がないとはいえなかったろう。もちろん、ストリキニーネやコカインを非常に大量とると、協調運動に影響を及ぼすのはもちろんである。

多くの習慣形成における最終段階

上に述べたように、一つの習慣が、視覚、聴覚、触覚等々の刺激に反応して作りあげられたのちに、ある付加的な因子が入ってくる。われわれが、たえずその習慣を練習すると、実際の視覚、聴覚、嗅覚および触覚刺激はますます重要でなくなる。習慣が根深くしみこむと、われわれは、めかくしをしても、耳や鼻に栓をつめても、皮膚を布でおおっても、たくさんの習慣を行使することができるようになる。つまり視覚、聴覚、嗅覚、および触覚刺激を、もはや曲がり角におくには及ばない。何が、起こったのか。条件づけの第二段階が起こったのである。学習過程のはじめの段階では、視覚刺激がわれわれに与えられるごとに、われわれは、その視覚刺激に対して（はじめは横紋筋で）筋肉の反応をする。非常に短期間で、筋肉の反応自体が刺激になり、それがつぎの運動反応を順に発動さす。ついで、そのつぎの運動反応、つぎにそのつぎの運動反応が発動する。それゆえ、その後は、視覚、聴覚、嗅覚、触覚の刺激がなくても、複雑な迷路を走ることができるし、種々の種類の複雑な行為を遂行することができる。筋肉自体の運動からやって来る筋肉刺激が、手を使う反応を正しい順序で起こし続けるのに必要なすべてである。この過程を徹底的に理解するために、読者は、筋肉は反応器官だけでなく、感覚器官でもあると述べた（七四ページ）ことを思い出さなければならない。われわれは、この二重の条件づけを、つぎのように図示することができる。

つぎのように、人が円に反応するように条件づけられたのち

（C）S ……………………………… （C）R

（第一次）視覚的（円）　右へ二歩歩く（あるいは習慣の系列によってよび起こされた他の筋肉反応）。

その後（さらに条件づけると）筋肉自体の運動が　同一の反応をよび起こすことができるようになる。

これは、運動感覚的習慣（kinaesthetic habit）、あるいは「筋肉」習慣とよばれることが多い。われわれの内言語習慣（思考）は、このような習慣の非常にいい例である。われわれの習慣はすべて、運動感覚的段階とよんでよいこの第二の段階に到達する強い傾向があるように思われる。この過程は、生体の側における神秘的・生気論的な、エネルギー節約機能ではない。それは厳密に、条件反射形成の法則から予想できるものである。

行動主義者は記憶をどう考えるか

行動主義者は、「記憶」ということばを決して使わないから、どんなに強制されても、それを定義しようとは思わない。行動主義にはじめて案内された人は、このことばが抜けているのに面くらうことが多い。だから、われわれの観察した事実を説明するのに、なぜこのことばを必要としないかを示すために、ここでは、二、三の説明と類推を使うのがいいだろう。

人間より系統発生的に下等な動物——たとえば白ネズミ——で説明を始めよう。私は手もとに、あるネズミの迷路学習の記録をもっている。この特別なネズミがその第一試行で、迷路の中央にある餌を手に入れるのに、四〇分かかった。このネズミは、迷路でありとあらゆる誤りをした。すなわちネズミは、後もどりしたり、何度もあらゆる袋小路に入り込む。第七試行では、このネズミは四分かかって餌を手に入れ、八回しか誤りをしない。第二〇試行では、ネズミは二分で餌に達し、六つの誤りしかしない。第三〇試行では、一〇秒で餌を手に入れ、一つも誤りをしない。第三五試行では、また実際にはその後一五〇回のどの試行でも、約六秒で餌を手に入れ、一つも誤りをしない。第三五試行以後は、ネズミは美しい機械のように、迷路を走ることができる。それ以後この迷路内を何度走らせても、記録は改善されない。学習は完全になった。ネズミのスピードは、限度に達した。

このネズミを、この迷路から、六カ月離しておく。ネズミは、この迷路についてなんらかの記憶をもっているだろうか。われわれは思弁しないで、ネズミにやらしてみよう。われわれは、万事を最後の試行のときと同じにする。驚くべきことだが、ネズミはちょうど二分で餌に達し、六つしか誤りをしない。いいかえると、この迷路を走る習慣は、大部分保持されていたのである。機構の一部は失われたが、練習をしないでも六カ月の終わりでさえ、ネズミの再学習の最初の記録は、初めの学習系列における第二〇試行の記録と同じくよかったのである。

つぎに、複雑な問題箱をあける、アカゲザルの学習の記録を見てみよう。最初はそれを開けるのに、二〇分かかった。二〇日後、第二〇試行では、それを開けるのに二秒しかかからなかった。アカゲザルを六カ月間練習させないでおき、それからもう一度やらしてみた。サルは、わずか手さぐりしただけで、四秒で、箱を開けた。

人間の子供では、事情は異なっているか。一歳の子供は、父親のところへ這って行き、ゴボゴボいい、クークーいい、父親の脚を引っぱる。一二人の人が部屋にいるなら、子供は、父親のところへ来るだろう。さて、二カ月間子供を離し、この子供を取り巻く人を別の人たちにしよう。再び、父親でためしてみよう。子供は、もはや父親のところへ這って（歩いて）行かなくて、二カ月の間彼をたべさせ、面倒をみてくれた人のところへ行く（父親には非常に残念なことだが、たまたまその子が長男で一人っ子であってもそうである）。父親のところへ必ず行く彼の習慣は失われたのである。つぎに三歳の子供をとり、この子にスクーターか、三輪車に乗るのを学ばせる。ついにそれにうまく乗れるようになる。乗れるようになってから六カ月間、それを取りあげ、もう一度検査する。子供は、そのどちらかに乗って飛び出して行き、決して下手になっていない。

最後に二〇歳の青年をとり、彼にゴルフを学ばせる。そのさい、このゲームに熟達するまでの、ゆっくりとし、労苦に満ちた進歩の記録をとらせる。二年間、一週に二回練習さすと、一八ホールのコースで、八〇か、ときには七八のスコアをあげるようになるだろう。それから三年間、彼にゴルフをさせないでおき、再びゴルフをさせる。彼は第一ラウンドで、おそらく九五のスコアをあげるだろう。二週間たつと、彼はまたもや八〇のスコアをあげるようになる。

種々の事実を考えに入れて、われわれは、手を使う一つの行為を学習してから、一定の期間それを使わないか、練習しないでおくと、習慣の能率に喪失が起こるが、普通（たとえば、上に挙げた赤ん坊の場合を除いて）この喪失は全般的でないことを発見した。もしある習慣を十分に長い期間使わないと、その習慣に全般的な喪失が起こる。ある一つの習慣については、各人ごとに喪失の量が異なっているし、一個人については、各習慣ごとに、喪失の度合が異なっている。

割に長い期間使わなくても、手を使う習慣の多く——水泳、拳闘、射撃、スケート、ゴルフ等——が、ほとんど失われないのは驚くべきことである。もしうまくない射撃手や下手なゴルファーが、五年前はうまかったが、練習しないため下手になった、と言っても、彼の言うことを信じてはいけない。彼はもともとうまくなかったのだ！　一般的に言って、われわれが、ある人の学習の記録をもっており、それを再学習の記録とくらべるなら、われわれは、使わなかったある期間の喪失を正確に測ることができるだろう。

そこで心理学では「記憶」ということばは必要でない、というわれわれの問題にもどろう。行動主義者が科学的にしゃべるときには、彼は、「ジェームズは何も練習しなかったが、自転車の乗り方をおぼえているか」とは決して言わないだろう。むしろ彼は、「ジェームズはもう五年間も自転車に触れなかったが、どのくらいうまく自転車に乗ることができるか」と言うだろう。彼は、ジェームズに内観させて、語るように命じない。彼は、ジェームズに自転車を渡し、六区画を走る時間と、倒れる回数を測る手続きをとる。テストの終わりに、彼は「ジェームズは、五年間自転車を練習しなかったが、現在は五年前の七割五分ほどうまく乗れる」と言うだろう。いいかえると、どのくらい保持され、どのくらい喪失したかを知るためには、練習しなかったある期間ののちに、その人を昔の状況におき、何が起こるかを見さえすればよい。もしジェームズが、上の場合に、自転車をもった最初の日ほどよく乗れないなら、行動主義者は、「ジェームズは、自転車に乗る習慣を失った」と言うだろう。

これは、人間がもっているあらゆる機構についていえる。人間や下等動物が、簡単な条件反射さえよく保持していることは、驚くべきことである。私は、実験室で、一年間練習しなかったのに、一度電流で罰を与えただけで、ベルに対する条件反射（R＝指を引っ込める）を再び作ることができた。G・V・アンレップは、イヌで、一年間練習しなかったのちに、これに似た反応（音響刺激で条件唾液反応を起こす）を起こすことができた、と報告している。

このように、行動主義者は、記憶ということばを使う代わりに、練習しなかった間、どのくらい熟練が保持され、どのくらい喪失したか、と言うのである。われわれが記憶ということばに反対するのは、それがあらゆる種類の哲学的・主観的な意味をもっているからである。

記憶の扱い方は、これではまだ完全とはいえない。というのは、われわれはまだ単語と言語の習慣を論じていないからである。つぎの章で、ことばの習慣の形成を扱うことにしよう。

注

（1）ゲゼルとトンプソンは、手を使う活動の早期訓練の重要性をむしろ疑がっている（『発生心理学モノグラフ』第六巻、一九二九年）。彼らは、幼児が身につける早期の行動の型では、訓練よりむしろ成熟（成長因子）が重要だと強調している。彼らは双生児対照法を使い、この結果に到達した。（一卵性）双生児の一方のCは、成熟するに任せられ、訓練をうけなかった。他方のTは、訓練をうけた。一例を挙げると、典型的な一実験はつぎの通りである。Tは、生後四六週のとき、六週間階段を昇る訓練をうけた。Cは、この運動のどんな訓練もうけなかった。生後五二週のとき、Tは、六週の訓練ののち、二六秒で階段を昇った。訓練をうけないCは、手助けされないで、四五秒で階段を昇った。Cは、二週間訓練をうけたあとでは、一〇秒でこの階段を昇った。「生後五五週の双生児Cが階段を昇る行動は、五二週の双生児Tが階段を昇る行動よりはるかにすぐれていた。ところが、TはCより七週も早く、三倍も長く訓練をうけていたのだ。この優秀性は、三週間だけ成熟が進んでいることに、その原因を求めなければならない」。彼らは別の実験からも、同一の結論に到達した。条件づけというものは、幼児期の種々の行動の型を形成するのを早める上にごくわずかの影響しか及ぼさないと彼らが考えているのなら（彼らはそう考えているらしいが）、行動主義者は、このような結論をうけ入れることができない。行動主義者は、どんな複雑な活動でも筋肉の成長と強さは（上の著者のいう「成熟」とは一体どういう意味なのか、さっぱりわからない、と私は白状したい）、疑いもなく行動の因子であると認める。しかしわれわれは、生後五二週の赤ん坊に、自動車の運転や徒競走を教えようとしたことはない。だがここでわれわれは、この実験で述べられている条件づけの方法がまったく素人くさいことを指摘したい。双生児CとTは、その行動の型が違っていたことは、この実験を通じてもあきらかである。条件づけの初心者さえも、はじめT、つぎに対照としてCを、違っているが、類似の実験で用いることはたしかである。生後四六ないし五六週ごろの簡単な感覚運動反応に対する訓練は、成熟に比して、わりに効果がないという結論は、幼児の条件づけに通じている人には、むしろ不思議である。ホレース・カレン教授の長男の生後五二週の体操訓練行動を観察する機会のあった人はだれも、訓練が、幼児期の第一年では（そのどの時期でも）、運動反応を分化さす上にきわめて重要だということを疑わないだろう。カレン教授が後日その結果を発表されることを希望したい。

（2）ごく最近クラーク・ハルは、単純な行為の学習と関係のある因子について興味ある分析を行った（『心理学評論』一九三〇年、五月号）。

（3）これは誇張ではない。私は、熱いラジエーターに一度さわっただけで一人の子供に、条件反応がしっかりとでき、その後訓練しないのに、それが二年間続いたのを見たことがある。もしわれわれが習慣についての古い術語を使うなら、この例では、一つの習慣がただ一回の試行で作られたことになる。この場合、「成功した運動の刻印」も、「不成功な運動の消失」もないことになる。

第10章　しゃべることと考えること

Talking and Thinking

正しく理解したとき、「精神」のようなものがあるという作り話をどれくらい打ち破れるか

われわれは前の章で、人間は生まれたときは、たいていの他の哺乳動物より無力であるとはいえ、彼が習得した手を使う習慣のために、非常にすみやかに学習して、他の動物を追い越してしまう、ということを述べた。なるほど人間は、グレイハウンド〔猟犬の一種〕か、シカとの競走で勝てるほど早く走る方法を決して学ぶことはできないし、ウマか、ゾウと力ずくで戦う方法を決して学ぶことはできない。しかし人間は、それらすべての動物を征服する。すなわち人間は、道具の作り方、使い方を学んで、動物を征服する。人間は、第一に、棒の使い方、つぎに石の投げ方を学ぶ。のちに人間は、投石器を使うことを学ぶ。そのため、人間は、より大きな力で石を投げることができるようになる。第二に、人間は、鋭利な石器を作る。つぎに人間は、弓と矢を作り、それを使うことを学ぶ。それで彼は、飛ぶ動物さえも征服する。そ

れから人間は、火のおこし方を学ぶ。つぎに人間は、青銅や鉄の刃物、さらに石弓、最後に火器の作り方を学ぶ。こうして人間は、完全に世界を征服する。

人間の手さきは、たいへん器用にしても、人間だけが、後天的に手さきが器用なのではない。ゾウは、訓練すれば、トラックに材木をのせたり、おろしたりするのを手伝わせることができるようになる。下等なサルさえ、訓練すれば、精巧な掛け金を扱ったり、紐を引っぱったりできるようになる。また、チンパンジーは、教えると、自転車にうまく乗れるようになるし、また、一列に立っている一ダースの瓶の間を、そのうちの一つにも触れないで、出たり、入ったりして、縫うように、走ることができるようになるし、また、パイプを吹かしたり、タバコに火をつけたり、ドアに鍵をかけたり、はずしたり、その他いろいろなことができるようになる。

この章では、動物が参加することさえできない、まして競争することなどとてもできない、学習された活動の大きな分野をとりあげよう。これは**言語習慣**(language habit)の分野である。この習慣が、口の閉されたドアの奥でなされているとき、われわれは、これを**思考**とよんでいる[1]。

言語とは何か

われわれが日常よく知っている言語というものは、複雑な性質をもっているとはいえ、はじめは非常に簡単な形の行動である。それは、実際、ものを操作する習慣である。咽頭の下、アダムのリンゴ(喉頭隆起。いわゆる、のどぼとけ)の高さに喉頭とよばれる簡単で、小さな器官がある。それは、大部分軟骨でできた一つの管である。それを横切って、二つの非常に簡単な膜が張られ、その端は声帯になっている(第24

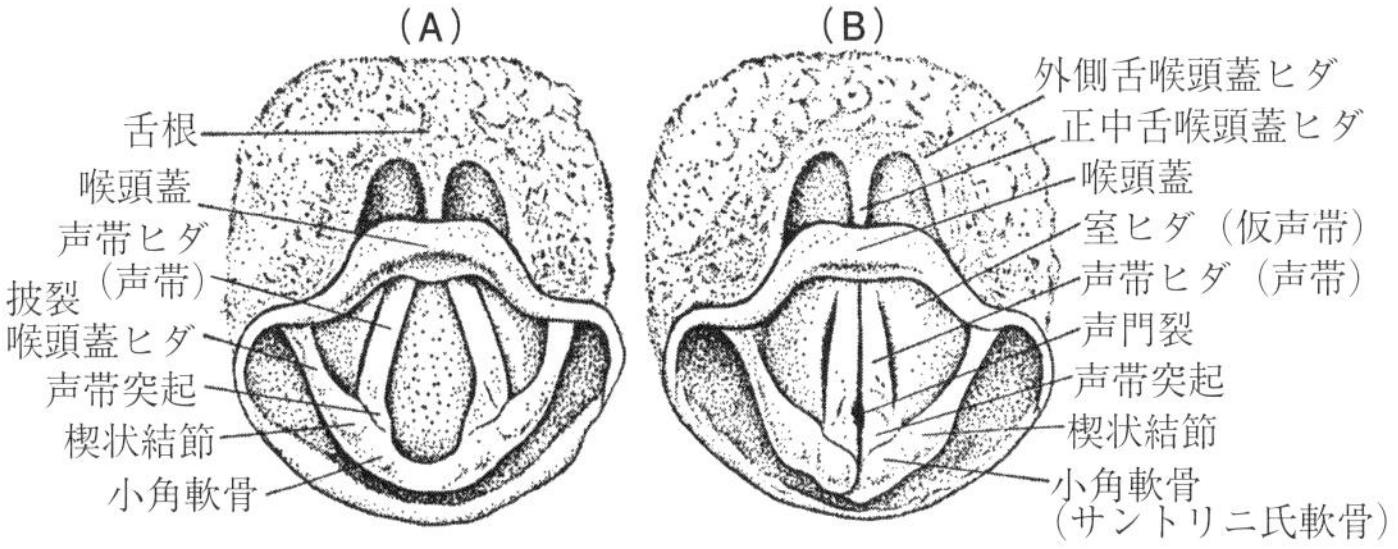

第24図　喉頭鏡でみた喉頭内部（A：声帯の開いたとき，B：声帯の閉じたとき）

図）。われわれは、非常に原始的で、簡単なこの器官を手であやつる代わりに、肺から空気を追い出しながら咽頭に付着している筋肉を使って、それをあやつる。あなたが喉頭のことを考えるときには、唇と空気の流れとの間においた、簡単な蘆笛のことを考えて欲しい。われわれは声帯を緊張させ、その間の隙間の大きさを変える。それはちょうど木栓をまわして、ヴァイオリンの絃の調子を合わせるのと同じである。空気は、肺から、声帯の間の隙間を通って追い出される。これは声帯を振動させ、音を作る。われわれは、これを声とよんでいる。しかしわれわれがこの声を作るとき、他の筋肉群が喉頭の形をかえ、さらに他の筋肉群が舌の形、歯の位置、唇の位置をかえる。喉頭の上の口腔、その下の内臓腔が大きさや形を変えるにつれて、音量、音の性質（音色）、音の大きさが変わる。これらの反応のすべては、赤ん坊がはじめて叫ぶとき動き出すし、また赤ん坊が「ダ」とか、「マ」のような、学習しない、単語前の（preword）の音をだすとき働き出す。そうすると、この状態は、われわれが手や指の運動を研究したさい見た状態と、そんなにかけ離れていないのではないだろうか。

生まれてすぐの音声

前の章で、手を使う習慣を作るには、出発点になるもの、すなわち、指、手、趾等の無学習運動がなければならない、ということを述べたことをおぼえていられるだろう。言語には、これに似た出発点になるものがある。すなわち生まれたとき、あるいはその後に赤ん坊が発する音声である。最初は、「ア」、「ウ」、「ナー」、「ワー」、「ウー」のような音《おん》があらわれ、のちには、「ラー」、「アー」、「バー」、「アーグー」、「マー」、「ダー」のような音があらわれる。ブラントン夫人は、生後一カ月の保育園児、二五人の経験から、「興味があったのは、さまざまな動物の鳴き声が、この保育園でまねされたことである。それは、ホロホロチョウのホロホロという声、ヤギの鳴き声、仔ブタのかなしい声、野良ネコの鳴き声にそっくりだった」と言っている。

言語機構のはじめ

手を使う活動を研究したとき、手を伸ばす習慣は、一二〇日ごろに始まり、適当に訓練すれば、一五〇日でかなりよく発達することを発見した。最初の真の音声を使う習慣（vocal habit）は、ずっとあとで始まり、もっとゆっくり発達する。一八カ月になっても、普通の種類の言語習慣ができない子供もいるし、一年の終わりに完全に二、三の言語習慣ができる子供もいる。

私の妻と私は、非常に幼い赤ん坊で、簡単な言語習慣を作ろうと考えた。実験はB（この赤ん坊の嫉妬行動については、二三二ページで述べた）で行った。この子は、一九二一年一一月二一日に生まれた。彼は、五カ月の終わりまで、その年齢のほとんどあらゆる子供と同じ種類の行動を示した。クークーという音《おん》、「アー・グー」、「ア」、「アー」の変種もよく発音できた。われわれは、五月一二日に、この音《おん》を哺乳瓶に結びつけ始めた（この子は、二カ月の終わりから人工栄養だった）。われわれの方法は、つぎの通りだった。われわれは、彼に哺乳瓶を渡して、しばらくの間自由に飲ませ、それからそれを取りあげて、彼の前においた。彼は、けとばしたり、もじもじしたり、そのほうに手を伸ばし始めた。われわれは、つぎに、「ダー」という音響刺激を声を出して与えた。この操作を、三週間、一日一度くり返した。彼がすすり泣いたり、しくしく泣くと、いつも哺乳瓶を渡した。一九二二年六月五日、刺激語を与え、彼の前に哺乳瓶をおいたとき、「ダダ」ということばを発した。すぐ彼に、哺乳瓶を渡した。それに引き続いて、この操作を三度くり返し、三度とも成功した。われわれは、毎回刺激語を与えた。それから、われわれは、五回続けて、哺乳瓶をとりあげた。このときは、刺激語を与えなくても、彼は哺乳瓶に対して、「ダダ」と言った。一度などは、刺激語を与えなくても、「ダダ」、「ダダ」、「ダダ」と数回言い続けた。その後数週間、この反応を起こすことは、からだの他の反射を起こすくらい容易だった。言語反応は、ほとんどもっぱら、この一つの刺激にかぎられていた。ウサギを彼の前においたとき、彼が「ダダ」と言ったことが二、三度あったが、別のものを見せても、そう言わなかった。

　六月二三日、彼が「ブーブー」、「ブラブラ」、「グーグー」（新しくあらわれた無学習の音）のような他の型の音を発したということは興味深い。この場合、彼は、「ダダ」の代わりに、言ったのではなかった。彼は、勇敢に、一気に、これらの音を発したが、決して一度も「ダダ」と言わなかった。その翌日、「ダダ」がらくらくとあらわれた。七月一日に、「ダダ」という音は、なんら刺激語を与えないのに、突然、「ダド・エン」に変わった。しかし一度もとの「ダダ」がしばらくの間、あらわれた。もしわれわれがすすんで、幼児の厳格な授乳習慣を打ちこわし、彼自身が「ダダ」という音を発する機会を待ちかまえ、そのたびに彼に哺乳瓶を渡したなら、はるかに容易に、またはるかに早く、この習慣を作れたろうと思う。

われわれが「ダダ」という刺激語を声を出してしゃべったことが、都合のいいときにこの反応を起こすのに（これは、われわれが彼に授乳し始めたときにあらわれた）わずかにしろ影響があったかどうかは、論争のたねになると思う。いいかえると、このような幼い年齢に、ことばの模倣があったかどうか、私は、疑問に思っている。あとになると、もちろん、このようなことばの模倣があらわれるが、この場合、子供がわれわれのまねをするというよりも、われわれが子供のまねをするほうが多い。ひとたび、これらの音の反応が条件づけられると、当然すべてのことばが、「模倣」とみなされる。というのは、社会的には、一個人がしゃべったことばは、他の個人に、これと同一か、違うことばの反応をおこす刺激になるからである。

こうして、われわれは、六カ月半の終わりに、条件音声反応（conditioned vocal response）を作りあげた。これは、一五〇日目にかなりよく完成される手を伸ばす反応にだいたい対応するものと言ってよい。

その後の言語の発達

条件単語反応が一部作られたのちに、句や文の習慣が作られだす。しかし、一つの単語の条件づけが停止しないのはもちろんである。こうしてすべての型の単語、句、および文の習慣が同時に発達する。

B――われわれは、この子の単語の条件づけをたった今考察した――が、自由にあやつれる五二の単語をもったとき、[2] われわれは、彼がはじめて二つの単語を結びつけるのに気がついた。これは、一九二三年八月一三日、生後一年七カ月と二五日のときに起こった。その前一カ月間、われわれは、一時に二つの単語――たとえば「ヘロー・ママ」、「ハロー・ダダ」――を並べてしゃべったが、効果がなかった。この日、彼の母親が「セイ・グッドバイ・ダディ」（パパにさよならとおっしゃい）というのを、「グッドバイ・ダ」という型にして言った。彼は母親がそう言ったあとで、「バイ」とくり返し、それからためらい、五秒後に「ダー」という単語を口に出した。そのため、彼は、頭をなでてもらい、ほめてもらった。その日、あとで彼は、二つの音の間に長い間隔をおいて、「バイ――ボウ・ウオゥ」と言った。二日後の八月一五日に、われわれは、彼に、「ハロー――ママ」、「ハロー――ローズ」、「タタ――ローズ」、「タタ――ママ」、(「タタ」は、「サンキュー」の意味)と言わせた。それぞれの場合に、二つの単語の刺激は、反応がよび起こされないまえに、与えなければならなかった。彼はまたはじめて、「ブリー――ママ」(「ブリー」は「プリーズ」)と言った。このときまで、二単語の刺激を与えなければ、二単語の反応をしなかった。八月二四日、彼は、両親からことばの刺激を与えられなくても、二つの単語をつないで言った。彼は、父親の靴を指して「シュー――ダ」と言い、母親の靴を指して、「シュー――マ」と言った。それからつぎの四日間、手本を与えなくても、あるとき、あるいは別のときに、上の二単語の反応のすべてをしたり、「テーテー・ブォウヴォウ」(イヌがおしっこしている)、「べべ・ゴーゴー」(隣りの小さい子供が彼の手押し車に乗ったときにこう言った。「べべ」はベビー、「ゴーゴー」は乳母車)、「ママ・トー」(「トー」は「トースト」)、「ハウ・ドゥ・シューズ」(「ハウ・ドゥ」は「ハウ・ドゥ・ユー・ドゥ」)、「ホー・ママ」(「ホー」は「ホット」)、「オーリ・ママ」(「オーリ」は「オーライ」)のように、見本を与えたことがない二単語の反応をした。夜ねるためか、昼寝のために、部屋に連れもどすと、彼は、これらの単語や、単語を結びつけたものを、何回も、何回も、声に出して言った。これは、われわれがあとで述べる、行動主義者の思考の理論にとって、非常に重要な観察である。

このとき以後、二単語期の発達が急速に起こった。三単語期は、あらわれるのが幾分おそかった。普通の大人の社会的な反応型にあたる、文でしゃべることも、これと同じくあらわれるのがおそかった。しかしこれらの時期の間に、特別新しい事実が発見されたとは思われなかった。

三歳になると、この子は、おどろくほど自由にことばをあやつれた。しかしそれを強制することは、何一つなされなかった。一歳のとき、彼は単語を一二しか知らなかった。これは、一歳の子供の知っている単語のほぼ平均値である。一八カ月で、Bは、五二の単語を知っていたが、これは、平均よりいちじるしく少ない。こういう状態は、よく気のつく看護師にいつも世話をしてもらっている子供に、見られることが多い。今の場合は、フランス人の看護師が子供の世話をしていたが、彼女は、その子が使う以上に多数の英語の単語をほとんど使わなかった。私は、単語、句、および文の習慣を作る速さには、たくさんの因子が働いていることを示すために、こういう事実を述べたのである。

単語は物や状況の代用にすぎない

あなたは、一、二の単語習慣の形成についての上の例から、この過程は、簡単な条件運動反応——たとえば、聴覚刺激、あるいは視覚刺激を提示したとき手を引っ込める——が作られる例と完全に同じことがおわかりになったはずである。われわれは、もう一度、おなじみの古い公式を使おう。

S		R
器官内のある刺激	……	ダダ
条件づけられると——すなわち哺乳瓶を見るとき	……	ダダ

無条件刺激、つまり無学習刺激は、喉頭、胸、および口の部位の筋肉組織、および腺組織のなんらかの変化である（もちろん口の部位の変化は、胃か、あるいは外部環境から刺激されることによって順次ひき起こされたのかも

しれない)。無学習反応は、われわれが「ダダ」とよんでいる発声である。つまり、ここでは手を使う活動と同じく、作るもとになる無学習・無条件反応があり、われわれはチャンスをとらえて、その上に作るのである。この幼い時期の単語の条件づけは、かなり無茶である。というのは、われわれは無学習音声反応の演奏曲目《レパートリー》をよび起こす基本刺激について、ほとんど知らないからである。実際われわれは、赤ん坊の場合より、動物の場合のほうが、無学習反応を起こす刺激について、よく知っている。われわれは、からだのある斑点をこすって、カエルをガーガー鳴かせる方法を知っているし、イヌを吠えさせたり、サルにある音を出させることができる。われわれは、赤ん坊に、「ダ」、「グルブ」、「ブーブー」、「オー」と言わせるような、からだの——内であれ、外であれ——「ボタンの押し方」を知らない。もしわれわれが知っていれば、われわれは、幼い時期に、またきわめてすみやかに、単語、句、および文を作らすことができるだろう。人間の子供の場合には、われわれは、慣習的なある単語にいちばん近い音《おと》を待ちかまえ、その音を、大人にその単語をよび起こす対象に、結びつけなければならない(その単語を、その対象の代わりにおきかえなければならない)。つまり、われわれは、このような幼い時期においてさえ、彼の属する集団とことばとを一致させようと努める。われわれは、完全な単語を作らすため、音節《シラブル》を音節で条件づけなければならないときもある。すなわち、長い単語では、一ダースの条件反応が別々にあってもさしつかえない。このように、長い単語は、迷路学習について二四六ページで述べた状態にあたるだろう。しかしそうにしても、幼児が発する無学習の音《おん》は、単位反応で、これらが後年(条件づけによって)結びついて、辞書にのっているような単語になるというのが、私の信念である。こうして、一きわめだって雄弁で、流暢な弁士が、印象的な演説のさいに発するすべての音《おん》は、幼児期、小児期、および青年期に、忍耐づよく条件づけを行った結果結びついた、その人の無学習のあどけない音にすぎないのである。

ことばの習慣の形成にあたって、一つのことは、わかりきっていることのように思われる。それは、第二次、第三次、およびそれ以後の条件反射は、非常にすみやかに形成される、ということである。三歳の子供では、「ママ」という単語は、明らかにつぎの場合によび起こされる。

すなわち、（1）母親を見ることによって、（2）母親の写真によって、（3）母親の声によって、（4）母親の足音によって、（5）「マザー」という印刷された英語の単語を見て、（6）「マザー」という書かれた単語を見て、（7）「メール」という印刷されたフランス語の単語を見て、（8）「メール」という書かれたフランス語の単語を見て。またその他の刺激、たとえば母親の帽子、衣服、靴のような視覚刺激によって。これらの代理刺激が示されると、「ママ」という反応自体があらわれる。彼は、あらんかぎりの声を出して、そう言うこともあるし、普通の会話調でそう言うこともあるし、しくしく泣きながらそう言うこともあるし、のどの奥深くで言うことも、静かに言うことも、急いで言うこともある。ことばの見本を与えて、子供にまねさせてみたまえ。そうすると、子供は、いろいろさまざまの仕方で「ママ」と言うだろう。このことは、「ママ」という反応が、何ダースもの違った筋肉群で、おそらくは何百という筋肉群で作られることを物語っている。

つまりわれわれが子供たちをわれわれ自身のことばの中で育てるさいには、われわれが、単語自体（英語、フランス語、ドイツ語）や、その発音と抑揚に条件づけられたように、われわれは子供たちのことばを条件づけるのである。われわれは、「ストア」（店）、「ドア」という言い方や、二、三の句、たとえば「ユー・オール」（君たち）、「メイ・アイ・キャリー・ユー・ホーム」（君の家へ連れて行ってくれ）のような句を、もの静かに、ゆっくり言うと、南部の子供だとわかる。われわれは、一つの単語、たとえば「ウォーター」〔水〕という言い方で、シカゴの子供だとわかるし、荒々しく、高い声を発したり、ある種の単語を使うと、ニューヨークのイーストサイド地区〔下等移民が多い〕の新入りの少年たちだとわかる。われわれは、両親の言語を学ぶだけでなく、ことばのくせも学ぶ。北部と南部、東部と西部の相違、ラテン系民族と東洋系民族の相違、ニグロとアングロ・サクソンの相違は、のどの構造の相違のためでもないし、基本的な、無学習の、子供っぽい反応単位の数と型の相違のためでもない。北部の父親や母親の中には、「カーペット・バカー」〔南北戦争後、手提カバン一つを財産に、北部から南部へ行き、議員になろうとした人〕の時代に、南部へ行った人が多いが、その子供たちは南部のことばをしゃべることを学んで、ニュー・イングランド〔アメリカ北東部の六州〕の英語を学ばなかった。フランス人の両親の間に生まれた子供が、この国に来て、英語国民に育てられると、完全な英語を修得することは確実である。

われわれが、人生の後半に外国語を学び始めるなら、その外国語をなまりなしでしゃべることを学ぶのはむずかしい。それは四〇歳のかじ屋が、トー・ダンスを学ぶことができないのと同じ理由からである。つまり習慣的な形の反応が、生体からしなやかさを奪ってしまう。つまりこの形の反応が、からだの実際の構造を作る傾向がある。たとえば、いつも意気消沈し、顔の筋肉がだらりとして、しまっていない人は、ふさぎこみ、元気がなく、陰鬱な顔つきになる傾向がある。これに、別の重要な因子もつけ加わる。喉頭は、思春期に構造が変化する。それは実際に柔軟性が少なくなり、新しい音を出しにくくなる。

子供が大きくなるにつれて、外部環境内のあらゆる物や状況に対する条件単語反応が形成される。そしてこれを準備するのは、社会——それは、両親、教師、および社会集団の他の成員の形をとる——である。

ちょっと見ると奇妙に思われるかもしれないが、条件単語反応は、内部環境の多数の対象――内臓自体の変化――に対して条件づけられた単語であってはならない。というのは、両親や、社会集団の他の成員は、それに対するどんな単語ももっていないからである。内臓の出来事は、人類では、現在大部分言語化されていない。これは、いわゆる「無意識」を説明する上に重要であるが、これについては、つぎの章で述べることにしよう。

対象に対して単語という代用品をもつことは、からだの経済である

外部環境にあるあらゆる物や状況に名前がついているということは、非常に重要である。一つの単語は、他の単語、句、および文をよび起こすことができるだけでなく、その人間がちゃんとした機構をもっているときには、それは、手を使うあらゆる活動をよび起こすことができる。単語が反応をよび起こすという点では、単語は、その単語を代用品にしている対象と厳密に同じように作用する。しゃべることができないか、あるいはしゃべろうとしないという噂のあるディーン・スイフト〔ガリバー旅行記の著者〕は、日常使用されているあらゆるものをカバンに入れて持ち歩き、他人の行動に影響を与えることばを言う代わりに、カバンから実際のものを取り出して、それを見せるのではなかったか。もしわれわれが対象と単語との間の反応のこの等価物をもっていなかったなら、世界は、今日でもこのような状況だろう。あなたが偶然ルーマニア人の看護師とドイツ人のコックとフランス人のコック長を雇い、そしてあなた自身は英語しかしゃべれないとき、あなたが家庭でこの等価物をもっていないなら、少し困った状態におちいるだろう。すべての成員に通じる対象を表す単語という代用品をもつことが、時間の経済という点と、集団の協力

を求める能力を節約できるという点で、どれほど意義があるかを考えてみたまえ。

やがて人間は、理論的には、世界のあらゆる対象に対することばという代用品をもつようになる。その後彼は、この機構によって、世界を自分のまわりに連れて歩く。そして彼は、自分の部屋にいるときも、暗闇の中でベッドに横になっているときも、この単語の世界をあやつることができる。われわれ人間の発見の多くは、感覚器官に実際提示されない対象の世界をあやつるこの能力によってなされたものである。

われわれは、喉頭や胸の筋肉組織や腺組織（もちろん筋肉系や神経系にある感覚器官も入る）という実際の肉体の機構と同じように、この世界を自分のまわりに連れている。この機構は適当刺激が与えられたときはいつでも、夜も昼も、働く準備ができている。それでは、この適当刺激は、何なのだろうか。

単語の（運動感覚的）機構の最終段階

単語を使う習慣は、手を使う習慣のように作られるということは、今や明らかである。あなたは、二五七ページに述べたことから、一たび一連の反応（手を使う習慣）が一連の対象のまわりに作られるや、もとの一連の対象がなくても、一連の反応を起こすことができることを思い出されるだろう。いいかえると、あなたが、最初楽譜を見ながら一本の指で「ヤンキー・ドゥードル」の曲をピアノで弾くことを学んでいるときには、あなたは最初楽譜を見て、ソが書いてあると、ソを打ち、つぎにラが書いてあると、ラを打ち、それからシを見て、シを打つ。楽譜は、一連の視覚刺激である。あなたの反応は、この順序に組織される。しかしあなたがしばらく練習してから、だれかが楽譜をとり上げてしまう。それでもあなたは正しく弾くことができる。もしだれかが、あなたにピアノの所へ行くようにいうと、あなたは夜でもピアノのところへ行き（この場合、一友人の語ったことばが、この過程を進行さす最初の刺激になる）ためらわないで、ピアノを弾くことができる。あなたは、これを説明する方法を知っているだろう。すなわちあなたが行う最初の筋肉反応、またはメロディーを弾くために最初に打つキーが、第二の音符の視覚刺激の代用になるのである。つまり今や筋肉刺激（運動感覚的刺激）が、視覚刺激の代わりになり、過程全体は前のようになめらかに進行する。

さて単語を使う行動でも、これとまったく同じことが起こる。あなたが、小さい本から、「今――私は――横になって――眠る」ということばを読んだと仮定しよう（あなたの母親が普通聴覚の型をおく）。「今」という字を見ると、「今」ということばが出る（反応一）。「私」という字は、「私」という反応を起こす（反応二）。以下このように続く。やがて、「今」と言うことだけが、「私」と言わす運動（運動感覚的）刺激になる。このことは、われわれが刺激の世界をさえぎることができる理由や、遠い所で見たことや、聞いたこと、またずっと昔に起こったことについて、流暢にしゃべることができる理由を説明してくれる。傍観者の偶然のことばや、一友人の質問や、あなたの目の前で見たこと、聞いたことさえも、この古い言語機構を発動さすかもしれない。しかし、あなたは、これは「記憶」ではないかと、尋ねないだろうか。

「記憶」すなわち言語習慣の保持

人が街で普通記憶といっているものは、つぎのような状況で起こるものである。何年も会わなかった旧友が彼に会いにやってくる。彼が友人を見るとすぐに彼はいう。「やあ！　シアトルのアディソン・シムズ君。シカゴの万国博覧会以来、会わないね。君は、古いウィンダーメアー・ホテルでよくやった愉快なパーティーのことをおぼえているかい。君は、ミッドウェー座をおぼえているかい」等々。この過程の心理学はたいへん簡単だから、それを論ずることは、あなたの知能に対する侮辱だと思われるだろう。しかし、行動主義者の批判者のかなり多くは、行動主義は、記憶をよく説明できない、と言ったのである。一つこれが事実かどうか、見てみよう。

この人が、最初シムズ氏と知り合いになったとき、彼はシムズ氏に会い、名前を教えられた。おそらく彼は、その後一、二週間、シムズ氏に会わなかったのだろう。彼は、もう一度紹介されなければならなかった。再度彼がシムズ氏に会ったとき、彼は、シムズ氏の名前を聞いた。すぐあとで、この二人は、友達になり、お互に毎日会い、真に知り合いになった。すなわち、お互に対する言語習慣と手を使う習慣、および同一の状況、あるいは類似の状況に対する言語習慣と手を使う習慣が形成された。いいかえると、この人は、アディソン・シムズ氏にたくさんの習慣で反応するように、完全に組織された。ついに、何カ月会わなくても、その人を見ただけで、昔の、言語習慣がよび起こされるだけでなく、その他いろいろな型のからだの反応や内臓の反応がよび起こされるようになった[3]。

さて、シムズ氏が、部屋に入ってきたとき、この人は、シムズ氏のところへ飛んで行き、「おぼえている」というあらゆる証拠を示した。しかし彼が、シムズ氏のところへ飛んで行ったとき、彼は、シムズ氏の名前を口ごもったかもしれない。もしそうなら、彼は、「君の顔はよく知っているんだけど、名前はどうしても思い出せないんだ」という昔の言い訳をもち出さなければならないだろう。この場合起こっていることは、もとの、手を使う機構や内臓の機構はずっと残っているが（握手すること、はでに歓迎すること）、言語機構は全部ではないが、一部失われたということである。言語刺激（名前の音《おん》）を一度声に出してくり返せば、もとの習慣全部はよび起こされるだろう。

しかしシムズ氏は、長い間ご無沙汰していたのかもしれない。あるいは彼との最初の出会い（練習期間）がとるにもたりないものだったので、一〇年会わないうちに、すべての機機――手を使う機構、内臓の機構、言語機構（これら三つは、完全な反応の上に必要である）――が失われたのかもしれない。あなたの術語では、あなたは、アディソン・シムズ氏を完全に「忘却」してしまったのだろう。

われわれは、このように、一生の間、会った人、読んだり、研究した本、およびわれわれの身の上におこる事件によって、毎日組織されている。この機構は、偶然に、なにげなく作られたものであることもあるし、九九の表、歴史上の事件、詩の節のように、教師によって教え込まれたものもある。学習のさいには、手を使う機構が優勢なこともあるし、大部分言語機構であることもあるし（たとえば九九の場合）、大部分内臓の機構のこともある。しかしこれら三つが全部結び合わさっているのが普通である。この機構は、刺激が毎日（あるいはしばしば）存在しているかぎりは、たえず更新され、強化される。しかし刺激が長い間加えられないと（練習のない期間）、機構は崩壊する（保持は不完全になる）。会わなくなってから、刺激をもう一度提示すると、手を使う昔の習慣を含めた反応が、名前（喉頭の習慣）、微笑、笑い（内臓の習慣）とともにあらわれ、反応は完全なものになる。すなわち、「記憶」はもとのままである。この機構全体のうちのある部分は、全部、あるいは一部、欠けているかもしれない。ウィリアム・ジェームズが「暖かみのある感情と親しみの感情は、真の記憶のまわりにぶらさがっている」と言うとき、彼が言う意味は、行動主義的には、内臓の機構、喉頭の機構、および手を使う機構がずっと保持されていた、ということである。

そうすると、「記憶」というのは、われわれがある刺激に出会わなくなってから、もう一度その刺激に出会ったときに、その刺激の前で最初することを学んだ、古い習慣的なことをする（昔しゃべった単語を言ったり、昔の内臓的——情動的——な行動をする）という意味に他ならないことになる。

思考とは何か

行動主義者の思考の理論を理解しようとするまえに、読者は、内観心理学の教科書をとり、思考についての章を読んでみたまえ。つぎに読者は、哲学者たちがこの非常に重要な機能についてわれわれに与えてくれた精神の糧のいくらかを消化してみたまえ。私は、これまでにそれを理解しようと努めてきたが、あきらめなければならなかった。私は、読者もあきらめるだろう、と思う。しかし読者が彼らの説明を読むまで、行動主義者の表現中の弱点について、行動主義者に文句をいってはいけない。行動主義者自身の理論は、いたって簡単である。それについての唯一の障害は、われわれの受けた昔の教育にある。われわれは、行動主義者の理論を聞くやいなや、抵抗し、否定的な反応をし始める。われわれは、母親の膝の上でも、また心理学研究室でも、思考というものは、特別形のないもの、手でさわれないもの、たちまち消え去るもの、とくに精神的なものと考えるように訓練されてきた。行動主義者に対するこの反抗は、心理学者たちが、その心理学の中で、宗教を教えるのをあきらめきれないことからきている。思考を行う筋肉は、かくれて、目に見えないために、思考というものは、われわれ自身の目では観察できないし、また直接実験できなかった。そして、つねに、人々は見ることができないものを神秘視する傾向が強い。新しい科学的な事実が発見されるにつれて、観察できない現象はますます少なくなるだろうし、またそのため民間伝承にたよる口実はますます少なくなるだろう。行動主義者は、思考についての自然科学的な理論を提唱している。そしてこの理論によると、思考はテニスをすることと同じく簡単なものだし、またテニスと同じく生物学的な過程の一部である。

思考についての行動主義者の説

行動主義者は、つぎのような説をたてている。すなわち、心理学者たちがこれまで思考とよんできたものは、簡単にいえば、自分自身にむかってしゃべることに他ならない、と。この説の証明は、あきらかに大部分理論的なものである。しかしこの説は、自然科学の見地から思考を説明する、これまで提唱された唯一の理論である。私は、この説を展開するにあたって、思考では喉頭の運動（二六七ページ）自体が主要な役割を演じているとは信じていない、とここできっぱり述べておきたい。私は、以前の論文では、わかり易く、簡単に説明するため、そう解釈されるような言いまわしをした、と告白する。喉頭を取っても、人間の思考能力は完全に破壊されない、という証明は昔からたくさん提出されている。喉頭を取ってしまうと（喉頭ガンの手術など）明瞭なことばは出なくなるが、ささやくことばは破壊されない。（明瞭でない）ささやきは、ほほ、舌、咽頭、および胸の筋肉反応に依存している。そしてその機構は、喉頭が使用されるのと同時に作られたのはたしかだが、喉頭が取り除かれてからもずっと働くことができる。私の多数の論文を読んだ人は、われわれがいたるところで、のどと胸の筋肉群が非常に複雑なことを強調しようとしたことを知っていられるだろう。喉頭を作っているような一塊の軟骨が思考と関係がある、と主張することは、肘関節を作っている骨と軟骨がテニスをする主要な器官をなしている、と言うようなものである。

私の理論はこうである。すなわち、かくれたことば（implicit speech）、すなわち内言語（思考）は、外部にあらわれたことば（overt speech）で学習された筋肉習慣のおかげをうけていると。また声を出してことばを出させるか、独り言を言わすことができる何百という筋肉の結合があると。実際それほど言語機構は豊富で、柔軟性があり、また外部にあらわれた言語習慣はそれほど多種多様だと。われわれは、物まねのうまい人が同一の句を幾十の異なった方法でしゃべれることを知っている。すなわち、バス（低音）で、テノール（次中音）で、メゾ（中音）で、ソプラノ（最高音）で、声高のささやきで、低いささやきで、ロンドン子がしゃべるように、かたことの英語をしゃべるフランス人のように、アメリカ南部の人がしゃべるように、あるいは子供がしゃべるように、しゃべることができる。われわれがほとんどあらゆる単語をしゃべるさいに形作る習慣の数と種類は、このようにほとんど無限である。われわれは赤ん坊のとき以来、手を使う何千倍もことばをしゃべっている。このため、心理学者さえちょっと見ただけではわからないくらい複雑な機構が発達した。さらに、外部にあらわれた言語習慣が形成されたのちに、われわれはたえず自分自身にむかってしゃべる（思考）。新しい結合、新しい複雑さ、新しいおきかえが起こる。たとえば、肩をすくめることや、からだのどこか他の部分を運動さすことは、一つの単語の代用品になる。やがて、からだのある反応、あるいはからだのあらゆる反応は、一つの単語の代用品になるかもしれない（二七六ページ）。

この理論の代わりにときどき提唱される別の理論は、こうである。いわゆる中枢過程は脳の中ではごく弱く起こるので、神経衝撃は運動神経を通って筋肉に達しない。だから反応は、筋肉や腺では起こらないと。ラシュレーと彼の弟子たちさえ神経系に強い関心をもっているため、この見解をとっているらしい。最近アグネス・M・ソーソン(4)は、一般に舌の運動は内言語とは関係がないことを発見した。これが、事実にしても、現在の私の説とは関係がない。舌は、非常に精巧な受容器であるが、一方筋肉面では、食物をこねまわす大きな器官である。それは、たしかに内言語ではある役割を演じているが、ジャズのコルネット弾きが、音を変えるために、ホーンに手をあてるとき、彼の手が演ずる役割とおそらく大体同じことをしているのだろう。

行動主義者の見解に対する二、三の確実な証拠

（1）主要な証拠は、子供の行動を観察することからえられる。子供は独りでいるとき、たえずしゃべっている。三歳のとき、彼は声を出してその日のプランをたてる。保育園のドアの鍵孔の外で開き耳をたてている私自身の耳で、しばしばこのことをたしかめた。やがて、看護師や両親という社会が入り込んでくる。「声を出してお話をしてはいけませんよ――パパとママは、いつも独り言を言いませんよ」。やがて外部にあらわれたことばは消え、ささやきになる。唇の動きをよく読むことのできる人は、子供が、世界や自分自身について何を考えているかを、読みとることができる。社会に対してこのような譲歩をしない人もいる。こういう人は、ひとりでいるとき、声を出して独り言を言う。さらに多数の人は、独りでいるときには、このさきやきの段階を乗り越えて行かない。市内電車の中で読んでいる人を見てみたまえ。高度に社会化されていない人が、坐って考えているとき、鍵孔を通じてのぞいてみたまえ。しかし大多数の人は、たえず作用している社会の圧力を受けて、第三の段階へ進んで行く。「自分自身に向かってささやけ」とか、「君は唇を動かさないで、読むことができないのか」等々と、たえず命令される。やがてこの過程は、唇のうしろで起こるように強制される。この壁のうしろ側で、あなたは最高のあばれ者に、にこ

りとも笑わないで、あなたが考えつくいちばん悪い名前をつけることができるし、またあなたは、うるさ型の女に、おまえは実際なんてひどい奴だろうと言い、つぎの瞬間に微笑して、大っぴらに彼女にお世辞を言うことができる。

（2）私は、耳や言葉が不自由な人で、たくさんの証拠を集めた。すなわち、彼らは、話すときには、ことばの代わりに手の運動を使い、考えるときには、しゃべるとき使うのと同一の、手を使う反応を用いる。しかしこの場合さえ、社会は、最小の運動を強制している。だから外部にあらわれた反応（overt response）の証拠は、手に入れるのが困難なことが多い。つぎに述べる観察は、W・I・トーマス博士のおかげである。パーキンズ研究所兼マサチューセッツ盲学校長のサミュエル・グリッドレー・ホウ博士は、耳や言葉や目が不自由なローラ・ブリッジマンに、手と指を使うことばを教えた。彼は（この研究所の年報の一つで）、ローラは、夢の中でさえ、指を使うことばを用いて、非常に早く独り言を言ったと述べている。

この説を支持する証拠をたくさん手に入れることは、おそらくつねに困難だろう。この過程は不明瞭だし、その上、嚥下、呼吸、循環のような過程がたえず進行しているため、もっと微妙な内言語の活動はおそらくつねに不明瞭にされるだろう。しかし今のところ、われわれが支持できるような別の説は、提出されていない。別の説は、生理学の既知の事実に反するものである。

以上に述べた仮説は、逆の仮説、たとえば心像論者〔ヴントは、「想像というのは心像による思考だ」といった〕や心理学的放散論者（irradiationist）〔ここでは、思考とは、全体表象が分かれて部分表象になり、その結果、全体表象の意味が発展し、完結することだ、というヴントの説をさす〕によって提出された仮説に、その根拠となるような事実をあげて証明してくれという責任を負わす。われわれは、事実に関心をもっている。だから、もし私の理論を支持しない事実が出て来たら、行動主義はよろこんでこの仮説をあきらめよう。しかし運動的活動（motor activity）という生理学的概念——感覚器官が刺激されるのにひきつづいて運動的活動が起こるという考え——はすべて、それと同時に捨てさらなければならないだろう。

われわれはいつ、またどういうふうにして思考するか

「われわれはいつ思考するのか」という疑問に答えるまえに、読者に一つ問題を出そう。あなたはいつ、手、脚、胴で行動するのか。「手、脚、胴で活動すれば、私が適応していない状況から逃れられるときです」というあなたの答えは正しい。私が、二三五ページで用いた例は、胃の収縮がはげしくなったとき、冷蔵庫に歩いて行き、たべることであり、光が入らないようにするため窓の日よけの孔に一枚の紙を貼りつけることであった。私はもう一つ質問をしたい。われわれは、いつ喉頭の筋肉で外部にあらわれた活動をするのか。いいかえると、われわれは、いつ声を出して話したり、ささやくのかと。答えはこうだ。それを必要とする事態があらわれたときは、いつでもそうすると。つまり声を出して、活動しなければ、逃れることができないような事態から逃れる上に、それが役立つときはいつでも、そうするのである。たとえば、私は講義をするため、教壇に登る。便りが間に合わないなら、私は五〇ドルを手に入れられないだろう。氷に穴があいて、私は、水の中に落ちた。声をたてて助けを求めないなら、私は出ることができないだろう。また、だれかが私に一つの質問をする。その質問は、ていねいなので、私も礼儀正しく返事をする。

このことはわかりきっているように思われる。さて、われわれはいつ思考するのか、というもとの質問

にもどろう。われわれは思考というものを、音声下でしゃべること（subvocal talking）とみなしていることをどうか心にとめて欲しい。われわれは、言語機構を音声下で使えば、適応していない状況から逃れることができるときはいつも、思考するのだ。われわれは、ほとんど毎日、何千というこのような状況の実例に遭遇している。私はいくらか劇的な例をあげよう。Rの雇主がある日Rをよび、彼に言った。「君が結婚をすれば、この会社のはるかに安定した社員になれるだろう。君は、そうするかね。君がこの部屋を出るまえに、どうするか答えて欲しい。そのわけは、君は結婚しなければならないか、私が君をくびにするかのどっちかだからね」。Rは声をだして、独り言を言うことはできない。彼は、プライヴェートなことを話せたらと思う。しかしもしそうするなら、彼はおそらくどっちみちくびにされるだろう。手を使う活動は、彼の役に立たないだろう。彼は考え抜かねばならない。そして考え抜いたあげく、「イエス」か、「ノー」と声を出して、言わなければならない。つまり彼は、すべての音声下の反応の中から、最終的な、外部にあらわれる反応を作らねばならない。音声下の言語反応が出会う事件の全部が全部、こんなに容赦がなく、劇的ではない。あなたは毎日「君はつぎの木曜日にぼくと一しょに昼食をすることができますか」――「君は、来週シカゴへ旅行できますか」――「月はじめまでぼくに一〇〇ドル貸してくれますか」等々の質問をされている。

われわれは、われわれの思考の理論に従って、ある定義と命題を示唆したい。

「思考」ということばには、音声下で進行しているあらゆる言語行動を含めるべきである。もしわれわれがこの公式を使うなら、独り言を言っている人や自分自身にささやいている人は思考しているといえるか。定義からすると、これは厳密な意味では思考ではないだろう。われわれはこのような場合、彼は、言語上の問題を自分自身に声を出して語っているとか、それを自分自身に声を出してささやいている、と言わねばならないだろう。これは、思考というものが、実際には自分自身に声を出してしゃべるとか、ささやくという過程とは違う、という意味ではない。しかしたいていの人は、実際には、ことばの厳密な定義通りに思考しているから、われわれが思考について知っているすべてのことを説明するには、われわれは、明らかに異なった種類の思考をいくつぐらい仮定しなければならないか。また思考の最終結果を見ると、われわれはどういう事実に到達するか。ここに言う最終結果とは、その人が最後に大っぴらにしゃべったことば（結論）と、思考の過程が終わったのちに、その人が遂行する手を使う活動のことである。思考のあらゆる型は、つぎの項目のどれかに入ると、われわれは信じている。

（1）すでに完全に習慣になったことばを音声下で使うこと。たとえば、私が「『今私は横になって、眠りにつきます』という子供っぽいお祈りで、すぐ前の単語は何ですか」という質問をしたとしよう。この質問を以前にされたことがなくても、あなたはこの質問をすらすらと自分にむかって語っただけで、take（行います）という単語を口に出して答えるだろう。この種の思考には、学習はなんら含まれていない。熟達した音楽家がよく知っている抜萃曲にざっと目を通すのと同じように、また子供がよくおぼえた九九を大声を出して言うように、あなたは昔できた言語習慣をざっと調べる。あなたは、すでに獲得した言語機能をそれとなく行使するだけである。

（2）（1）とは少し違った型の思考が行われるのは、かなりよく組織化された、かくれた（implicit）言語過程が、状況、あるいは刺激によって動き出すが、十分に練習しなかったか、最近練習しなかったために、なんらかの学習か、再学習が行われないと、機能を発揮できない場合である。私はまた、これを例によって説明しよう。三三三掛ける三三の値を、音声下で即座に出すことのできる人はめったにいない。しかしわれわれはみな、音声下の算数になじみがある。新しい方法は何一つ必要でない。二、三の非能率的な言語運動（ことばをいじり廻すこと）で、あなたは正しい答えに達することができる。この運算を行う機構はすべて存在しているが、少し役に立たなくなっている。運算がスムーズに行えるようになるまで、練習しなければならない。三桁の数字に二桁の数字を掛けることを二、三週間一生けんめい練習すると、あなたは即座に完全な答えをだすことができる。この型の思考は、手を使うたくさんの活動に似ている。ほとんどあらゆる人は、トランプを切ったり、配る方法を知っている。長い夏休みの終わりには、われわれはそれがかなりうまくなる。たまたまわれわれがブリッジをしないで、一、二年過ごし、その後トランプを切ったり、配ると、手つきは少しぎごちない。そしてもう一度うまくなるには、二、三日練習しなければならない。これと同様に、この種の思考では、われわれは、われわれが完全に習得しなかったか、ずっと昔に習得したために、保持にいくらかの喪失があった言語機能をそれとなく行使している。

（3）さらに他の種類の思考がある。歴史的に、それは、構成的思考（constructive thinking）あるいはプランニング等々とよばれてきた。それは、最初の試行に要するのと同量の学習を必要とする。その状況は、新規のものか、実際にわれわれに目新しいものである。すなわち、ある状況がわれわれに目新しいように、それは目新しい。新しい思考のケースを検討するまえに、手を使う新しい状況に反応してみよう。私はまずあなたを目かくしし、つぎに三つの輪がつながっている知恵の輪をあなたに渡す。課題は、三つの輪をはずすことである。どんなに考えても、「推理」しても、すなわち自分自身に大声でしゃべっても、ささやいても、課題は解決されない。あなたは輪を引っぱったり、いじり廻す。最後に、輪の位置をある組み合わせにしたとき、突然輪ははずれる。この状況は、一試行──普通の学習実験の第一試行──にあたっている。

これと同じように、われわれは思考によってしか反応できない新しい状況におかれることが多い。一つの例を考察しよう。

一人の友人があなたの所にやって来て、自分は今一つの事業をしようと思っていると、あなたに言う。彼はあなたに、あなたのすばらしい現在の地位を捨てて、対等の協力者として、新しい事業に入ってくれ、とたのむ。彼は責任ある人間で、立派な経済上の後援者をもっている。彼は、この提案を魅力的なものにする。彼は、あなたは最後にはより大きな利益を手に入れるだろう、と力説し、またあなた自身が将来社長になるんだ、とくわしく説明する。彼は他の人がこの冒険に関心があるかどうか知るために、すぐにあなたのところを立ち去らなければならない。彼は自分に電話をかけて、一時間以内に返事をしてくれとたのむ。あなたは考えるだろうか。そうだ、あなたは考えるだろう。あなたも床を行ったり、来たりし、髪の毛を引っぱり、汗さえかき、またタバコを吸うだろう。この過程を一歩一歩やりとげてみたまえ。あなたのからだ全体は、岩を砕いているかのように忙しい。しかしあなたの喉頭のメカニズムは、歩調をとっている。そしてこのメカニズムが、優勢である。

この種の思考で興味ある点は、このように新しい思考の状況に一たび遭遇するか、あるいはこのような状況を一たび解決したのちには、われわれは、普通もう一度厳密に同一の形でそれに直面するには及ばないということである。学習過程の第一試行だけが起こる。しかし手を使う状況の多くも、このようなものである。かりに、私がワシントンに向けて自動車を走らせるとしよう。私は車の内部のことはよく知らない。車が止まる。どこかが悪いのだ。私は直しに直し、ついに動くようになる。五〇マイル先でまた故障する。再びこの状況に遭遇する。現実生活では、われわれは一つの困難な状況から、他の困難な状況へ進む。しかし各状況は、他のすべての状況とは少し違っている（われわれが、タイプを打つことや他の熟練を要する行為のように一定の機能を習得した場合は別である）。われわれは、実験室で学習曲線をプロットすることができるように、これらの状況からの脱出曲線をプロットすることはできない。われわれの日常の思考活動は、厳密にこれと同じように進んで行く。複雑な言語状況は通例一度だけ考えぬかれなければならない。

行動主義者は、上に述べたような複雑な思考が、内言語によって行われているという証拠をもっているのか。われわれは、被験者に、単語で大きな声を出して考えるように命ずるとき、あるデータを手に入れることができる。彼らの行動は、心理学的には、迷路内のネズミの行動に似ている。ネズミは迷路の入口からゆっくり走り出し、真っ直ぐに速く走り、袋小路に迷い込み、餌の方へ行かないで、しばしば出発点にもどる。出発点にもどってから、方向を変えて、再び餌の方へ走る。さて、人間の被験者に一つの問題を出したまえ。たとえばある物体が何の役に立つか（それは彼に目新しく、奇妙で、複雑でなければならない）自分に答えてくれと命ずる。そして声を出して、考えてくれたまえと言う。彼が、ありとあらゆることばの袋小路をさまよったり、進路を見失ったり、もどったりしないか見てみたまえ。また、ふりだしにもどらせてくれとか、その物を見せてくれとか、あなたの目的をすべて話してくれとたのまないかどうか、見てみたまえ。こうしてついに、彼は解決に到達するか、あるいは解決をあきらめてしまう（これは、ネズミが迷路という課題をあきらめたり、そこで横になったり、眠ることと同じである）。

あなたが自分自身これをやってみると、あなたの被験者がこの問題を言語行動によってどういうふうにやり遂げたかということについて、なるほど正確な話を聞いたと確信するだろうと思う。彼が声を出しながら考えたとき、思考についてのすべての話をあなたが知ったことを承認するのに、なぜ彼が独りで考えているときにはそれを神秘的に扱ってしまうのか。

しかし被験者は、いつ思考をやめるべきか、またいつ課題を解決したかを、どういうふうにして知るのか。ネズミはいつ課題を解決したかを「知っている」。そのわけは、飢餓収縮を消滅さす餌を手に入れたからだ、と人々は主張するかもしれない。人間は、言語的な問題がいつ解決されたかを、どういうふうにして知るのか。答えは、同じく簡単である。私が二三五ページで挙げた例で、光をさえぎったとき、なぜ日除けの孔を紙片でおおい続けないのか。そのわけは、光は、彼を動かし続ける刺激としてもはや存在しないからである。思考の状況もちょうどこれと同じである。（言語的な）状況の中に、個体をより一そうの内言語に刺激し続ける要素があるかぎり、その過程は進行し続ける。彼がことばの結論に達するとき、思考に駆りたてるより一そうの刺激はない（餌を手に入れることと同じである）。しかし一気に、ことばの結論に、すなわち答えに達しないかもしれない。彼は、飽きるか、うんざりするかもしれない。彼は眠りにつき、（その問題に取り組むべきなら）翌日もう一度その問題に取り組むかもしれない。ここで、どういうふうにして、「新しいもの」が生まれるのか、という一つの当然の疑問がしばしばわく。われわれは、どういうふうにして、詩とか、すぐれたエッセイのような新しいことばの創造物を作るのか。われわれは、新しい型《パターン》を思いつくまで、単語をいじりまわし、動かして、それを作るというのがその答えである。われわれは考えだしたとき、二度と同一の一般的な状況にいないのだから、単語の型はいつも異なっているだろう。しかし要素はすべて昔からあったものである。つまり単語自体は、標準的な語いである。違っているのは配列だけだ。では、われわれは作家が用いている単語をすべて用いることができるのに、作家でない人は、なぜ詩やエッセイを書くことができないのか。答えはこうである。それはわれわれの職業でないし、われわれは単語を扱っていないし、われわれの単語の操作は貧弱だが、作家のはすぐれているからである。われわれがタイプのキーや、統計の数字、材木、真鍮、鉛を取り扱ってきたように、彼らはいろいろな種類の情動的な状況や実用的な状況の影響を受けて、単語を取り扱ってきた。ここでもう一度手を使う行動を述べるのは役に立つかもしれない。パトゥー〔第一次大戦前夜に世界を風靡したフランスのデザイナー〕は、どういうふうにして新しいガウンを作るのか。彼は、ガウンが仕上ったときに、それはどういう形になっているかという「心像を心の中に描く」のか。彼は、それを仕上げるのに時間を浪費しないし、浪費しようとはしないだろう。彼はそれについてざっとした下絵を描くか、あるいはその作り方を助手に言うだろう。創造という彼の仕事を始めるにあたって、彼はガウンについてよく知っていることを忘れないようにしよう。彼が過去に作ったあらゆるものと同じく、現在流行しているものはなんでもよく知っている。彼はモデルをよび、新しい絹地をとり、それを彼女のからだにかける。そしてあっちを引っぱったり、こっちを引っぱったり、ウエストをきつくしたり、ゆるめたり、丈を長くしたり、短くしたり、スカートを短くしたり、長くしたりする。彼は、それがドレスに似たものになるまで、生地を手でいじりまわす。手でいじるのを止めるまで、彼は、新しい作品として、それに反応しなければならない。以前に、完全にそれに似たものは、作られたことがなかった。彼は、仕上った作品によって、さまざまな情動反応を起こす。彼はそれを引き裂き、もう一度やり直すかもしれないし、あるいは微笑し、「これで申し分ない」と言うかもしれない。後者の場合、モデルは鏡に映った自分の姿を見て、微笑し、「先生、ありがとうございます」

と言う。別の助手たちは「すばらしい」と叫ぶ。見よ、パトゥーのモデルが生まれたのだ！　しかしたまたまそこにライバルのデザイナーが居合わせ、「非常にすばらしいが、三年前に彼が作ったものに少し似ていないかね。パトゥーは少し新鮮でなくなったのではないかなあ。彼は年をとったので、目まぐるしく移り変わるファッション界について行けないのではないかね」とひそひそ言っているのを聞いたとしよう。この場合、パトゥーは作品を引き裂き、足で踏みにじることはたしかである。彼はもう一度、生地を手でいじりまわしだすだろう。新しい作品が、自分自身と他人の賞讃と推薦（ことばで述べられたか、あるいはことばで述べられない情動反応）をよび起こしてはじめて、この操作は完了するだろう（ネズミが餌を手に入れたのと同じである）。

　画家はこれと同じように、自己の職業に精を出す。しかし詩人は、誇れるような方法をなにももっていない。おそらくこの詩人はキーツの詩を読んだばかりだったのだろう。あるいは彼は、月光に照らされた庭の散歩からもどったばかりなのだが、たまたま彼の美しいフィアンセが、「あなたは非常に情熱的なことばで、これまで私の魅力を詠んでくださったことがありませんでしたね」と、少し強く示唆を与えたばかりだったのかもしれない。彼は部屋に行く。状況は彼のために出来上がっている。彼がそれから逃れる唯一の道は、何かをすることであり、彼がすることができる唯一のことは、ことばをいじり廻すことである。フントボールの審判員《レフェリー》の笛が選手にゲームを開始さすように、彼が、鉛筆にさわると、言語活動が始まる。当然彼がひたっているロマンチックな状況を表現する単語がまもなく流れ出す。この状況では、彼は、死者を哀悼する歌も、ユーモラスな詩も作ることができない。さらに、彼が現にいる状況は、彼が以前にいた別の状況とは少し違っている。それゆえ、彼の作品の型もまた少しだけ新しいだろう。

行為には意味があるのか

行動主義者の思考の説にむけられた主な批判の一つは、それは意味を説明していない、ということである。

私は、ここでこの批判者の論理は貧弱だ、と指摘してもいいだろうか。行動主義者の理論は、それ自身の前提に立って判断しなければならない。行動主義者の前提は、意味についての命題を含んでいない。意味ということばは、哲学と内観心理学から借りられた歴史的なことばである。それには、科学的な含蓄がない。しかし意味ということばを使っている哲学的心理学者にもどろう。われわれは、彼らが何を言っているのかわからない。

一つ、彼らの単語を言いかえて、説明してみよう。私の前にある、いい匂いを放ち、黄色い色をしたオレンジという意味は、一つの観念（表象）である。しかしもしあるとき、知覚の代わりに、ある観念が私の心に浮んだとすれば、その観念の意味は、別の観念である。こうして無限につづいて行く。エディ夫人（二ページ参照）は、非常にたくみにしゃべっているときでさえ、知識をいちばん熱心に求めている人をじれったがらせるようなことはなにも言っていなくて、ただ意味を現代風に説明しているだけのことだった。

ここで一つ物語をしよう。そのわけは、行動主義者は自衛のため、それについてある種の説明をしなければならないからである。簡単な例をとり、「火」を対象にしよう。

（1）私は三年前やけどをした。その後しばらくの間、私は火を避けていた。無条件づけという親切な過程によって、私の家族は、私の完全な陰性反応を打ち負かしてくれた。その後、新しい条件づけが起こった。
（2）私は寒い所から入って来たとき、火に近づくことを学んだ。
（3）はじめて狩猟に出掛けたさい、私は火の上で魚や獲物を料理することを学んだ。
（4）私は火の中で鉛を熔かすことを学んだし、また鉄を灼熱させると、鉄を私の目的にかなったような型にすることができることを学んだ。

何年もの間に、私は、何百という方法で、火に条件づけられた。つまり私は、私が現にいる状況に応じて、また現在の状況をもたらした一連の状況に応じて、何百ということのうちの一つを、火の前ですることができる。実際私は、一時に一つしかしない。では、どういう一つか。私が以前からもっている機構と私の現在の生理状態がよび起こす一つである。たとえば、私は空腹だ。私は火を使って、ベーコンと卵を焼く。別の場合には、私は小川へ行って、水を汲み、キャンプのあとの火を消す。また別の場合には、私は「火事だ！」と叫びながら、通りを走り、電話をさがして、消防署に知らせる。さらに私が山火事で取り囲まれたときには、私は湖にとび込む。寒い日には、私は火の前に立ち、からだ全体を緩める。さらに殺人使嗾《しそう》者の影響をうけると、私は燃えている薪をとり、村全体に火をつける。もしあなたが、「意味」というのは、ある対象に対する個体のあらゆる反応の仕方の中で、個体があるときにそのうちの一つの仕方だけで反応することを言いあらわすことばだということに喜んで同意するなら、私は意味ということばについてなんら文句は言わない。私は、実例を手を使う分野から選んだが、これはことばの分野でも言えることである。つまりわれわれが、あらゆる形の個体の行動の発生を理解し、その機構の多様性を知り、この機構の一つをよび起こす種々の状況を整理したり、操作できるとき、われわれはもはや意味のようなことばを必要としない。意味というのは、個体が今何を行っているか、を教える一つの方法にすぎない。

こうして行動主義者は、自己の批判者に対して形勢を逆転することができる。批判者たちは、意味とは何かを説明できない。行動主義者はそれができる。しかし彼は、意味ということばが必要だとは信じていないし、文学的な表現としてしか有用でないと信じている。[5]

この章では、われわれの機構全体のうちの言語機能を前おきとしてざっと述べたが、疑いもなくたくさんのことをまだ明らかにしなかった。つぎの章では、まだ述べなかったいちばんむずかしい点、（1）言語行動、手を使う行動、および内臓行動の三者の関係はどうか、（2）われわれはいつもことばで思考しなければならないのか、という二点をとりあげよう。

注

（1）しゃべることができない人は、思考できないかどうか、という疑問に答えるのは、あとまで延ばすことにしよう。われわれが基本的なことを完全にお話ししたら、あなたは、人間はからだ全体でしゃべり、考えること――人間がからだ全体でものをするように――がわかるだろう。このことは、つぎの章でもっと完全に述べるつもりである。

（2）彼の単語の完全なリストは、つぎの通りである。Ta-ta(thank you), Blea(please), Mama, Da, Roe(Rose), No-No(Nora――女中が去ってからは、消失した), Yea(yes), No, Bow-Wow, Melow(miow), Anna, Gigon(Dickey), Doan(Joan), Bèbé(baby), Ja(Jack), Puddy(pretty), Co-Co(bird), Archa(Archer), Tick(stick), Tone(stone), Dir(dirt), Sha(shame), Toa(toast), Cra-ca(cracker), Chee(cheese), Nanny(candy), Abba(Albert), Bleu(blue), More, Moe(water), Boa(boat), Go-Go(wheelbarrow), Awri(all right), Te-te(pee-pee), Shan(sand), Sha-Sha(Sara), La-La(lady), Gir(girl), Maa(man), Choo-Choo(train), Ball, Baa(box or bottle), Haa(hot), Co(cold), Sow(soap), Plower(flower), How-do(how do you do――八月一四日に新しくあらわれた), Boo(book), Shee(see), Hello, Bye-Bye, Shoe.

（3）実際あなたがシムズ氏についての言語過程（「記憶」）を動かすには、この紳士の視覚（あるいは他の感覚器官の）刺激すら必要でない。だれかが、商談の間に、シアトルに住んでいる人のタイプについて、あなたに質問するかもしれない。これが、そこに住んでいる人の名前について、言語機構の全連鎖を動かす。すると必ずや、シムズ氏の名前が、この中から出てくるだろう。

（4）ソーソン「舌の運動と内言語との関係」『実験心理学雑誌』一九二五年。彼女の実験は、実に要領をえない。舌の運動は、精巧ないくつかのテコの組み合わせによって記録された。彼女のような態度なら、肯定的な結果をあてにできたのに。しかしその方法は厳密でなかったから、否定的な結論の根拠にならない。絃電流計より敏感でない器具を使って、否定的な結果をえても、あてにならない。彼女は、自分はこの方法を使って、舌の運動と内言語の間に相関関係を見出せなかったから、「この活動は神経内のものだという仮説しかたてられないし、またこの活動はこの過程の各時期に、完全に運動としてあらわれるとはかぎらない」と述べている。しかしこの文は、修正の必要がある。

（5）内観心理学者の術語の多くは、同じく、彼らにつき返されるべきだ。「注意」がその一例である。行動主義者は、その気になれば、注意ということばを「説明」し、それを定義し、使用できるかもしれない。しかし行動主義者は、このことばを必要としない。内観心理学者は――ジェームズでさえも――多くの事件の中から、これか、あれを選択する能動的な過程として、生気論の立場で、それを定義しなければならなかった。もちろんこのような術語が死にきるには、時間がかかるだろう。それが死ぬまで、だれかは、行動主義の説明を、不十分だといって、つねに批判するだろう。

Do We Always Think in Words?

第11章　われわれはつねにことばで思考するか

それともからだ全体で思考するのか

気まぐれな読者は、さきの二章を読まれて、手を使う習慣、言語習慣、および内臓の習慣さえも、独立に違ったときに発達する、という印象をうけられたかもしれない。しかしそうではないのだ。個体が一つの対象あるいは一つの状況に反応するときは、全身で反応する。われわれにとってこのことは、手を使う機構、言語機構（それが始まったのちは）、および内臓の機構は、みな一しょに働く――いつでも全身で反応する――という意味である。これにはもちろん例外があるが、今のところはそれにわずらわされないことにしよう。われわれがこれらの三つの型の機構を、完成し、統合された一つの機能の部分として同時に身につけないなら、これらの機能は、互いに相補うように（また代理になることが多いが）作用することができない。

このことは少しむずかしいように聞こえるが、例をあげればはっきりするだろう。二人の人が森を歩いているとする。突然一匹のヘビが小径に這いでてき、とぐろを巻き、わずかにガラガラという音をたてる。

二人は跳び上がって後じさりし、真っ青になる。髪の毛はさかだち、口を大きくあけ、息をひそめる。突然一人が「へビだ」と叫び、もう一人が「ガラガラヘビだ」と叫ぶ。二人は、「殺しちゃえ」と叫ぶ。一人は大きな棒、もう一人は石をさがしに走る。二人が道端で拾った道具で格闘しているうちに、へビは茂みに逃げてしまう。さて、とぐろを巻いたこのガラガラヘビのために、各人に大きな反応が起こったことは、疑問があるだろうか。言語機構、手を使う機構および内臓の機構が同時に働いたことに疑問があるだろうか。

三つのグループの習慣を同時に習得する

手、喉頭、および内臓はともに学習し、のちにともに機能を発揮するということを、発生心理学に関心をもっている人に納得させるには、ほとんど証明を必要としない。言語の世界に十分に入り込んだ、発育しつつある若者は、社会の要請をうけて、手を使う習慣と同時に、ことばを使う習慣と内臓の習慣を身につけなければならない。この唯一の例外は、話しかけてくれないほど厳格な両親を中心としている、孤立した共同生活体の中で育った孤独な人である。この場合には、言語習慣は、他の二つの習慣より遅れる。ことばを使う活動、手を使う活動、および喉頭の活動は、われわれが生きている世界の中の各対象や状況のまわりにわれわれが作り上げる習慣系全体の部分として一しょに組織化されるというほうが、おそらくもっと正確だろう。これを略図で示してみよう(第25図)。

この略図は、われわれがゴルフを学ぶときできる機構の種類を示している。別々だが、無関係ではない三つの習慣系が、一しょに発達して行く有様を示している。矢印は、それらが相互にもたれ合っているこ

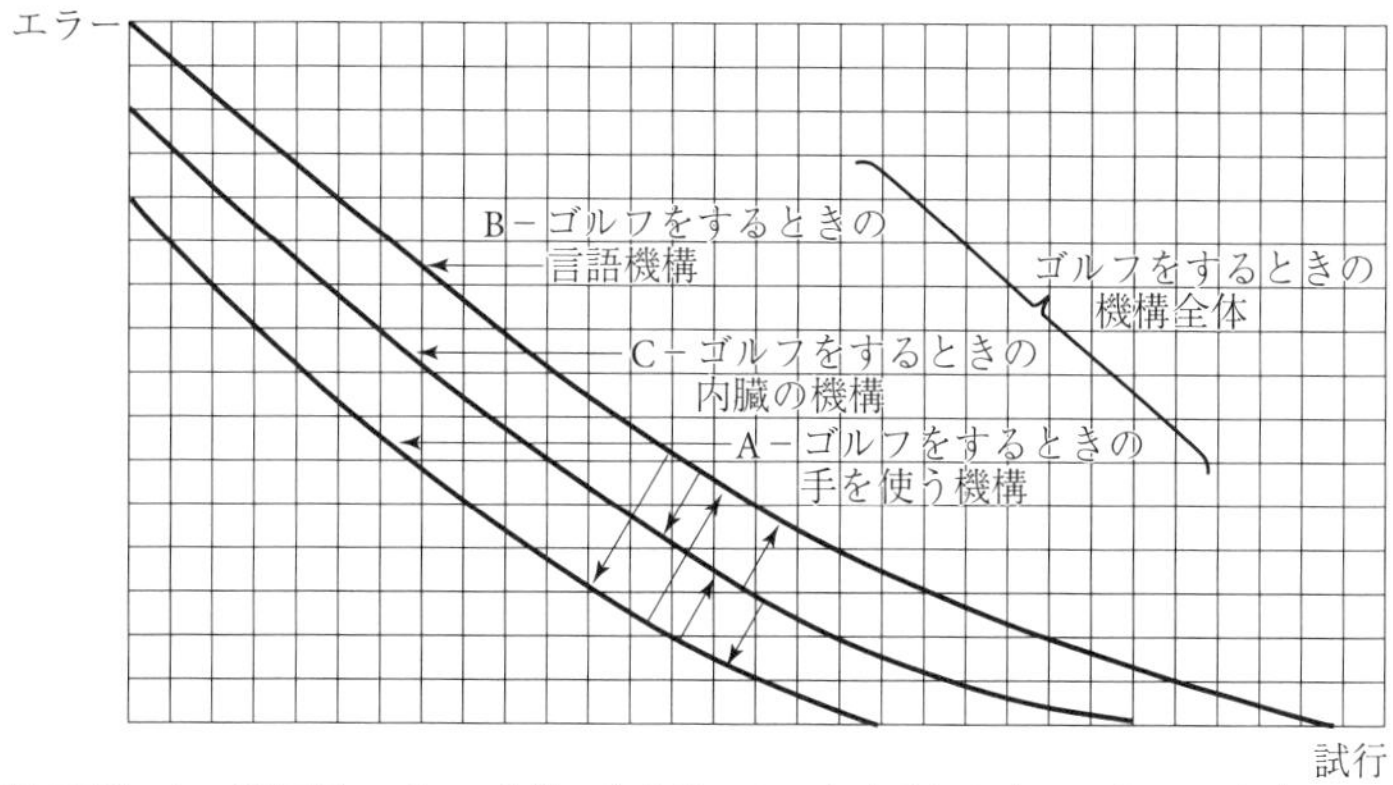

第25図 この略図は，ゴルフを学ぶとき起こることを示したものである。手（および腕，胴，脚および足），喉頭，および内臓はすべて同時に，ゴルフの仕方を学ぶ。Aは手を使う機構のカーヴ，Bは言語機構のカーヴ，Cは内臓の機構のカーヴを示す。

とを示している。（A）は、ゴルフをするときの手を使う機構――足、脚、胴、腕、手および指を使うことを含む――を示している。（B）は、言語すなわち、はっきりことばになった（overt）言語、ささやき、および音声下の言語を示している。たとえば、ホールの名前、クラブの名前、ショット〔ボールを打って動かすこと〕の型の名前、いろいろなライ〔ボールの位置〕の名前、どう打つべきかということ、プレイしているときの失敗、われわれに教えている専門家の忠告のくり返し等々である。（C）は、内臓の機構のカーヴを示している。ショットをしているまえ、およびあとに血液循環は変化し、胃の腺はリズムを変え、排泄器官は早くなったり、遅くなったりする。すべての内臓は、訓練のさいに関与しなければならない。第4章で私は、からだ中に存在している平滑筋の大きな塊について述べた。それは、胃、心臓、肺、横隔膜、血管、腺、排泄器官、性器を構成している主要な塊である。これら筋肉性器官や腺性器官の運動はまもなく条件づけられるということを示す、ゆっくり蓄積されている証拠を、そこで述べた。私は、もう一度事実を羅列する必要がある。排泄機能は、人生の早期に条件づけられる。口腔と胃の腺、およびおそらく他の腺も、やがて習慣の鋳型の中に入れられる。瞳孔、呼吸、循環はみな、習慣形成の効果を示す。さてこれらのいわゆる自律機能は、どんな理由からも、条件づけられないわけがない。それは、熟練のいる行為では、ある役割を演じている。膀胱が充満しているか、あるいはガスの圧力のため、今にも排泄機能が働きそうなら、また汗腺が働かないか、口がからからになるほどはげしく働くなら、またショットをするちょうどそのとき、あくびがでるなら、また内性器の刺激がはげしいなら、ゴルフのボールを正確にショットしたり、ドライヴ〔頭部が木製のクラブで、ボールを遠距離まで打つこと〕できる人がいるだろうか。これらのすべては、熟練のいる正確な行為が起こるとき、列に加わらなければならない。それらは、腕や脚の横紋筋が不安定だったり、震えたり、また腕や指の筋肉が痛かったり、やせていると、能率を損うようにゴルフのボールを打つ能率を損うのである。

それゆえ私は、内臓の訓練は、熟練のいる運動行為においてさえ、手や指の訓練と同じく重要だと仮定しよう。言語は、全体のからだの機構の等しく重要な要素である(1)。

しばしば実際に、言語はもっと重要である。実業家は、ゴルフ、狩猟、魚釣りがうまくなくても、それらについて話さなければならない。彼は、口で言うほどにうまくないときには、ゴルフ、狩猟、あるいは魚釣りに行くのをいつも拒むことができる。しかし彼は、こういう道楽についてしゃべるのを拒んだり、スポーツのグループから抜けたいということはできない。

やがてわれわれは、まず、ほとんどすべての状況にことばをはっきり口に出してか、出さないで、反応する（ことばを使う反応のいわゆる「優勢」）。そのつぎに、手を使う反応と内臓の反応が（それらが条件づけられた順に、また条件づけられた程度に応じて)、続く。いいかえると、洗練された大人としてのわれわれは、ことばの条件づけが第一次で、手を使う条件づけと内臓の条件づけが、第二次であるかのように振る舞う(2)。

わるいショットをしたときのゴルファーを見てみたまえ。どこが悪いかきいてみたまえ。もしあなたが、読唇術を知っていれば、多くの場合、質問を彼にしなくても彼のことばを読みとることができるだろう。「私はボールに近づきすぎていた。私は、後ろにさがることを学ばなければならない。私は脚を曲げている。私はフォロー・スルー(ボールを打つかまえをする)(ボールを打ってからもグラブを振ること)しなかった」。つぎのショットで彼が、ボールにアドレス(ボールを打つかまえをする)するのを見てみたまえ。彼は自分自身に言っている。「少し後ろにさがれ」。そして彼はさがる。「左足を前にだしてはいけない。そうしないと、スライス(ボールを右から左へ斜めに打つ)するだろう」。すぐに足は内側に引かれる。言語機構は、クラブ・ハウスで注意をうける上に役立つ他に、フィールドでは、ゴルフをするのを学ぶとき働き出す機構全体の緊密な一部分である。

行動主義者は、言語過程はつねに(それが存在しているときはいつでも)、あらゆる熟練行為で実際に機能を果たしている部分だ、と信じている。

われわれは手を使う過程をことばで言いあらわす、というこの説を受け入れるなら、さきの章で述べた「記憶」を見る新しい道が、開けるだろう。すなわち、あなたは、「記憶」というものは、習慣全体の中のことばを使う部分が働くことだ、ということがわかるだろう。一たびわれわれが、肉体的な習慣をことばであらわすや、われわれはそれについていつもしゃべることができる。もしわれわれがゴルフについて語ることができないなら、それについてのわれわれの機構(それについてのわれわれの「記憶」)を立証したり、示すことができる唯一の方法は、ゴルフ場に行き、各ホールでそれをすることであろう。しかしゴル

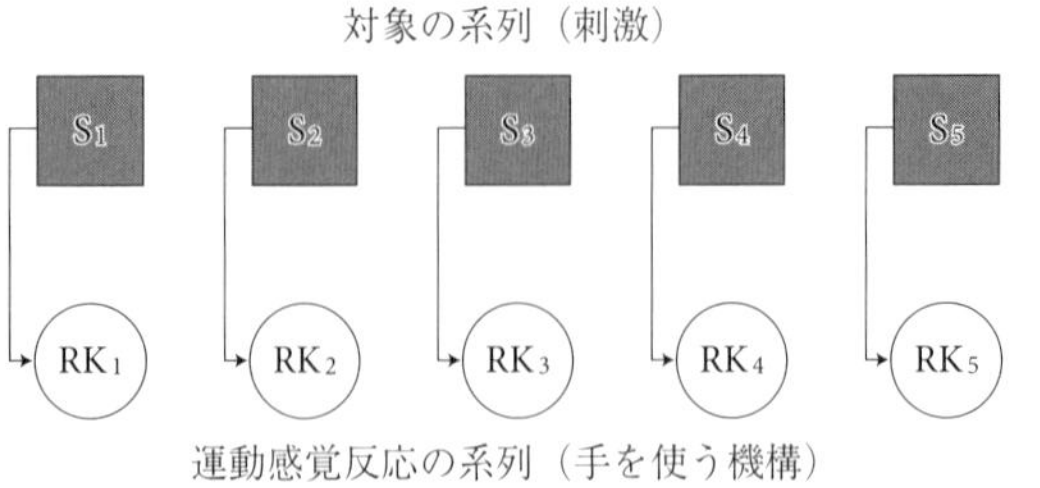

第26図　手を使う習慣の作られ方を示す略図。S_1，S_2，S_3 は対象（たとえば楽譜の個々の音符），RK_1，RK_2 は個々の音符に対してなされた個々の手を使う反応を示す。これは，音符 G（S_1）を見たとき，鍵 G（RK_1）を打つことをあらわしている。

フについての言語機構が発動される状況は、ゴルフをする機構が発動される実際の状況（それと同時に、ゴルフ場、余暇、クラブ、ゴルフのボール、友達、衣服、プラス肉体的なかまえとことばを使うかまえ――「私は今ゴルフをしに行くところだ」――のあること）より千倍も多い。それゆえ、俗にいう「記憶」というものは、肉体的な機構全体のうちのことばを使う部分を、ざっと検査するか、示すことである。この機構の中の手を使う部分は、よび起こされていない。もし手を使う部分がよび起こされるなら、われわれは「彼はそれをしている」といい、「彼はそれを憶えている」とはいわない。第25図で、機構全体の中の別の部分――たとえば手を使う部分（第25図のA）――が（ゴルフ場の）適当刺激で動き出すなら、クラブを使ってのその人の組織化された反応は、ゴルフについてしゃべることと同じく、「記憶」のすぐれた例証である。

さて、一連の図で、これらのすべての因子を含んでいる肉体的統合の全過程をあきらかにしてみよう。まずはじめに、視覚刺激に対する手の反応を図示してみよう。第26図には、神経系は描かれてないが、受容器、伝導系、効果器、およびそれらを補足するすべてのものを含んだ肉体の機構の単位が示されている。

環境は――それは一系列をなす対象として示されている（そのわけ

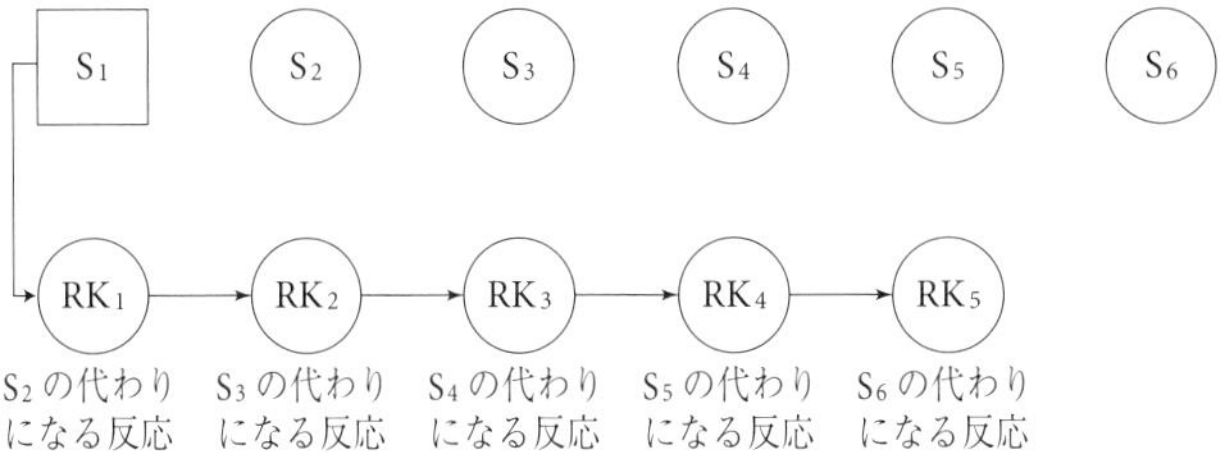

第27図　簡単な曲を弾くのを学んだとき起こることを示す略図。S_1（第1の音符G）が示されてから，楽譜をとってしまう。しかし人は弾き続ける。なぜか。これは，人が第1の音符Gをみ，ピアノの鍵Gを打つとすぐ，この運動（RK_1）が，つぎの運動（RK_2）に対する刺激になったからである。つまり，人がなした第1の反応は，第2の対象に対する代理刺激になる。

は、人間は動く動物だからである）――第26図のように、手を使う機構では、1、2、3という一定の順序をなす。

この図で、S_1、S_2は視覚刺激を示す。たとえば、一本の指を使ってピアノを弾いているときの曲の音符。RK_1、RK_2、RK_3は、それぞれ、視覚刺激S_1、S_2、S_3に対する反応を示す。

しかしこの音符を非常に長い時間弾いた（つまり習慣が形成された）のちには、最初の音符（S_1）だけで、機構全体をよび起こすことができる。今や、この略図はつぎのように変わる（第27図）。RK_1、RK_2、RK_3、RK_4およびRK_5は、さきの場合のようにやはり音符を見たときの反応だが、今やそれは、学習された順に並んでいる音符という視覚刺激の代用品になる。つまり、それらが反応でなくなるや（あるいはその過程中に）、それらは、つぎの反応に対する運動感覚的な刺激になる。これが、私がまえの章で示そうと約束した、古い標準的な習慣の図である。

この図は、もちろんまえに何度も用いたものだ。しかしそこであまり述べなかったこと――これが本章の中心的なテーマだが――は、環境は他の二組の過程――たとえばことばと結びついた過程と内臓と結びついた過程――を同時に組織化するということである。そこで、こ

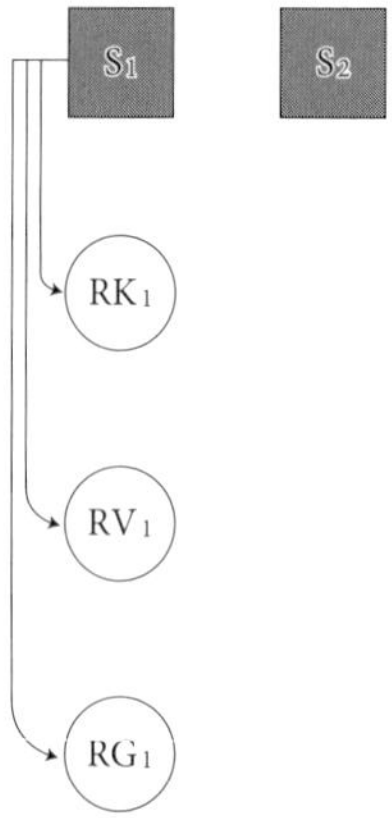

第28図　この略図は第25図と同じことを示したものである。すなわち，われわれが対象 S_1 に反応するときはいつも，腕の横紋筋で反応する（RK_1）だけでなく，ことばでも（RV_1），内臓でも（RG_1）反応する。

の事実を示すために、この図を変えよう。第28図で、S_1、S_2は、対象であり、RK_1は、この対象についての運動感覚的な機構、RV_1は、言語機構、RG_1は内臓の機構である。私はここで、RK_1が対象S_2に対する運動の代理刺激になるように、RV_1とRG_1はそれぞれ、S_2に対する喉頭と内臓の代理刺激になることを指摘したい。

そのとき、あらゆる複雑な肉体反応は、手を使う機構、言語機構、および内臓の機構を含まなければならない。ことばに熟練するさいには、いちばん活発に訓練をうける肉体の部分、すなわち機構は、口、頸、喉頭、および胸である。筋肉の熟練をうるさいにいちばん活発に訓練をうける部分は、胴、脚、腕、手、および指である。また情動の機構を習得するさいに、いちばん活発に訓練をうけるのは、内臓の部分である。その後の日常の行動では、たとえば森を伐り拓くときは手を使う機構が、講義をするときは言語機構が、悲しみ、なげき、愛するときは内臓の機構がいちばん目立っている、というふうに言って、各機構か全身のなんらかの行為で演ずる相対的な役割を記述すればよい。

一般法則の二、三の例外

上に述べた法則は、事実を完全に言いあらわしたものだが、これを受け入れるのが邪魔になる少なくとも二つのことがある。肉体のある機構は、それに対応する言語習慣が形成されなくても機能を発揮するら

しい。すなわち

（1）幼児期に身につくすべての機構。

（2）内臓の部分が優勢な場合に、一生を通じて、身につくすべての機構。

これらのそれぞれを別々に、しばらく見てみよう。

幼児期の機構

あなたが今やおなじみになった、幼児についての最近の研究によると、ほとんど信じられないくらい大量の機構が、よくしゃべれない幼児で働いていることがわかる。これは、腕、脚、胴といった目につく機構だけでなく、内臓の分野——これは条件づけられた恐れ、怒り、および愛情（母親、あるいは面倒をみてくれる人に強い愛着を示すという形をとる）、かんしゃく、および人やその他のものに対する陰性反応としてあらわれる——でも見られる。

われわれの観察によると、幼児は、二年六カ月以前には、各単位の手を使う反応を、それに対応する言語習慣と平行さすことができない。今、私のまえに、二年三カ月の子供がいる。彼は、対象、あるいは状況によって適切に刺激されると、しゃべることができる。しかし単語は五〇〇語で、文章は、「ローズはビリーにバイバイする」、「ビリーの洋服を着せて」といった水準である。彼は依然として、単語や文をくり返す年齢である。看護師が彼を連れてきたとき、父親が、「ビリーちゃん、何が見えた」ときくと、彼は「何が見えた」とくり返す。これと対照的に、この子は、二歳のとき、どちらかといえば大きな、ペダルつきの乳母車を扱うことを学び、それを押したり、引っぱったり、それによじ登ったり、坂を下りたり、歩道に沿って坂の上に引き上げたり、それからとび降りることができた。手を貸そうとすると反抗した。また落ちても泣きもしないで、よじ登り、再びスタートしたものだ。これのことばの上の唯一の対応物は、「ビリーは三輪車に乗るの」であった。彼が右か、左に曲がるときには、右か、左にハンドルを切りなさいとか、坂を下りるときより登るときのほうがペダルが重いとか、勾配が急なときは、それだけスピードが早いとか、とあなたならよび起こすことができる言語機構がなんらなかった。しかし、はっきり目に見える、手を使う反応は、何週間、何カ月練習しなくても、完全だった。幾百の例の中のこの一例は、二年半以下の幼児の、手を使う習慣は、ことばであらわすことができないことを示している。このような場合に、あなたが「記憶」、あるいは機構を知ることができる唯一の方法は、この子がこの肉体の機構を示すことができる状況に、彼をおくことである。これを、散歩に行ったり、パーティーに行ったり、映画に行ったり、鉄道旅行をする三歳半から四歳の子供と比べてみたまえ。そうすると、この子は、「あの子は、目や耳や言葉が不自由だ」と、あなたに言うだろう。この考えは、心理学の中のたくさんの神秘を除くのに役立つ、と私は信じている。たとえば、それは、フロイト心理学の大部分を追い払うだろう（しかしその事実と治療法は追い払えない）。

よく知られているように、フロイト派は、こう主張している。「子供時代の記憶は失われる。そのわけは『快感』をもたらす、勝手気ままで、自発的な動作が、社会的なものによって追放されるからである。社会が罰を加え、『無意識』への痛ましい抑圧が起こる。そしてこの子供時代の記憶は、分析家が、記憶が貯蔵されている洞窟を開ける魔法のことばを唱えるまで、失われている」と。この仮定の根拠が薄弱なことは、今やあきらかである。すなわち、子供は、これらの行為を一度もことばであらわしたことがなかったのだ。

私は、二歳半よりまえの、大人のいわゆる「記憶」にも、大いに疑問をいだいている。私のこの懐疑主義は、やはり子供の観察から来ていて、予想からではない。最近私は、二歳半のお腹の空いた子供で、牛乳を入れた哺乳瓶を使って調べてみた。このテストをつぎにくわしく述べよう。

哺乳瓶の記憶テスト

赤ん坊B、二年三カ月。

午後一二時半、この子の昼食時、いつもの看護師が彼を持ち上げ、「ビリーちゃん、ご飯よ」といって、ベッドに仰むけにねかした。これは、昔この子が哺乳瓶で授乳されていたとき、この看護師がいつもしていた習慣だった。彼女は、一年三カ月まえにしていたように、この子に温めた哺乳瓶を渡した。

赤ん坊は、両手で瓶をとり、つぎに指先で乳首をいじり始め、泣きだした。この年齢では、お昼の食事は、肉と野菜だったからである。「ミルクを飲みなさい」といわれると、彼は乳首を口に含み、ミルクを一口味わい、乳首をチューチュー吸い始めた。しかしミルクを飲むことはできなかった。彼は母親の名前をよんで泣き、瓶を母親に渡し、起きて、立ち上がった。彼は両手で、瓶を母親、それから父親のほうへ押しやった。それから床に下ろしてもらった。すると機嫌が直った。

彼は、「ジミーちゃん（彼の弟）は哺乳瓶で飲んでいるのよ」といわれた。すると、彼は哺乳瓶をとり、口にくわえて、出て行き、歩きながら、乳首を吸った。しかし吸乳は、使わなかったため、消失してしまっていた。つまりそれは「忘れられ」[3]てしまっていた（この行為は練習すると、無限に続くことがある。私は、三歳をすぎるまで、母親の乳首から吸乳していた子供たちの記録をもっている)。

ビリーは、出生後一月しか母親から授乳されず、その後はずっと哺乳瓶で育てられた。九カ月の終わりに、彼は離乳され、銀の湯呑で飲むようにされた。しかし一歳までは、朝のオレンジ・ジュースは哺乳瓶で飲んだ。そのときから、このテストの日まで、彼は哺乳瓶を一度も見たことがなかった。

テストをするまえに、ことばについてのある種の記憶をよび起こすあらゆる努力がなされた。しかしだめだった。彼はこうきかれた。「ビリーちゃんは小さいとき、哺乳瓶からミルクを飲んだのじゃなかったかしら」。それから、「ビリーちゃんはいつも哺乳瓶からミルクを飲んでいたのよ」といわれた。つぎに、「ビリーちゃんは哺乳瓶から飲むことができないの」ときかれた。からだ全体はいつもの食事に今にも反応しようとしているのに、彼の行動は始めから終わりまで、見なれない新しい対象に反応するときの行動、あるいは見なれない新しい対象にどうしても反応しなければならないときの行動、とまったく同じだった。

このテストから、かつては非常に重要だったこの幼児の行為のまわりには、発動することのできる言語機構がなかっただけでなく、手を使う機構(もちろん吸うことも含む)さえなくなってしまったことがわかる。

それゆえ、「抑圧」の過程によってたくさんの無意識的な宝物が埋められたと仮定されている(この宝物は分析家の手品によって明るみに出る)幼児期は、まったく自然の状態であることがわかる。肉体の習慣——逃走と接近の習慣、および操作の習慣——は普通作られるが、それには言語の対応物がない。というのは、幼児は、あとになってから、それを身につけるからである。

フロイトのいう「無意識」は、私が述べた線に沿って考えるのが妥当だと思う。フロイト派には、論争のさい提出できるような積極的な証拠がない。少なくともフロイト派はなにも提出できない。子供の日常生活についてのフロイト派の文献には、実際の観察がない。幼児の心理についてのフーク‐ヘルムート〔フロイト派の児童心理学者〕の本は、幼児のいないところで書かれたのも同然である。だからその観察と仮定は、不正確で、非科学的である。

言語化されない機構。ここでは内臓の部分が全体反応を開始さす

われわれはさきに、条件内臓〔情動〕反応は、幼児期からずっと形成され続けること、これらの条件反応はいろいろな状況へ「転移」されること、それは長い期間、おそらくは一生涯、なくならないで持続すること、を述べた。また内臓の機構はことばであらわすことができないことも述べた。

この理由の一つは、もちろん社会的なものである。社会は、平滑筋の習慣や腺の習慣をことばでいいあらわせと、われわれにはなんら——ともかくほとんど——要求しない。幼児期に条件唾液反応ができたとき、子供はそれについて決してしゃべらない。排泄の習慣や、オーガズムの遅速と関係のある習慣を、ことばであらわせという要求は、人々には決してなされない。自分たちの性の機構をことばであらわしたことのある男性や女性はほとんどいなかった。

またどういう子供が、近親相姦的な愛着をことばであらわしたか。そういう子供は一人としていない。「抑圧」などはなかったのだ。というのは、社会は、若い人の近親相姦的な愛着を禁止するように、過去にも作られていなかったし、また現在でも作られていないからである〔話はまったく逆だ〕。ちょっとまえ、わが国のもっともすぐれた小児科医の一人が、実験的哺育という考えを非難して、こう言った。「幼児には母親の愛情が必要だ。幼児は、母親の膝下で踊るべきだし、愛撫されるべきだし、かわいがられるべき

だ」と。母親の目の届くところでいつも遊ばせて、子供に依存の習慣を育んでいる母親、またいつも自分自身が子供に乳をやっている母親（このために、もしだれか他の人が乳をやらなければならないと、はげしいかんしゃくを起こすような状況が作られる）に、「あなたは、子供さんが、さあ、巣の習慣（三四六ページ）を打ちこわさなければならないというときに、子供さんが困るようなことを植えつけているのですよ」というと、抗議の嵐を巻き起こす。

この分野をちょっと研究しただけでも、心理学的発生学者は、内臓の機構の大部分は幼児期から老齢に至るまで、それに対応する言語化なしに進行していることを確信するようになる。内臓の対象や状況についての正しい名称表さえもない。生起する事象に対してことばの条件づけをする社会的なメカニズムさえない。その中のごくわずかのものが、言語化される。すなわち、げっぷ、排泄、放庇、マスターベーションのような行為が年長者のいるところでなされるとき、言語化が起こる。ことばの条件づけの心理学的過程は、つぎの形をとる。「おまえはみんなのいるところで、お腹をゴロゴロ言わせてはいけない」。「外でするか、それともかくすようにして、咳をしなさい」。「みんなのいるところでするときは、ごめんなさい、といいなさい」。内臓の分野では、これに似た言語化の例がたくさんあるが、言語化は例外で、いつもあるものではない。これらをすべてまとめる一助になるように、ここで短い要約をしよう。

（1）手を使う習慣が無数に、とくに幼児期に、それに対応する言語習慣なしに形成される。

（2）内臓の機構（平滑筋や腺成分の機構）が、言語機構なしに、幼児期の間だけでなく、一生を通じて、さらに多数、たえず形成される。

（3）言語化されないこの機構が、フロイト派のいう「無意識」をなしていると仮定するのは、合理的な根拠があるように思われる（いわゆる「無意識」を自然科学的に解釈する別の根拠は、言語機構がある理由のため阻止される場合、たとえば恋愛関係にある娘の名前を言おうという刺激と、だまっていようという刺激が同時に存在している場合に見出されるかもしれない。このような場合、支離滅裂な音声や赤面等のように内臓の機構だけがあらわれる）。それはまた、内観心理学者のいう情動過程をなしていることはありうることである。

（4）しかるべき年齢に達したとき、言語機構、手を使う機構、および内臓の機構が同時に身につくというのが発生の法則である。

（5）一たび手を使う機構の言語化が始まると、言語機構はすぐに「優勢」になる。というのは、人は問題をことばを使って解決しなければならないからである。その後、言語刺激は、生体の中に組織化された反応をよび起こすか、あるいはすでに進行している活動を変容さすことができる。たとえば「私は今本棚を作り始めなければならない」「高く撃ちすぎたから、もっと低くねらわなくちゃいけない」と。

（6）記憶というものは――内観心理学者は、行動主義者が記憶を扱うのはむずかしいといっているが――幼いころに身につけた習慣の言語上の対応物をよび起こすことにすぎない。行動主義者のいう意味での記憶は、検査時よりまえに身につけた、手を使う機構、言語機構、あるいは内臓の機構を見せることである。

主観的心理学者が、肉体機構の過程全体の中で「言語化」にそれ相応の位置を与えたあかつきには、「意識的になる」ということは、われわれのからだの内外の対象界を命名する行為を記述する通俗的なことばか、文学的なことばにすぎないことと、「内観」というのは、生起している組織（たとえば筋肉、腱の運動、腺の分泌、呼吸、循環等々）の変化を命名するというもっと扱いにくい行為を記述する通俗的なことばだということを認める覚悟ができると思う。それらは文学的な表現形式とみなさなければならない。

ことばがなくても思考できるか

人々が行動主義者の思考の理論を完全にうけ入れるさいにひっかかる点の一つは、われわれは単語でしか思考しない、すなわち言語運動収縮（verbal motor contraction）によって思考するという仮定である。これに対する私の答えは、こうであった。単語か、あるいは条件づけられた単語代理物（word substitute）、たとえば肩をすくめるとか、眼瞼、眼筋、あるいは網膜にさえ見出される肉体の他の反応で思考するのだと（もちろん私は、「心像」、すなわち感覚器官に存在していない対象の、幽霊のような「記憶」像は、心理学では捨てられたと思っている）。条件づけられたこれらの代理物は、もとの学習で進行した過程の省略か、短縮である。

私は、国際心理学哲学会議の席上行った講演で述べなかった二、三の点をここで述べたい。私は、人が思考しているときはいつも、その人の肉体の機構の全体が（外からは見えないが）働いている――たとえ最終的な解決はしゃべられるとか、書かれるとか、音声下で表現されるという形をとるにせよ――ときっぱり言いたい。いいかえると、思考という課題が（その人のいる状況によって）その人に課せられるやいなや、活動がよび起こされ、それは最終的には適応をもたらすのである。この活動は、（1）目で見ることのできない、手を使う機構によって進行することもあるが、（2）目に見えない言語機構によって進行することのほうがもっと多い。しかし、（3）目に見えない（あるいは目に見える）内臓の機構で進行することもある。もし（1）、あるいは（3）が優勢なら、思考は単語なしでも行われるだろう。

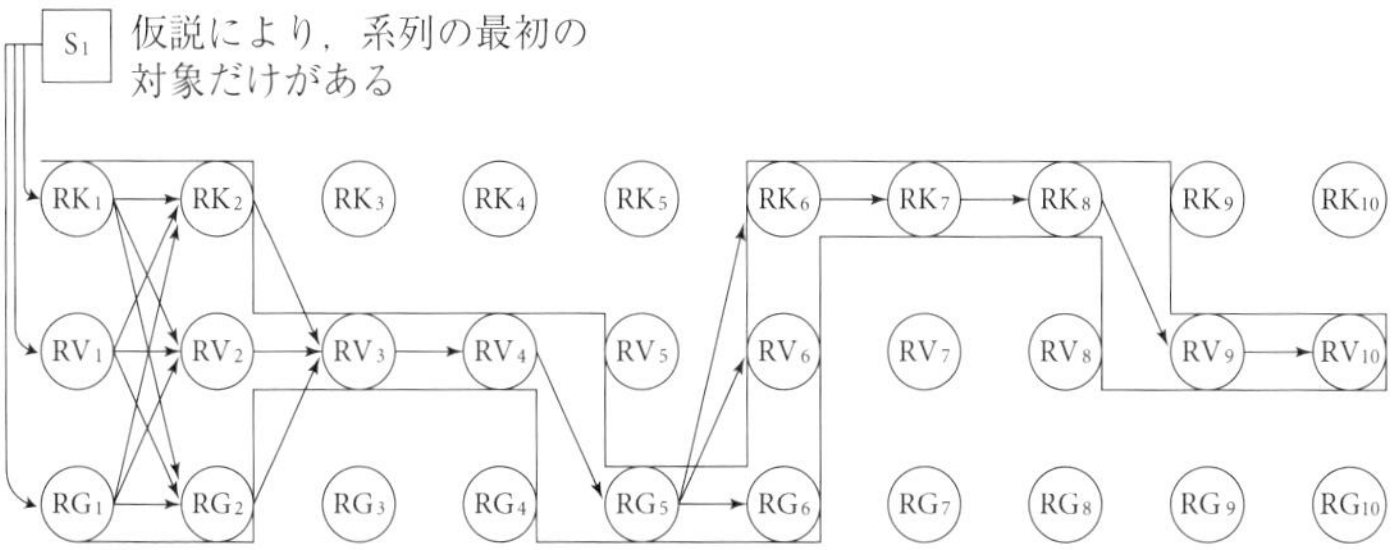

第29図　この略図は，行動主義者の思考の理論を示したものである。われわれは，手を使う機構，言語機構，内臓の機構を同時に使って思考することもあるし，言語機構だけ，内臓の機構だけ，手を使う機構だけを使用することもある。この図で，思考の全過程に関与している機構は，連続した二本の実線の間にかこまれている。この図は，思考には組織化された三組の反応系のすべてが含まれていることを，はっきり示している。

第29図は、第28図に加筆したものにすぎないが、思考についての私の現在の確信を明らかにしている。この図では、私は肉体が、一連の対象に、手と、ことばと、内臓で同時に反応するように作られているのは当然なこととみなした。また対象の一つ、最初の対象S_1は、手もとにあり、それが肉体を思考という課題に取り組ませ始めるのを当然なこととみなした。実際に存在している対象は、ある人に質問をしている一人の人であるかもしれない（前の章で述べた質問をとると――「Xは現在の仕事をやめて、Yの協力者になるつもりか」）。仮説によって、世界は彼からさえぎられてい、彼はこの課題を考えぬかねばならない。

RK_1はRK_2、RV_2、RG_2をよび起こすことに注意して欲しい。一方、RV_1は、RK_2、RV_2、RG_2をよび起こし、またRG_1は、RK_2、RV_2、RG_2をよび起こす。それらのすべては、それぞれ、S_2の運動感覚の代理物、喉頭の代理物、あるいは内臓の代理物として働くことができる（S_2は、この機構を最初にひき起こした対象の系列のつぎの実際の対象である）。図に示してあるように、思考活動は、長い期間、単語なしでも進行することに注目して欲しい。この過程のある段階で、RV（言語機構）が出現しないと、思考は単語なしで行われる。

思考は、時間の経過につれて、運動感覚的、言語的、あるいは情動〔内臓〕的となると仮定するのは、合理的であるように思われる。運動感覚的機構が阻止されるか、欠けていると、言語過程が働く。もし両者が阻止されると、情動〔内臓〕の機構が優勢になる。しかし仮説によって、最終反応、あるいは適応は——それに達した場合の話だが——言語的〔音声下〕でなければならない。この最終の言語行為を**判断**とよぶのは便利である。

論議のこの筋道は、人の機構全体がどういうふうに思考の過程に組み込まれているかを示している。それは、言語過程が存在していないときでさえ、手を使う機構や内臓の機構が働くことをはっきり示しているし、またわれわれが単語をもっていなくても、ある種の方法で依然思考できることを示している。だからわれわれは、からだ全体で思考し、プランをたてるのである。しかし上に述べたように、言語機構は〔それが存在しているときには〕通例、内臓の機構や手を使う機構より優勢であろうから、われわれは、「思考」とは主として音声下でしゃべることだと言ってよい〔しかしそれに直ちに、ことばがなくても思考は起こりうるという説明をつけ加えなければならない〕。

この章は、これまでばらばらに研究してきた人間のからだの機構のいろいろな部分を、再結合する上に役に立った。われわれは、教育学上の目的のために人間を解剖しなければならない。パーソナリティーを扱うつぎの最後の章で、われわれは、人間を完全に結びつけ、人間を、動いている複雑な有機的な機械とみなそう。

注

（1）内観心理学者がもしそれを聞いたならば、ひどく狼狽しないですむ一つの事実である。たとえば、彼ら自身が、テキストの第一ページでは、自分たちは心身平行論者〔肉体は精神に影響しないという説〕だといい、テキストのつぎのページからはずっと相互作用説〔肉体は精神に影響するという説〕をとるときや、試行錯誤の過程によって新しい一つの習慣が形成されつつあるさいに、彼らが「意識」になにかをさせようとしたり――習慣の中の誤りを正させようとしたり――幸運な偶然の運動を定着させようとするときと、これは同じである。

（2）ラシュレーの『心理学評論』一九二三年の論文を見よ。

（3）同じ日に彼は、乳房を吸う機会を同じように与えられた。彼は、口に乳房を含むことができず、授乳の姿勢で膝にのせられたとき、すぐにもがき始めた。

第12章　パーソナリティー

パーソナリティーというものは、われわれが形成した習慣の結果にすぎない

Parsonality

行動主義者のいうパーソナリティーとは、一体何だろうか。この章では、人間を走る準備ができ、組み立てられた有機的な機械と考えよう。こういったからとて、何もむずかしいことを言うのではない。タイヤ、アクセル、ギヤー、ガス・エンジン、ボディーから出来た四輪車をとり上げてみよう。それらを結びつけると、どうにか自動車といえるものができる。自動車は、ある種の仕事のためには役に立つ。その構造次第で、それをある仕事に使ったり、他の仕事に使う。フォードなら、買い物に行ったり、急ぎの使いに行ったり、いちばん悪い道をいちばん天気の悪い日にドライヴする上に役に立つ。ロールス・ロイスなら、楽しい旅行をしたり、社会的地位が私たちより少し上の人を訪問したり、私たちより貧乏な人に、「おれは金持ちだ」という印象を与える上に役に立つ。これと同じように、この人、この有機的な動物、このジョン・ドゥーは、部分という点では、頭、腕、手、胴、体、脚、足、趾、神経系、筋肉系およ

び腺からできているが、教育はないし、教育を身につけるには年が行きすぎている。しかし彼は、ある仕事はよくやる。彼は、ラバのように強く、一日中手を使う労働ができる。彼は愚鈍なので、嘘がつけず、のろまなので、笑うことも、遊ぶこともできない。彼は、道路清掃夫として、溝を掘る人として、伐採人として、よく働く。一方ウィリアム・ウィルキンスは、同じ肉体の部分から出来ているが、顔かたちがよく、教養があり、洗練されてい、上流社会になれてい、旅行して見聞が広く、いろいろの場で——外交官として、政治家として、あるいは真に尊敬できるセールスマンとして——働くのに適している。しかし彼は、幼いときから嘘つきで、責任ある地位を任せることができない。彼は、あまり利己主義なので、人の上に立つことができない。彼は、午後の半分は仕事をやめ、ゴルフか、ブリッジをするのが日課になっている。

機械のこの相違は、何に由来するのか。人間の場合、本能の章で見たように、健康な人は、出発点では平等である。よく知られている「独立宣言」には、これに似たことばが見られる。この文書の署名者は、心理学をぜんぜん知らないわりには、予想以上に正しかったのだ。彼らが、平等ということばの後に、「生まれたときは」という句を挿入したなら、厳密に正しかったろう。出生後に起こることが、一人の人を、森の伐採人に、水を汲む人にし、他の人を、外交官に、泥棒に、成功した実業家に、高名な科学者にするのである。一七七六年のわが国の自由の宣言〔独立宣言〕が考えに入れていない点は、神自身は、アメリカ国民がもったようなさまざまな環境によって訓練された四〇歳の人を平等にすることができなかったことである。

一個人のパーソナリティー——彼は何の役に立つか、立たないか、また何が彼の役に立たないか——を研究するさいには、われわれは、彼が日常の複雑な活動をしているとき、彼を観察しなければならない。この瞬間や、あの瞬間ではなく、毎週毎週、毎年毎年、努力しているときも、誘惑されているときも、金持ちなときも、貧乏なときも、観察しなければならない。いいかえると、一個人のパーソナリティー、すなわち「正札」をつけるためには、店に招き入れ、できるかぎりの検査をしなければならない。そうすると、ついにわれわれは、彼はどういう種類の人間か——どういう種類の有機的な機械か——がわかるようになる。

この世での彼のいろいろな技量をためすというのは、どういう意味か。さて、私は、つぎのような質問に対する答えを憶えている。すなわち、ジョン・ドゥーには、どういう種類の労働習慣があるか。彼は、どういう種類の亭主か。どういう種類の父親か。部下にはどういう態度をとるか。上司にはどういう態度をとるか。彼が一しょに働いているグループの仲間や、同僚に、どういう態度をとるか。彼は実際、主義のある人か、それとも日曜日には聖歌を歌い、信心深い人だが、月曜日には、欲深く、けちで、ふらちな実業家か。上品か。たいへん礼儀正しいか、彼が過ごした大学を、相も変わらず、大いにたよっているか。あるいは最近訪れた地域の世話になっているか。貧窮している友人と心から親しくしているか。一生けんめい働くか。快活か。なやみを人にかくすか。

もちろん行動主義者は、彼のモラルには興味をもっていない（一科学者として、彼には興味があるが）。実際行動主義者は、その人がどういう種類の人間であっても気にしない。とはいえ、行動主義者は、社会から分析を要求されたときはいつでも、個人を研究しなければならない。行動主義者は、科学者として、上にあげたような問題ばかりでなく、ジョン・ドゥーについて尋ねられる他のあらゆる質問に、答えることができればいいと思っている。どういう人間機械が役に立つかを述べ、その未来の能力について、社会が知りたいときはいつも、役に立つ予言をすることが、行動主義者の科学的な仕事の一つである。

パーソナリティーの分析

行動主義者の使う「パーソナリティー」ということばに、あいまいな点がないようにするため、私は、そのことばの意味を、もっと具体的に述べよう。あなたは、一五七ページの図表をおぼえていられるだろうか。そこで、私は、活動の流れの発達を述べた。私は、生まれたときにも、またその後違った時期にも、無学習行動の萌芽がつねに存在している、ということを指摘した。また私は、これらの無学習活動の多くは、出生後二、三時間で条件づけられだすことを述べた。そのとき以来、無学習行動のこのような各単位は、発達し、つねに拡大する一体系になる。その図表で、われわれは、何が起こるかを示すために、二、三本の線を引いた。

さて活動の流れのこの表が、個人が幼児期から二四歳までにもったあらゆる機構の歴史を示すほどくわしくできている、と仮定しよう。また議論の都合上、あなたがすることができるあらゆることに対する習慣曲線は、生まれてから二四歳までずっと実験的条件下であなたを研究した行動主義者によって、プロットされている、と仮定しよう。さて、二四歳のときに、行動主義者が、あなたの活動の横断面をとるなら、あなたがすることのできるあらゆることを目録にのせることができることは、あきらかである。彼は、これらの個々の活動の多くが、家族、教会、テニス、靴作り等々と結びついている——のまわりから発生した——ことを発見するだろう。ここで一まず立ちどまり、任意に選んだ習慣の体系を見てみよう。例として、靴作りをとり上げよう。

昔は、靴を作るには、まずウシを飼い、つぎにそれを殺し、革をなめし工場にもって行った。なめし工場では、桶は地面にいけてあり、それには、革から毛をとる腐蝕性の物質と水が入っていた。つぎに、革は、カシの木の皮をひいたものと、水をまぜて作ったタンニン酸で染められた。これは、革をなめす、とよばれた。革をなめしてから、それを洗い、乾燥し、薬品で処理した。つぎに靴型をお客の靴に合わせて作り、革を切って、その靴型に合わし、靴底を縫わなければならない。完成した靴ができるまでにうけなければならないあらゆる操作を、いちいちあげるには及ばないだろう。私の祖父の村では、これらの操作の一つ一つをこまかい点まで知っていて、実際にそれをした人が一人いた。私は、靴作りに結びついたあらゆる行為（もちろん一群のこの行為は、労働の分業が進んだために、一〇年ごとに大いに異なったが）を、靴作りの習慣の体系とよんでよい。もしわれわれが、この体系を個々の活動に分解するなら、靴作りの機構を正しく記述するには、図表の上に千分の一のような目盛を必要とすることは、容易にわかるだろう。そして、この図表を完全なものにし、ある個人の靴作り活動の未来の行動を予言する上に役立つようにするためには、これらの習慣のそれぞれが作られだした年齢と、そのときから現在までの歴史を示さなければならない。このすべての研究は、靴作りの習慣のおいたちを教えてくれるだろう。

さて、別の複雑な習慣の体系に向かおう。個人のパーソナリティーを語るさい、われわれは、「彼は宗教的な人だ」ということばをよく聞く。これは、どういう意味か。これは、その人が日曜日には教会に行き、毎日聖書を読み、食卓でお祈りをし、妻と子を自分と一しょに教会に行かせるように努め、隣人を宗教的な人に改宗させようとし、また何百という活動の中に、現代キリスト教の部品とよばれているすべてのことを入れる、という意味である。これらの個々の活動を結びつけ、それらを個人の宗教的な習慣の体系とよぼう。さて、この体系を作っているこれらの個々の活動の発端はその人の過去にあるし、またそれは発端から二四歳――ここでわれわれは横断面をとっているが――までの歴史をもっている。たとえば、彼は、二歳と六カ月のとき、「これから、横になって、眠りにつきます」という子供らしいお祈りを学んだ。この習慣は六歳のとき捨てられ、主への祈りがとって代わった。のち、彼が監督教会の信者になるなら、彼は印刷された祈禱文を読むだろう。もし彼が、バプティスト教会、メソディスト教会、あるいは長老教会の信者なら、それぞれの祈りをするだろう。一八歳のとき、講演会である組織を作り、お祈りの集会を「牛耳り」始めた。四歳のとき、彼は聖書の絵を見始め、聖書の絵を読ませたり、聞かせたりした。彼は、このとき、日曜学校へ行き始め、聖書のあるくだりを暗記し始めた。やがて彼は、聖書を読んで、そのすべてを空で言えるようになった。この宗教的な機構の系のそれぞれをとり、その発端とその発生史をあとづけようと試みることは、またもや、あまりにも複雑な仕事である。

これまで、われわれは、これらの二つの体系だけをくわしく述べたが、二四歳のときの横断面は、何千というこれらの体系を示すだろう。あなたはすでに、夫婦の習慣の体系、両親の体系、大勢のまえでしゃべる体系、深遠な思想家の思想の体系、恐れの体系、愛の体系、怒りの体系のような、たくさんの体系に通じている。これらのすべてはもちろん広い一般的な分類だが、非常にたくさんの小さい体系に分解されるはずである。しかしこのような分類でさえ、われわれが示そうとしている事実についての概念をあなたに与えるのに役立つだろう。これらの事実のすべてをまとめるのに役立つ図表を描いてみよう（第30図）。

人間の活動をこのように概観すると、パーソナリティーについての客観的な公式がえられる。パーソナ

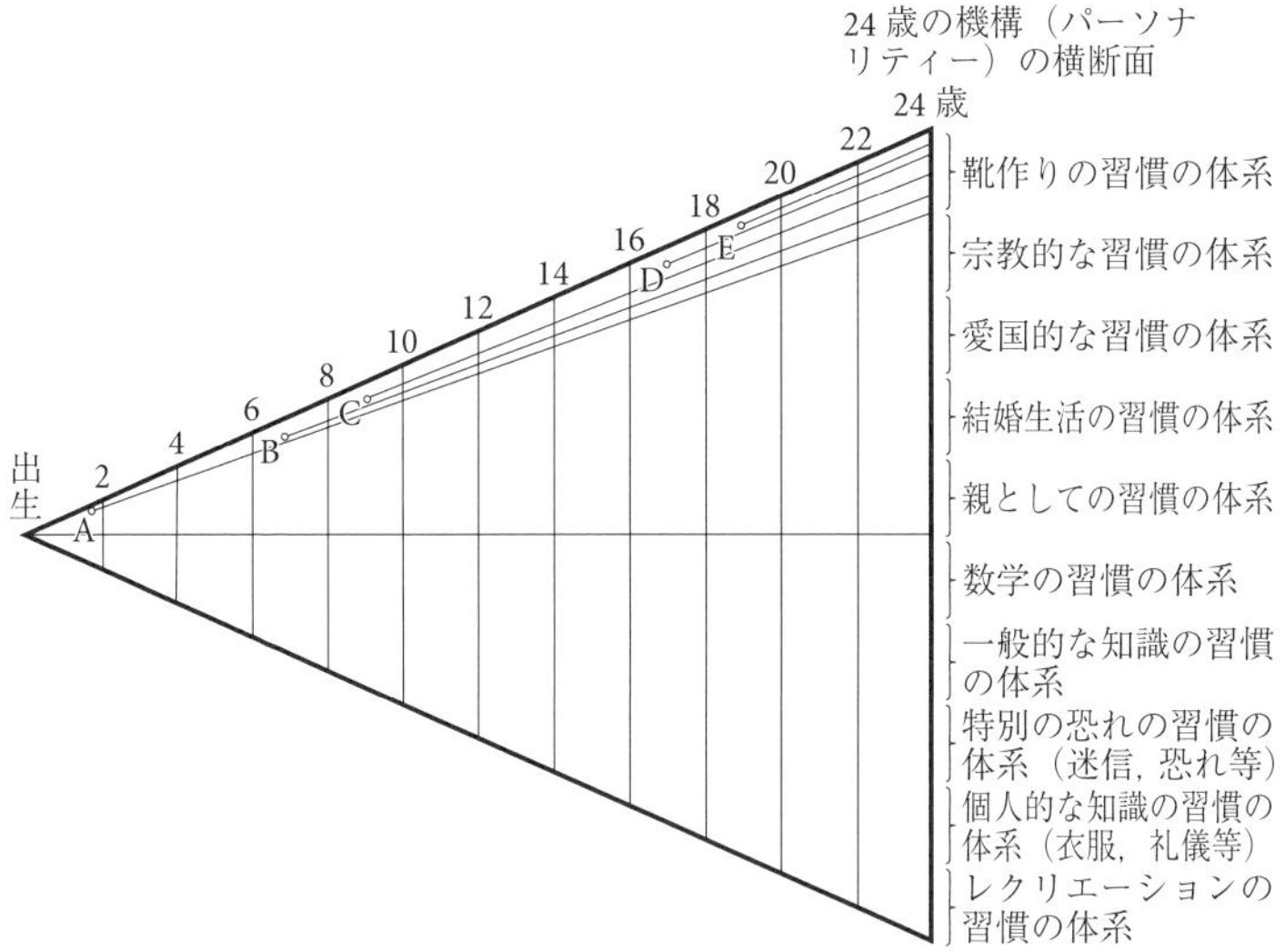

第30図　この略図は，行動主義者のいう「パーソナリティー」とはなにか，それはどう発達するかを示している。この図を見るときには，157ページの活動の流れを示す図をも参照して欲しい。この図の中心的な考えは，パーソナリティーは優勢な習慣の体系からできているということである（この習慣の体系の2，3だけを──実際には何百とあるが──24歳の横断面に示してある）。別の習慣の体系（たとえば，宗教的・愛国的な習慣の体系）は，その人の思春期，青年期，幼少期にさかのぼる。類似の線をひけば，完全なものになるだろう。図を明瞭にするため，それらは記入しなかった。

リティーというのは、信頼できる情報が手に入るだけ十分に長い期間、行動を実際に観察して発見された活動の総計である。つまりパーソナリティーというのは、われわれの習慣の体系の最終産物にすぎない。パーソナリティーを研究するわれわれの手順は、活動の流れの横断面を作り、プロットすることである。しかしこれらの活動の中で、手を使う分野（職業的）、喉頭の分野（非常に雄弁な人、話好きな人、沈黙せる思想家）および内臓の分野（人々を恐れること、はにかみ、かんしゃく、甘やかされなければ気のすまないこと、一般には情動的とよばれること）がとりわけ優越な体系である。これらの優越な体系は、明白であり、見ることが容易である。そしてそれは、われわれが個人のパーソナリティーについてすみやかに判断を下すとき、その拠りどころとして役に立つ。そしてわれわれは、これらわずかの優越な体系をもとにして、パーソナリティーを分類する。

このように、パーソナリティーを、見ることのできるもの、客観的に観察できるものに還元することは、たいていの人が、パーソナリティーということばに対していだいているセンチメンタルな愛着にそぐわない。もし私がパーソナリティーということばを定義しないで、ただ単に、「彼は堂々としたパーソナリティーだ」、「彼女は哀願するような、人を魅惑するようなパーソナリティーだ」、「彼はいちばん不愉快なパーソナリティーだ」といって、ある人の特徴を述べるなら、あなたの現在の気持ちにいちばんぴったりするだろう。しかし、堂々としたパーソナリティーというのは、どういう意味なのだ。それは一般に、命令的な口調でしゃべること、どちらかといえば大きい体格なこと、平均より少し背がたかいこと、ではないか。

活動の図表にあらわれない別の因子は、こうである。すなわちパーソナリティーの判定は、通例、パーソナリティーが研究されている人の生活の図表に純粋にもとづいていないということである。もし他人のパーソナリティーを研究する人が偏向から免れているなら、またその人自身の過去の習慣の体系の作用を正確に考慮に入れるなら、その人は客観的な研究ができるだろう。しかしわれわれはみな偏向から免れていないし、われわれの過去によって支配されているし、他人についての判断は、われわれ自身のパーソナリティー内の欠点によって曇らされる。もうしばらく、「堂々としたパーソナリティー」を見てみよう。現在の育児法で育てられると、子供は普通父親を大きく、力の強い人間とみなしたり、またいつも服従しなければならず、服従しないと、罰を加えるとおどかされたり、また実際に罰を加える一種のスーパーマンとみなして、反応する。だからこういう性格の特徴をもった人が部屋にあらわれると、大人は「呪文」にかけられ易い。これは、行動主義者にとっては、父親のように振る舞う人は、われわれを子供のように振る舞わせる力をやはりもっている、ということを言いあらわしているだけのことである。パーソナリティーについてのこのように大切にしまわれている確信を掘り起こし、それを白日のもとにさらけ出すことは、困難でないだろう。

パーソナリティーをこのように示すと、われわれがいる状況は、つねにわれわれを支配し、これらの強力な習慣の体系の一つ、あるいは二つを発動させることがあきらかになるだろう。たとえば、み告げの祈りの鐘は野にいる刈り手の手を止め、彼らの手を使う習慣におそいかかり、しばらくの間、宗教的な習慣系の支配下に彼らを投げ込む。一般的にいって、われわれは、状況に支配されるところのものだ。すなわち、説教者や両親の前では、尊敬すべき人であり、婦人の前では英雄であり、あるグループでは禁酒主義者であり、他のグループでは酒飲みである。

活動の図表が示すことのできないもう一つ別のことがある。そしてそれは、非常に重要なことだ。何千、何百という習慣の体系が発達するさい、これらの体系があるときに衝突するのは、ほとんど避けがたいことである。こうして、一つの刺激が、二つの相反する型の行動を、同一の筋肉群や腺群に、よび起こすかもしれない。あるいは部分的によび起こすかもしれない。その結果、無為、怠惰、手さぐり、震えが起こる。ある場合には、明らかに永久に続く衝突が起こる。このような衝突は、量も、大きさも大きいので、その結果、精神病理学的な人ができる。これについては、あとで述べよう。

完全に統合（！）した人では、つぎのことが起こる。ある状況が、ある習慣の体系の優越をよび起こし始めるやいなや、全身の錠が開き始める。すなわち、すぐつぎの活動では普通なら用いられないあらゆる平滑筋や横紋筋の緊張がゆるみ、今必要とされている習慣の体系のために、からだの平滑筋と横紋筋と腺のすべてが活動しだす。働くことが要求されている一つの習慣の体系だけが、最大の能率で働く。こうして、その人の全体が「表現」され、パーソナリティー全体は、彼がしている行為に「没頭」する。

このように、習慣の体系の優越ということを考えると、行動主義者の心理学では、**注意**ということばはいらなくなってしまう。注意というのは、ある一つの習慣の体系——ことばを使う習慣の体系にせよ、手を使う習慣の体系にせよ、内臓の習慣の体系にせよ——の完全な優越と同義である。他方「注意が散る」というのは、その状況がある一つの習慣の体系の優越をすぐにもたらさなくて、はじめは一つの習慣の体系、つぎは他の習慣の体系の優越をもたらすということを言いあらわすことばにすぎない。ある人が、一つのことをし始める。しかし彼は、別の刺激の部分的優越下におちいる。そしてこの刺激は、部分的に、他の習慣の体系を解き放つ。これが、ある筋肉群を使うのと衝突する。その結果、ことばをとちったり、手さぐりをしたり、あるいは筋肉を使うとき十分な量のエネルギーが放出されなかったりする。二、三例をあげよう。ちょうどあなたが高跳びをしているとき、あなたの学友が嘲笑する。あなたがゴルフでスウィングをしようとしているとき、だれかが話しかける。あるいはあなたがある問題について考えこんでいるとき、浴室で水があふれだす。すなわち行為は干渉されるか、まったく失敗しさえする。習慣の体系の二重、三重の（そしてときには多元的な）優越の例は、きわめて多い。このため、行動主義者は、心理学では、「注意」ということばを用いるには及ばないと考えているし、またこのことばを使うのは明晰に考えることができず、また心理学の術語から神秘を追い出すことができない一つの告白にすぎないと考えている。しかしわれわれは、雨の日に、病気のときに、元気がないときに、あるいはこの世での存在で免れることのできないことに特別不満なときに使うことができるように、神秘を残しておくのが好きである。

パーソナリティーの研究方法

青年時代には、パーソナリティーはすみやかに変わる。もしパーソナリティーが、ある個人の完全な機構の、ある年齢における横断面にすぎないなら、この横断面は、毎日少なくとも少しずつ変わる――変わるといってもそんなに急激には変わらないから、われわれは時々刻々たくさんの像をうることはできない――に違いないことがおわかりだろう。パーソナリティーは、習慣の型が形成され、成熟し、変化し続けている青年時代に、いちばん急速に変わる。一五歳と一八歳の間に、女性は、子供から女になる。一五歳のときには、彼女は、同年輩の少年、少女の遊び友達でしかない。一八歳のとき、彼女は、あらゆる男性の性対象になる。三〇歳以後は、パーソナリティーの変化は非常にゆるやかになる。これは、習慣形成の研究のさい述べたように、そのときに、たいていの人は、新しい環境によってたえず刺激されないと、平凡な生活様式にかなりよく安住してしまうからである。習慣の型は、固定してしまう。もしあなたが、三〇歳の平凡な個人の正確な像をもっているなら、それをほとんど変えないでも、それはその人の残りの人生にあてはまるだろう(たいていの人ではそうである)。大ぼら吹きで、ゴシップ好きで、隣りの人をスパイし、不幸を喜ぶ三〇女は、もし奇蹟が起こらないなら、四〇歳でも同じだろう。六〇歳でも同じなのは、なおのことである。

パーソナリティーを研究する種々の方法

仲間のパーソナリティーを判断するにあたって、その人を実際に一度も研究したことのない人が多い。すみやかに移り変わる生活では、すばやく判断を下さなければならないことが多い。しかしわれわれは、表面的な評価をする癖がつき、その結果、しばしば人に重大な損害を与えている。われわれはパーソナリティーをすばやく診断できるのを自慢するときがある。われわれは、ある人が好きか、きらいかが一目でわかり、またその判断を変えないのを自慢する。このことは、このような表面的な種類の観察をうけた人は、われわれ自身の特別な心の傾向と一致しないある一つのことか、二つのことをしており、それゆえわれわれの判断はいやしくもパーソナリティーについての真の結論ではなく、どうしようもないわれわれ自身の反感のあらわれであることを意味している。パーソナリティーの真の観察者は、対象の外に自分をおき、客観的な方法で他人を観察しようと努める。

われわれはみなパーソナリティーの注意深い観察者であり、過敏な所はほとんどなく、またある個人のパーソナリティーの真の評価を手に入れようと実際に努めていると仮定しよう。それでは、この知見をうるため、われわれはどうするか。ここに研究を進める二、三の方法がある。

（1）その人の教育の図表を研究することによって。（2）その人の業績の図表を研究して。（3）心理テストを使うことによって。（4）その人の余暇の時間とレクリエーションの記録を研究して。（5）日常生活の実際的な状況下でその人の情動的な構造を研究することによって。個人の行動、あるいは心理学的な構造を研究する手っとり早い方法は決してない。この分野には、近道があると信じている心理学のペテン師がたくさんいるが、彼らの方法は、満足すべき結果をもたらさない。つぎに、パーソナリティーを研究するこれらのいろいろな方法をとりあげてみよう。私は、行動主義者がパーソナリティーを研究する決定的に科学的な体系をもっているとは、どんな意味でも主張しない。彼は、実際的・常識的・観察的な方法で、この研究を進めている。

（1）個人の教育上の図表を研究する

ある人の学歴を図で示して、その人のパーソナリティーについて、たくさんの報告を集めることができる。彼は、小・中学校を卒業したか。彼は一二歳のとき退学したか。なぜ落第したか。経済上の理由か。向こうみずなことをしたためか。彼は高校を卒業したか。彼は最後まで大学生活を続け、卒業したか。彼が最後までがんばるなら、それは、彼の知能にはよくないにしても、彼の仕事の習慣の上にはよいことを示している。今日、大学を出ることは、徒競走をやりとげるようなものだ。あなたは、始めたなら、やりとげなければならない。もし彼がある地位にのぼったとき、私が、彼は大学に入ったが、のち退学した、と彼の図表が示しているのを発見したにしても、一人の人間の仕事の習慣はその人には財産だ、ともかく確信しなければならない。私は、大学を成長する一つの場所、巣の習慣を破る一つの場所、自分自身を幸福にする方法を学ぶ場所、ある手腕を獲得する場所、衣服のプレスのし方を学ぶ場所、みなりをこぎれいにする方法を学ぶ場所、紳士、淑女の前で礼儀正しくする方法を学ぶ場所、一言でいえば、余暇の使い方を見つけ、文化を発見する場所、とみなしている。最後に、そこは、学生が思考に対する尊敬を学ぶことができる場所であり、また考え方を学ぶことさえできる場所であるべきである。もし大学がこの点で失敗しているなら、実際大学生活は失敗である。だからそこで身につけた手を使う習慣やことばの習慣を一生涯もちつづけることはまれである。私は、大学で四年間を送った。この間中、私は、ギリシア語とラテン語の単位を「とった」。しかし今日、私は、食うために、ギリシア語のアルファベットを書くことも、クセノフォンの『ペルシア遠征記』を読むこともできないだろう。私は、ヴェルギリウスの一ページも、カエサル（シーザー）の『ガリア戦記』さえも読むことができない。食物、性、家、つまり生活がそれにかかっていても、読むことができない。私は、歴史を忠実に学んだ。しかし私は、大統領の名前を一〇人あげることもできないし、歴史の中の重要な日付を一〇いうこともできない。私は、独立宣言を要約できないし、メキシコ戦争がなにかを言うこともできない。

しかし大学については欠点があるにせよ、大学出の実業人（戦場でもそうだが）は、大学を出ない人よりも、一様にもっと成功するし、はげしい打撃をうけることも少ないだろう。また彼らは、一般にもっと好まれる人だろう。しかしこれには、たくさんの例外がある。そして大学教育をうけないということは、その人が田舎者であるとか、人生で成功する準備を欠いているとかいう意味ではない。

(2) 個人の業績の図表を研究すること

私の考えでは、パーソナリティー、性格、能力を判定するさいのいちばん重要な要素の一つは、個人の毎年の業績の歴史である。われわれは、その人がいろいろな地位にとどまっていた期間の長さと、彼がえた年収の増加を図表にあらわすことによって、客観的に測ることができる。ある少年、あるいはある男が、三〇歳までに二〇回仕事を変えたが、変えるたびにこれといった改善がなかったとする。すると、彼は、四五歳まえに二〇回以上それを変えるだろう。もし私が、繁昌している商売をしているなら、少なくとも年五〇〇〇ドルをかせがなかったし、またかせいでいない男を三〇歳で責任ある地位に据えたくない。私は、彼が四〇歳になればさらにもっとかせぐと確信をもって期待すべきであろう。どんなに厳密な法則も、ひき出すことはできない。例外がある。しかし、責任が確実に毎年増加することと、サラリーが毎年増すことは、個人の進歩にとって重要な因子である。

これと同じく、彼が作家なら、われわれは、彼が毎年毎年彼の小説でうる報酬の曲線を描きたい。もし彼が、三〇歳のとき、わが国の一流の雑誌から、彼が二四歳のときうけたのと同一の、一字あたりの平均報酬をえているなら、彼は三文文士だし、またそれで終わるチャンスが多いだろう。文学、および芸術の分野でも、実業の分野でも、あなたが、ある人はどれくらいすぐれているか、またその人は将来どれくらいよくなるかを予言したいなら、どういう物差しで測るにしても、業績という観点から男性や女性を判断しなければならない[1]。

(3) パーソナリティーを研究する方法としての心理テスト

心理学は、ミュンスターベルクの研究がこの国で始まってからこのかた、現在では、人々が期待しているようなみのりをえている。心理学はあまりにもたくさんの途方もないことを主張してきた。すなわち、心理学は、産業から一年に七千万人の人を節約できるとか、それは、事業場や工場では、従業員の選抜においても、従業員の配置、昇進においても、明るい導きの星だとか主張してきた。こういう主張は、わが国の二、三の指導的な心理学者によってなされてきた。今日の実業界は、こういう主張を横目で見ている。それは、一つには、心理学者たちがあまり野心的で、這うことを学ばないうちに、歩こうとしているためであり、また一つには、心理学者が今行っている特別な研究に対する方法を発展さすことができるまで、会社側が待とうとしないためである。会社側は、出るのがどうしてもおそくなる結果を待つのがいやなためだけでなく、心理学的研究に金を使いたがらないため、損をしている。会社は、化学者や物理学者の研究結果は喜んで無限に待っているが、産業というものが存在してからこのかた、実業家がなんらかの手段で解決できなかった産業上の問題を、心理学者が来て、手品か、即席の宣言書ですぐに解決することを期待している。私がここで頭に描いているのは、職員の選抜、選抜されたのちの配置、昇進、労働者の能率、最後に労働者の幸福と満足――このことばを一般に使われている意味で使った――である。これらすべてにおいては、われわれの使う意味でのパーソナリティーが主要な因子である。

心理学は、職業上の機構の横断面を描くことでは、いくらか進歩をした。われわれは、一人の人の数学能力や一般的な知識をすぐにテストできるし、ラテン語かギリシア語を知っているかどうかをすぐにテストできるし、ある女性は、一分間に単語を六〇速記できるかどうか、彼女は間違えをごくわずかしかしないで四〇分の間に、一分につき一〇〇語書くことができるかどうか、印象でタイプライターを打つことができるかどうか、一人の人は、自動車を、柵や他の自動車にぶつけないで、曲がりくねったコースを運転できるかどうか、をすぐにテストできる。その他いろいろな職業テストが完成されつつある(2)。

しかし職業テストは、一定の時間に、一定数の誤りでこれこれのことを遂行する本当の能力を示すにすぎないことを、忘れてはならない。けれども、個人の系統的な仕事の習慣は一定のことをする本当の能力からは、ほとんどわからない。実際に空腹なとき、あるいは住居の必要のあるとき、彼は有能だと仮定しよう。では、彼が満腹になり、家をもったとき、有能だろうか。彼はしなければならない個人的な仕事がたくさんあるので、時計を見るのが一つのくせになっているほどか。多くの人にとって、これは本当である。彼らにとって、九時は早く来すぎ、五時はおそく来すぎる。かつて私は、仕事について人々を判断するさいの主要な因子について、簡単な報告書を書かなければならなかった。私は、ある特徴をもとにして個人を選抜しなければならないなら、私は仕事の習慣――仕事についての実際の愛着、喜んで余分の仕事を引き受けること、実際に定められた時間より長く働くこと、仕事が終わってからがらくたを片づけること――を選ぶだろう、と書いた。人はこれらのことを、かなり早目に訓練されなければならない。そうでなければ、これらのことはその人の身につかないことを発見した。これまで考案された心理テストは、この点について、個人の長所や短所を一つとしてあきらかにしてくれない。

(4) 個人の余暇とレクリエーションの記録を研究する

どの個人も、ある型のレクリエーションをもたなければならない。ある人では、レクリエーションは、読書であり、他の人では、ゲームであり、他の人では、スポーツである。さらに他の人では、性であり、酒であり、ドライヴであり、他の人では、家族とともにいることである。それから、新聞でよく報道されるめずらしいグループがある。それは、仕事をレクリエーションとしている人々である。しかしマーク・トーエンの死亡の報道のように、これは、「ひどい誇張」であることが多い。

私は、スポーツとレクリエーションは多くのことを教えてくれる、と信じている。われわれは、あるスポーツをはっきりとした財産とみなしているし、他のスポーツを義務とみなしている。スピード狂は事故を起こし、性マニアは多数のいろいろの合併症を起こすし、アルコール・マニアは器質的な障害を起こしたり、仕事に適さなくなり、最後に実際の病気になる。

戸外の活動によって、からだの健康、はげしい競争、着実な協同がもたらされる。彼が、ゴルフであれ、テニスであれ、カヌーであれ、魚釣りであれ、狩猟であれ、拳闘であれ、徒競走であれ、他人よりすぐれた戸外のレクリエーションの一つの形式をもっていることがわかると、私はいつもその人の記録を好意的に調べる気になる。

私は、トランプ、チェス、ダンス、歌、楽器の演奏のような屋内の活動がうまくなろうと熱心に努力している。私は、一人の男女がレクリエーション活動でうまくなれないと、パンをかせぐ職業上の能力ももてない、と信じている。それからまた友好的でないし、人々とうまくやることができない人は、スポーツがうまくなれないかもしれない。だから、ともかくスポーツとレクリエーションは、おそらくパーソナリティーを示しているだろうし、またスポーツとレクリエーションについての個人の記録は研究する価値があると認めよう。

(5) 実際の条件下の個人の情動的な構造を研究すること

これまでに考察した因子、すなわち個人の学歴、仕事の上の業績、余暇に行うこと、は、彼のパーソナリティーの全体を教えてくれない。一個人はすべての仕事の習慣——手を使う習慣と言語習慣——では成功するかもしれない。さらに彼は、おそろしく退屈な人で、食事のとき、ゴルフをしているとき、旅行のとき、歓迎されない人かもしれない。彼は、意地が悪く、けちで、友情がなく、他人に接するとき尊大かもしれない。一般的に言うと、一しょに生活したり、近所で生活すると恐ろしい人である。私のいう意味は、ある人は情動面が十分に発達していない、ということである。彼らは、情動面では、落伍者である。これは、観察すればわかる。たとえわれわれが家庭へこの人を招待したり、彼の家を訪問する勇気がまったくなく、そのため、われわれ自身この人を観察する立場になくても、われわれは彼が何人の友達をもち、その友情がどれくらい続いたかを、知ることができる。もし彼に多数の友人がなく、また長く続く友人がないなら、彼は――どんなに仕事をよくやっても――いつも近よりがたい人だ、ときっぱり言うことができる。しかし、ある人が情動面で成功しているからといって、ビジネスで成功するか、専門的職業（医師・弁護士）で成功するかはわからない。われわれは、「彼は神のいちばん悪い馬鹿者だが、神さえも彼を愛す」ということばを、何度聞いたろうか。仕事の習慣や業績の記録は、いつも情動面の記録と一しょに読まなければならない。

パーソナリティーを判断するさい、嘘をつくこと、正直、および他のいわゆる道徳上の徳についての習慣の横断面を手に入れることははるかにむずかしい。これらのことを知るには、個人の経歴をみたり、彼の生活にむしろ近づいて調べるほかはない。しかしこれは、彼の友達の間を広く観察し、長い期間彼の行動を観察することによってのみ行うことができる。もしある人が他人について正直に文書を書くならば、われわれはその人の情動上の構造についてはるかにもっと安全な判断を下せるだろう。しかしわれわれの多くは、たいへん臆病なので、正直な文書を書くことができない。それゆえ推薦状というものは、彼について書かれた紙きれに値することはまれである。もし個人を実際に一定の期間近くでずっと観察できるような準備学校がないなら、パーソナリティーの情動面についての価値ある判断――たとえば、他人とうまくやって行く個人の能力、重い責務のもとによく働くことができるか、それとも軽い責務のもとによく働くことができるかどうか、一人でいるときよく働くか、それとも大勢の中でよく働くかどうか、彼の仕事の習慣はだらしがないかどうか、彼は自分の仕事を残さずにやるかどうか、それとも自分のしないことをかくしているかどうか、彼は激励されるとよく働くか、それとも非難されるとよく働くかどうか――を下せないのではないかと思う。個人は、莫大な知的能力（私が知的能力というのは、莫大な手を使う機構とことばを使う機構のことである）をもっているにしても、内臓の機構が欠けているために――つまりバランスのよくとれた情動の訓練が欠けているために――人生におけるあらゆる仕事で失敗することが多い。もし私があなたのことばを使えば――たとえばその人は、「おこりっぽい」、「気むずかしい」、「意地が悪い」、「執念深い」、「引きこもりがちだ」、「お高くとまっている」、「うぬぼれが強い」、「容赦なく批判する」等々といえば――わかり易いだろう。これらの情動的な因子をあきらかにするには、赤ん坊の研究で見たように、個人を一定の状況のもとにおかなければならない。それらは、真に、組織化されない、幼児的な反応の型――幼児期からの持ち越し――である。このような状況は、一週間、あるいは一カ月の普通の仕事の過程では、あらわれることがめずらしい。だから、その人を長い期間観察しなければならない。経営者は多かれ少なかれこのことを知っていて、以前より研修期間を長くし、このような制度に伴う労働者の退職率が比較的大きいことを認める覚悟をしていると思う。

パーソナリティーの研究に近道があるか

被験者を「面接」してパーソナリティーを知ることができるか。われわれは、個人面接で一人の人についてなにかを知ることができる。しかし個人面接はむしろ拡大されるべきだ。つまり面接は一回以上なされるべきだし、一人以上の人が、その人を面接すべきだ。面接中には、些細なことがたくさん目につくが、周到な観察者はそれをノートに控えておくかもしれないし、それから利益をうるかもしれない。観察中の人の声、ジェスチャー、歩き方、風采――これらすべては重要である。あなたは、その人が教養のある人かどうか、行儀がいいかどうかを、すぐに言うことができる。面接にやってきた人の中には、帽子はかぶったままで、口にはたばこをくわえたままの人もいるし、話すことができないほど、おどおどしている人もいるし、傲慢なので、あなたのほうが即座に逃げだしたいほどの人もいる。着ている衣服からも、些細なことがいろいろわかる。すなわち、衣服から、こぎれいで清潔な個人的な習慣をもっているかどうかがわかる。もし彼がよごれたカラーをつけ、手首がよごれているなら、彼は不愉快で、不潔な人だというかなり立派な証拠が手に入る。しかし個人面接は、労働の習慣や、その人の正直さや、主義の堅固なことや、能力についてはなにも教えてくれない。ここでまたわれわれは、その人の生活史の研究にもどらなければならない。

それなのになぜ、会社の支配人や大衆は、自分たちは他人の性格がわかる、と一般に信じているのか。その主な理由は、自分たちはできると、うぬぼれているためだろう。他人の性格がわかるために、彼らは、仲間の中である名声を博している。彼らがそれをうまくやり通せる理由は、照合できないためである。もしあなたが、給仕とか、特別の能力（たとえばタイプを打てるとか、速記ができるなど――この場合には、照合が可能である）を要しない仕事の応募者の群からただ一人の人を選抜したいとする。このとき、あなたが目かくしをしてその人を選んでも、正しく選べる確率は五分五分か、それよりもいいだろう。またわが国の能率の標準はそれほど高くないから、どの事務所にも仕事がやっとできるような人があふれている。だから仕事がもっと標準化されたら、彼らは仕事をよくやることができないだろう。しかしもし支配人が頭がきれ（多くの支配人はそうであるが）、応募者と会話をかわし、さぐりを入れるような質問をし、その返答を注意深く記録するなら、有益な示唆がえられるだろう。しかし今日では職員選抜はせいぜいのところいちかばちかといった事件も同然である。これが、心理学のペテン師がやすやす暮らして行ける理由である。

大人のパーソナリティーの二、三の弱点

人間性にはたくさんの弱点があるので、主な欠陥を指摘することはむずかしい。実際、人が人間の生活をもっともっと近くから観察するにつれて、しばしば長所のように思われることが、個人の主要な弱点の一つにすぎないという見地に達する。つぎの二、三の項目について、パーソナリティー内の弱点を見てみよう。すなわち、（1）劣等性、（2）おべんちゃらを受け入れやすいこと、（3）王様や女王になろうとたえず努めること、（4）子供時代の遺伝をもちこすこと。

(1) 劣等性

今日われわれは、自分の劣等性を「体系化」する手順を述べるにはおよばない。精神分析学者は、われわれに代わって、これをしてくれた。しかし、われわれは科学的なことばで、何が起こるかを述べよう。われわれの多くは、劣等性を、包みかくし、秘密にし、かばうたくさんの反応を発達させた。はにかみは、一つの形式であり、沈黙は別の形式であり、怒りの爆発は、他の形式であり、また道徳的・社会的な問題で進歩的な立場をとることは、非常に共通な他の形式である。いちばん利己主義な人は、よく組織化されたことばの体系をもってい、これによって、老練な人の目からも利己主義をかくす。もっとも「けがらわしい」人は、けがらわしいことを、大声でしゃべる。誘惑におちいりやすい人は、彼が自分の倫理や行為の標準にしている規則や規定を声を大にして宣言する。かわいそうに、彼は弱いので、自分自身を支えるために、そういったものが必要なのだ。さらに注目すべき例は、ほとんどインポテンツなのに、精力を大声で自慢する奴である。われわれはまた、自己の身体的な劣等性をかくすのに役立つ習慣の体系を作り上

げる。背の低い人は、しばしば大声でしゃべり、「けばけばしい」服装をし、ハイ・ヒールをはき、「うぬぼれが強く」、でしゃばりである。いやしくも人から見られるためには、彼は異常な方法で振る舞わなければならない。女たちは、一つのことを、別のことでバランスをとろうとする。たとえば、彼女たちの顔は美しくないかもしれないが、容姿は端麗である。彼女たちの腕は無器用かもしれないが、脚は、鑑識眼のある芸術家の賞讃の的である。解剖学的に極上のものがないときには、スタイルにたよる。あまり太っていて、スタイルが悪いときには、彼女たちはすばらしい自動車に乗り、美しい宝石をもち、設備のいい家をもつ。

どういうものか、たいていの人は、永久に劣等性に面と向かうことができない。分析家も例外でない。私の友達には、分析家が大勢いる。彼らもやはり、自分の理論が攻撃されたり、だれかが分析家としての彼のすぐれた能力に挑戦すると立腹する。彼らも他の人と異なっていない。人が自慢しなければならないとき、あるいは少しよく見せなければならないとき、私がその人に要求することは、彼がユーモアの感を示すことである。すなわち自分がときどきこういうことをするのは、赤ん坊が哺乳瓶をもつことと同じく必要だということを、せめて身振りをして、示すことである。実際これらのいわゆる「補償」の起源は、小児的なものである。われわれは子供に、お前はりこうだ、近所の子供よりりこうだという。われわれは、この子をかわいがり、大事にする。分析家は、これを、「自我」のあらわれとよんでいる。しかし決してそうではない。それは、母親の膝もとで作られ、組織化された習慣の一体系にすぎないし、両親自身の劣等性によって生じたものだ。彼女自身の子供がどんなに「ばか」でも、近所の子供がやってくると、彼女は、自分のレジナルドか、エロイーズの中に、近所の子供がもっていないものを発見するだろう。もしその子の脚が大きいなら、その子の手はおそらく小さく、形がいいだろう。子供が、愛してくれる両親から聞くことはみな、自分のよい部分の賞讃のことばだろう。そして自分の貧弱な部分のことは聞かないだろう。このように人は、自己の価値あるものについてのことばの機構を作りあげる。価値あるものについては、語ることができるが、自分のおちいり易い欠点については、しゃべることを決して学ばない。

(2) おべんちゃらを受け入れやすいこと

男性や女性のパーソナリティーを観察すると、われわれの甲冑には、弱い箇所があることがわかる。もし私が、たいていの人の甲冑を刺し通す一つの武器をあなたに与えるとすれば、その武器はおべんちゃらだろう。けれども、おべんちゃらは一つの技術になっている。この技術を十二分に学んで、卒業した人だけが、それを使おうとする。さきに私は、たいていの人は優越した習慣の体系をもっている、と述べた。それは、宗教的な習慣の体系かもしれないし、道徳的な習慣の体系かもしれないし、芸術的な習慣の体系かもしれないし、その他のものかもしれない。もし人がこの方面における自分の業績についていつもおべんちゃらをいわれているなら、自分に近づこうとしている人が成功するチャンスは大きいだろう。五分間話をかわすと、この優越していた機構の基調がわかることがある。禁煙主義者、厳格な禁酒主義者、名士、百万長者、スピード狂、セックス狂の機構は、会話をかわすと、すぐにわかる。私は何回も観察した結果、一面識もない人がたくみにこのような人たちと知己になり、その人の弱点につけこんで彼らに近づいているときはいつも、彼らは、「あの男はすばらしい奴だ。好感がもてるし、魅力的だし、理知的だ。私たちは、もう一度あの男に会わなければならないと思う」といっているのを発見した。

性格の中で非難をうけやすい点の多くは、フロイト派が逃避機制とよんだものにあたる。たとえば、A

は、だれかの感情を傷つけるのを好まない。傷つけるよりむしろ、彼は、相手の金力だけでなく、主義に屈服する。あるいは、彼は小心なため、立ち上がって自分の考えを他人に言えないので、他人の世話をするという重荷をしょいこみ、他人の悩みごとで頭を痛めている。

ある男女が、なんらかの戒律、誠実についてのおきて、一生かかってできた確信を傷つけられないですむかどうかは、非常に疑わしい。かつては、傷つけられることのなかった時代があったろう。しかし今日慣例はいたるところで破られ、宗教的な命令は守られることが少なく、商売上の誠実さや正直はしばしば法律的に決定される問題になったので、われわれはみな、非常に長い間、はげしく、たくみに、弱点につけこまれると、害をうけ易い。これは、あなたか、私が、今日銀行ギャングをしようとか、殺人や暴行をしようとか、近所の人を不当に利用しようとか、いう意味ではない。けれどもある条件を与えられると、われわれは必ずといっていいほど、いわゆる非道徳なことをする。あなたのまえにいる人があなたを助け、あなたの役に立つかぎり、あなたは彼を公平に扱おうと気を配ることは、商売上でも、職業上でも、よくあることだ。だから、彼は、なんら悪事をすることができない。あなたは、あらゆる場合に、彼を後援し、支持する。しかしあなたが彼と同等になったとき、あるいはあなたが彼と王座をわかち始めたとき（あなたは、そういうことをことばで言いあらわしたことがないのに）、あなたの耳には、どういうものか、彼の欠点が聞こえてくるのに気づくだろう。彼に対する信用を疑わせるようなことをあなたが聞くと、内臓に強い色合があらわれる。またあなたが彼の側を通るとき、あなたは、自分の昔のライバルをもっと安上がりの男にとりかえることができないものか、と思う。あなたが、経済という理由で、これに理屈をつけるのは、一石二鳥である。そこであなたは、貸借対照表を厳しくし、昔のライバルの台頭に対して、あなた自身の王座の安全をはかるのである。

私はここで、人間性は悪だ、というつもりはない。私は、ある状況のもとでのわれわれの振る舞い方は、ほとんど自動的だ、ということを示そうとしただけである。われわれの中には、われわれ自身の中のこの種の弱点を知っている人もいる。そしてたえずこの弱点に警戒の眼をむけている。一方それほどよく分析していない人もいる。そういう人は、それを人間的なものとよび、この理由から自分自身を大目に見ている。これが人間関係のあらゆる面で心理学が非常に役に立つと思われる点である。私は、古い聖書のことばをわかり易く言ってみよう。「まずあなた自身の目から梁《はり》を取り去れ。そうすれば、あなたの仲間の目にあるちりが見えるようになるだろう」〔「マタイ伝」第七章の三。「兄弟の目にあるちりを見ながら、自分の目にある梁を認めないのか」〕。この句は、黄金律〔「マタイ伝」第七章の一二。「何事でも人々からしてほしいと望むことは人々にもそのとおりにせよ」〕やカントの「定言的命令」より、心理学的にはもっと納得のゆく格言である。われわれはみな「あなたが他人にしてもらいたいことを、その通り、他人にもしてやれ」という句をぜんぜん認めない。われわれの多くは、ある面で病的であり、他人は違う面で病的である。だから、もしあなたが他人からされたいように、他人にしてやろうとすると、あなたは苦境——ときにはひどい苦境——におちいることがきわめて多い。またカントの定言的命令、すなわち「普遍妥当的な格率に従って行為せよ」をとってみよう。このたえず変化する心理学的世界に、普遍妥当的な格率などは一つもない。エデンの園で行われていた格率は、シーザーの時代には行われていなかったろうし、一九三〇年にはあてはまらないだろう。しかしどんな人も自分自身の行為の仕方は見ることができる。そして彼は、自分を行動に駆りたてている現実の刺激に直面すると、びっくりすることが多いだろう。おべんちゃらを受け入れやすいこと、利己的なこと、困難な状況を避けること、弱みを見せたり、弱みを告白するのがいやなこと、知識が不十分なことや、知識が欠けていること、嫉妬、ライバルの恐怖、身代わりにされる恐れ、自分がそれから逃れるために、他人を批判すること――それらは、われわれの本性のほとんど信じられない部分である。彼が実際に自分自身を直視すると、明るみに出たもの――子供っぽい行動、非道徳的な規準（しかもこれらは、理屈づけというちばん薄いベニヤ板で表面をおおわれている）――によって、打ちのめされんばかりになる（完全に打ちのめされないが）ことが多い。裸にされた「魂」を直視できるものは、真の勇者だけである。

（3）われわれは、王様や女王になろうとたえず奮闘している

両親のもとでの訓練や、われわれが読む本や、われわれを取り巻いている伝記の結果、男性はだれもかれも、王様になることは人にゆずれない権利と考えるし、女性はだれもかれも、女王になることは他人にゆずれない権利だと考える。あらゆる歴史が、これをはぐくんでいる。王様や女王はかわいがられるし、大事にされる。王様や女王は、いろいろなことをしてもらう。彼らは、たくさんのおいしいものをたべている。彼らはよい住居や、もっと芸術的な住居をもっている。彼らはセックスをもっと手に入れ、セックスに美的な価値をおいている。ところで、これらのうちの多くが、われわれの手に入ったのは、子供時代だった。これが、われわれが子供時代をあきらめられない理由の一つである。そして実際、私があとでお話しするように、われわれが子供時代を完全に断念することはめったにない。われわれは、子供時代に両親に対して振るってきた権勢を、大人になってからも日常生活に持ち込もうとする。「打倒資本家。労働者奮起せよ」と叫ぶ労働運動の指導者は、われわれのだれかと同じく、王様になりたがっているのだ。一方「打倒労働者」と叫ぶ資本家は、王様になるか、それともずっと王様でいるのを熱望しているのだ。だれもこの種の闘争に反対できない。それは生活の一部である。優越を求めるこの種の闘争はこれまでもつねにあったし、また（行動主義者がすべての子供を育てるまでは！）将来もあるだろう。あらゆる男性は王様になるべきだし、あらゆる女性は女王になるべきだ。しかし、各人は、自分の領土がかぎられていることを、知らなければならない。この世で非難されるべき人は、自分は王様や女王になりたいが、他人が帝王になるのを許さない人である。

（４）幼児期は、不健康なパーソナリティーの一般的な原因を将来に持ち越す

上に述べたパーソナリティー中の弱点は、われわれは、組織化された多数の習慣の体系を幼児期や青年期初期から、大人の生活へ持ち込むという一般的な事実の実例にすぎない。これらの体系の多くは――三〇六ページで述べたように――言語化されないものである。つまりことばの対応物やことばの代理物を欠いている。人は、それについて話すことはできないし、また自分が子供っぽい行動を持ち越したことを否定するだろう。しかししかるべき状況に出会うと、それは姿を見せる。そしてこれらの持ち越しが、健康なパーソナリティーに非常に重大な障害を与える。

われわれが持ち越した体系の一つは、家庭内の一人、あるいは一人以上の個人――母親、父親、兄弟、姉妹――あるいはわれわれが育つさいに重要な役割を演じたある大人に対する強い愛着である。対象、場所、地域に対する非常に忠実な愛着も、危険なことが多い。このような持ち越しに対する一般的な名前は、**巣の習慣**（nest habit）である。アメリカの南部人は、特別これを発展させる。「私の家族はこれこれをしている」。「スミスという名の人はこれまで征服されたことがない」。「ジョーンズ家は、侮辱を忘れない」。高貴な家柄は、この種の体系をはぐくんだ。これらの習慣は、強化されて、家憲や紋章になった。結婚は

ほとんどつねに他人をその集団に入れることを意味するから、この人を妻か、夫として受け入れるまえに、しばしば重大な悶着が起こった。これが、血の反目がたくさん起こった理由の一つである。こうして、あなたの父親と母親があなたにこれらの習慣を植えつけ、またあなたの父親と母親が同じようにそれを彼らに植えつけたという事実のために、われわれは、幼児症（infantilism）を、一種の永久的な社会的遺伝と考えている。これほどは目だたないが、種族的な習慣の体系もまた、人々に植えつけられる。

しかし、われわれが主として関心をもっているのは、個人の成長である。そこで、これにもどろう。あなたが三歳のとき、あなたをかわいがっている母親が、あなたにつぎのような行動の仕方のくせをつけた、と仮定しよう。すなわち母親は、手をとり足をとって、あなたの世話をする。あなたは天使の子であり、またあなたのなすこと、言うことは、完全に驚歎の的である。あなたの父親は、あなたをこらしてはならない。あなたの家の看護師があなたを叱るときは、いつも彼女のほうが悪い。三年後、あなたは学校へ行く。あなたはずっと問題児である。やがてあなたは、学校を怠けだす。母親はあなたの肩をもつ。あなたは何回も何回も、盗みをしたり、嘘をついたりする。先生はあなたを家に送り帰し、退学を命ずる。母親は家庭教師をつけるが、彼女は、この家庭教師にも、支配の手をのばす。家庭教師は、あなたを教育する。そのあげく、あなたは家出をする。人々はいたるところで、この種の人間に出会うだろう。彼らは、巣の習慣を破ることができないのだ。彼らは、家庭が彼らをかわいがるのをやめるとうまくやって行けない。青年時代が過ぎ去ったとき、彼らは慢性の病気にたよる。

われわれは、ヘビが脱皮するように、——しかしヘビのように突然にではなくて、成長によってひき起こされた新しい状況が要求するたびに徐々に——子供っぽい習慣を脱がなければならない。三歳のとき、正常な子供は、よく組織化された三歳のパーソナリティー――その年齢にとってはよく働く習慣の体系――をもっている。しかし彼が四歳のほうへ前進するにつれて、三歳の習慣のあるものは、こわされなければならない。赤ん坊の話し方は捨てなければならないし、個人的な習慣は変えなければならない。四歳のときには、おねしょ、指しゃぶり、知らない人に会ったときのはにかみ、流暢にしゃべれないこと、は軽く見逃されないだろう。露出癖も投げ捨てなければならない。子供は、突然部屋に入らないように教えられるし、また他人が話しているのを無視して、話しださないように教えられる。彼は、自分で衣服をき、手を借りないで風呂に入り、尿意を催したら夜起きて、トイレに行かなければならないし、三歳のときにはできるとは思われない他の何千の行為をしなければならない。三歳の習慣が持ち越されないで、四歳の習慣に席をゆずることができるように、われわれの家庭生活ができてさえいればいいのだ！　しかし、両親が自分たち自身の幼児期からの持ち越しをほとんどもたなくなるまでは――つまり彼らが子供の育て方を学ぶまでは――席をゆずるということは起こりえないし、また決して起こらないだろう。

これらの持ち越しが、大人の生活にどういうふうに影響するかを一、二の例をあげてみてみよう。母親のあまりにもやさしい愛情のために、息子にとっては、結婚は困難か、不可能である。母親は、息子が選んだどの相手にも反対する。しかし彼は最後には結婚する。そして家庭争議が起こるが、これは一時おさまる。二、三日たつと、息子と義理の娘は両親と一しょに暮らすようになる。その後、大変なことが起こる。そのとき、息子は、母親と花嫁という二人の妻をもつ。この青年は作り直されなければならない。すなわち、母親の行ったこの不自然な（しかし息子は気づいていない）条件づけをなくすようにしなければならない。

また娘は、幼児期から、父親に愛着をいだき、二四歳まで父親の厄介になって暮らし、結婚しない。しかし彼女は、最後には結婚する。もちろん彼女は父親と性交渉をしていなかったから、夫とは性交渉をしないだろう。もし彼女が強いられると、彼女はわっと泣きだす。彼女は自殺をはかるか、正気を失って逃げ出すかもしれない。

もし世間なみの大人が、幼児期からの持ち越しによって起こされた自分自身の言語行動、手を使う行動、および内臓行動を朝から晩までくわしく記録するなら、彼はびっくり仰天するだけでなく、自分の未来に恐怖さえいだくだろう。その記録はこうである。われわれは感情を傷つけられた。立腹した。激怒した。われわれはだれかに、いいものをやってしまった。だれかをしたたかなぐった。あなたの上役はばかだ。無知だ。あなたは喧嘩した。叱りとばした。病気になった。頭痛がする。あなたは部下の前で見せびらかさなければならない。あなたは一日中むっつりしていた。気むずかしい。ぽかんとしていた。仕事がうまく行かなかった。仕事でへまをした。材料を台なしにしてしまった。あなたは、下の者に残酷だ。あなたはうぬぼれていた（これは誇示のほとんどおきまりの形式の一つである）。うぬぼれは、パーソナリティーを台なしにすることが多いが、無知のいちばんひどい種類の告白にすぎない。賢い人は、目の前にあることについてはなにも知らないという見通しを持っているので、知識が増すにつれてますます謙遜になる。うぬぼれは、幼児期の増長から来ている。卑下と不完全なことは、これと同じく幼児期からの持ち越しであり、「劣等」かあるいは不適当な父親か、母親によってはぐくまれるのが普通である。家族内のいわゆる「素質的」な因子は、この方面の両親の傾向によってうまく説明されるので（私は、数世代を通じて見られる傾向のことを言っているのである）、私はそれらを説明するのに遺伝にたよらなければならない理由がわからない。

「病める」パーソナリティーとは何か

術語の使用に関するかぎり、今日、精神病理学の分野ほど、混乱している分野はない。医者は、行動主義についてほとんど知らない。だから、あなたは、精神病理学の中に、古い内観心理学か、フロイト派の悪魔学的（中世には精神病は悪魔にとりつかれたために起こると考えられていた。それで悪魔が人間にとりつく手管、そのときあらわれる徴候、それを祓う方法が研究された）な術語を見出すのである。かつて私は、一人の人に徹底的に行動主義を教え込み、それからその人が医学、最後に精神病理学に入るのを見とどけるほど、長生きしたいものだと思った。しかしこれまでのところ、これは成功していない。医学の観点からみると素人である行動主義者は、この沼池を排水できないし、また行動主義者でない医者もそれをすることができない。だから「精神病」とか、「無意識」という概念が、混乱した概念にもかかわらず、はびこっているのだ。この分野で働いている医者の主要な欠点は、彼が哲学史や物理学にさえ精通していないことである。多数の精神病理学者や分析家にとっては、意識というのは現実的な一つの「力」である。つまりなにかをすることができるもの、一つの生理学的な過程を動き出させ、すでに進行しているものを阻止し、制止し、打ち倒すものである。物理学や哲学史を無視しないなら、だれも、こんな見解をとることはできないだろう。今日心理学者は、だれ一人として相互作用（肉体と精神は相互に影響を及ぼすという説。ヴントはこれを否定したが、フロイトはこの立場をとった）――それは、そうよばれているが――を信じる者といわれたがっていない（しかし心理学者の中には、それを信じている人もいると思う）。あなたが、行動を扱っている医者に、テーブルの上の玉突きの球を動かす――静止の状態から運動の状態に行かす――唯一の方法は、キュー〔玉突きの棒〕でそれを打つか、あるいはすでに動いている別の球をそれにぶつける〔あるいは別の動いている物体をそれにぶつける〕ことだという物理学上の事実を見させるまで、あるいは球がすでに動いているなら、これらのことの一つをしないかぎり、運動量か、方向を変えることはできないということを見させるまで、あなたは、精神病理学的な行動について科学的な見地をえられないだろう。精神病理学者――彼らの多くは――は、今日、「意識」的な過程が生理学的な球をころがし始め、つぎにその方向を変えると信じている。私が内観主義者の悪口を言ったのと同じく、彼らは、自己の概念について純真ではない。ずっと昔、ジェームズでさえも、あなたが肉体の一過程を「打ち倒し」たり、あるいは変える唯一の方法は、別の肉体の過程を動かすことだ、という見解を述べた〔彼は、「意志」と「注意」では、この見解に執着していなかったが〕。もし「精神」が肉体に作用を及ぼすなら、物理学の法則はすべて無効になるだろう。精神病理学者や分析家の物理学的、および形而上学的なこの素朴さは、「この意識過程がこの形式やあの形式の行動を制止した」とか、「無意識的な欲望はこれこれをしないようにする」という表現の中にあらわれている。今日の混乱の多くは、フロイトに由来するものである。フロイトの信奉者には、これがわからない。彼らの多くは、彼の手で〔直接か、間接に〕分析をうけて、強い積極的な「父親」の機構を形成した。彼らは、自分たちの「父親」が批判されるのを喜ばなかった。批判を受け入れるのを嫌ったためと、批判を通じて進歩をはかるのを嫌ったために、それは、現代におけるもっとも重要な運動の一つとして出発したのに、その頂点で、崩壊を起こした。今から二〇年後にはフロイト派の概念や術語を用いている分析家は、骨相学者〔頭蓋骨の骨相から、その人の性格がわかるという一八世紀のオーストリアの医師、ガルの説。一時たいへん評判になった〕と同じ平面におかれるだろう、と私はあえて予言しよう。けれども行動主義の原理にもとづいた分析は、社会に残ることができるし、社会で必要な職業になるだろうし、内科や外科と同列におかれるだろう。私がいう分析というのは、私が上に輪郭を述べたような、パーソナリティーの横断面を研究することである。これは診断と同じものであろう。これと結びついて、無条件づけと条件づけが行われるだろう。これらは治療面をなすだろう。分析自体は、なんら価値をもっていない。すなわち治療的な価値がない。これこれの種類の新しい習慣——言語習慣、手を使う習慣、および内臓の習慣——は、将来の精神病理学者が書く処方になるだろう。

精神病のようなものがあるのか

分析家や医者についての多少あいまいなこの議論は、つぎのような決定的な疑問を生むことを、私は知っている。すなわち、精神病のようなものがあるのか、もしあるなら、それは何に似ているのか、そしてどういうふうにしてそれを治療するのかと。

精神というようなものがあるという間違った考えが行われているかぎり、精神病や精神症状や精神的治癒があると思う。しかし私は、この問題全体を違ったふうに見る。私は、自分の見解をざっと述べよう。パーソナリティーの病気、行動の病気、行動障害、習慣の葛藤という用語が、私が、精神障害、精神病等々の代わりに用いたい術語である。いわゆる精神病理学的な障害（「機能性精神病」、「機能性神経症」）の多くには、パーソナリティーの障害を説明してくれるような重大な器質的障害がない。すなわち、どこにも感染も、損傷もないし、（器質的疾患のさいしばしばみられる）生理学的な反射の欠如もない。けれども、その人は、病めるパーソナリティーをもっている。彼の行動は、ひどくかき乱されているか、あるいは障害があるので、われわれは彼を精神障害（純粋に社会的な分類）とよび、彼を一時的か、永久に収容しなければならない。

だれも、わが国のような社会構造の中に存在している種々の行動障害の気のきいた分類法を、われわれに教えてくれない。われわれは、躁うつ病、不安神経症、統合失調症等のことをきいている。素人としての私には、これらの分類はなんの意味もない。われわれは一般に、虫垂炎（いわゆる盲腸炎）、乳ガン、胆石、チフス、扁桃腺炎、結核、進行麻痺、脳腫瘍、および心不全さえも、それがどういう意味か知っている。私は一般に、なにかが起こっているときに体内にいる生物について、傷害をうけた組織の種類について、またその病気の一般的な経過について知っているし、医者がそれらについて私に言うとき、医者の言うことを理解できる。けれども、精神病理学者が、「シゾ」とか、「殺人狂」とか、「ヒステリー」発作について私に語ろうとするとき、彼は自分が何を言っているのかわからないのではないかという感――それは年ごとに強くなって行く――をもつ。そして彼が自分が何を言っているのかわからない理由は、彼らが患者をからだ全体の振る舞い方や、その行動の発生原因から研究しているためより、むしろ精神の見地から研究してきたためだと思う。しかし過去数年間に、この分野でもたしかに非常な進歩が見られた。

いわゆる精神病の中に、「精神という概念」を入れる必要がないということを示すために、私は、精神病理学的なイヌの魅力的な描写をお見せしよう（私はイヌを使おう。というのは私は医者でないからだし、また人間の実例を使う資格がないからである――獣医諸君はどうか私を許して欲しい！）。あるとき私は、だれにも相談しないで、イヌがおいしいひき肉の、新鮮な、ハンブルク風のビフテキから遠ざかり、腐った魚だけたべるように、訓練した（この実例は、現在手もとにある）。また私は、牡イヌが、イヌ独自の仕方で、牝イヌを嗅がないように（電気ショックを使って）訓練した。すなわち、このイヌは牝のまわりをぐるぐる廻り、一〇フィート〔三メートル〕以上近づかなかった（J・B・モーガンは、白ネズミでこれに似たことをした）。さらに、私は、このイヌを牡の仔イヌや牡イヌとだけ遊ばせ、牝の背中にのろうとすると罰し、このイヌを同性愛のイヌにした（F・A・モスは、白ネズミで、これに非常に似たことをした）。朝私がこのイヌのところへ行くと、イヌは私の手をなめたり、跳んではねたり、じゃれたりしないで、かくれたり、ちぢこまったり、哀しい声を出したり、歯をむき出したりした。イヌは白ネズミや他の小動物を、狩猟のように、追い掛けないで、それから逃げたり、はげしい恐れを示した。イヌは灰の入った缶の中で眠り、ベッドをよごし、三〇分ごとに、いたるところで排尿した。木のあらゆる幹をかぐ代わりに、このイヌはワンワン吠え、喧嘩をし、地面をひっかいた。しかしその木から二フィート〔六〇センチ〕以内のところまで行かなかった。イヌは一日二時間しか眠らなかった。しかしこの二時間の間、頭をさげ、地面に腰をつけて眠らなくて、壁にもたれて眠った。イヌは脂肪をとらなかったので、やせ衰えた。イヌは、たえずよだれをたらした（というのは、私が、そのイヌを何百の物体によだれを流すように条件づけたからである）。これは消化をかき乱した。そこで私は、このイヌを、イヌ専門の精神病理学者のところへ連れて行く。このイヌの生理学的反射は正常で、器質的な障害はどこにもない。そこでこの精神病理学者は主張する。「このイヌは精神病です。実際に正気ではありません。この精神状態のために、消化障害のような、いろいろな器質的障害が起こったのです。この精神状態が、不健康な肉体状態をひき起こしたのです」。このイヌは、一匹のイヌがなすはずのあらゆることを――この型のイヌが普通することと比べて――しない。またこのイヌは、イヌがしないようなことをする。この精神病理学者は、こう言う。「このイヌはイヌの精神病院に入れなければなりません。もしイヌを入院させせないなら、十階のビルから跳びおりるでしょうし、ためらわないで、火に跳び込むでしょう」と。

そこで私は、イヌ専門のこの精神病理学者に、こう言ってやる。「あなたは、私のイヌについて何もご存知ないのです。このイヌが育った環境（私がこのイヌを訓練した方法）から見ると、このイヌは世界中でいちばん正気なイヌです。あなたはこのイヌを『正気でない』だとか、精神病だとかおっしゃっていますが、それは、あなたご自身の分類方法が不合理だからに他なりません」。

つぎに私は、この精神病理学者に、私の信念をぶちまける。彼はひどく立腹して言う。「おまえがそうしたんなら、おまえがイヌを治せ」。そこで私は、このイヌの行動障害を治そうと決心する。少なくともこのイヌが、近所のいいイヌと遊び始めることができるところまで、治そうと試みる。もしこのイヌが年をとりすぎていたり、病状が進んでいるなら、私は、イヌをずっと閉じ込めておく。もしイヌが若いか、たやすく学習できるなら、私はイヌを再訓練することを引き受ける。私は、行動主義者の方法を使う。私ははじめ無条件づけし、つぎに条件づけをする。やがて私は、イヌを空腹にさせ、鼻をふさぎ、暗い所で餌を与えて、新鮮な肉がたべられるようにする。これは、私には、幸先がいい。私は、今後の仕事で用いる基本的なものを手に入れたことになる。私はイヌを空腹にさせ、私が朝イヌ小屋を開けたときだけに、餌をやる。鞭は使わない。やがてイヌは、私の足音を聞くと、嬉しそうに跳びはねるようになる。二、三カ月たつと、古いものが掃除されただけでなく、新しいものが作り上げられる。今度ドッグ・ショーがあるとき、私はこのイヌを誇らしげに出場さす。このイヌは胴体につやがあって申し分ないだけでなく、全身の行動もすぐれているので、入選し、ブルー・リボンをつけて家に帰る。

これはみな誇張だし、冒瀆している！　たしかにこれと、われわれがあらゆる病院の精神病棟で見る貧しき病める魂との間には、なんの連絡もない。そうだ。私は誇張だと認める。しかし私はここでは本質的なものを求めているのだ。私は、われわれの行動科学の礎石の中にある単純さと粗野を弁護しているのである。私は、あなたが病めるパーソナリティーにおける行動の合併症、行動の型および葛藤を、条件づけによって作ることができるだけでなく、感染や損傷を最後には起こす実際の器質的な変化の発端をも、同じ条件づけによって、起こすことができることを――心身相関という概念（「精神」の肉体に対する影響）を導入しなくても、あるいは自然科学の分野を去らなくても――この素朴な実例によって示そうとしたのである。いいかえると、行動主義者としてのわれわれは、「精神病」においてさえも、神経学者や生理学者が扱っているのと同じ材料と法則を扱っているのだ。

どういうふうにしてパーソナリティーを変えるか

病人――精神病質――のパーソナリティーを変えることは、医者の仕事である。医者が現在のところどんなに不手際に自分の仕事を処理していても、われわれは、習慣の崩壊が起こるときには、医者のところへ行かなければならない。私がナイフか、フォークを持つことができなくなったり、一方の腕が麻痺したり、あるいは私が妻や子に視覚的に反応できなくなり、しかも理学的検査でどんな種類の器質的な損傷も発見できないとき、私は、精神分析家の友人のところへ急いで行き、「ぼくが君に言った意地悪なことを水に流して、この苦しみからぼくを救ってくれよ」と言わなければならない。

われわれ「正常な人間」でさえも、自分自身を調べて、自分自身のいちばん悪い持ち越しを脱ぎ捨てたいと決心してから、パーソナリティーの内部にこれらの変化を起こすことは、容易でないのに気づく。あなたは、夜通し化学を学ぶことができるか。一年で立派な音楽家か、芸術家になることができるか。あなたがこれらを学ぶのさえ、むずかしいだろう。しかしあなたが新しい習慣を身につけるまえに、高度に組織化された古い習慣の体系を捨てなければならないなら、二重にむずかしい。しかしこれが、新しいパーソナリティーを欲している人が直面している問題である。どんなやぶ医者も、あなたのためにそれをすることはできないし、どんな通信教育もあなたをしっかり指導することはできない。けれどもほとんどどんな事件も変化を起こす。洪水、家族の死、地震、教会への改宗、健康の衰え、拳闘は、それを起こすかもしれない。あなたの現在の習慣の体系を崩壊さすものはなんでも、あなたを日常の日課から追い出し、あなたが過去に反応しなければならなかった対象や状況とは異なったものに反応することを学ばなければならないような位置に、あなたを置く。このような出来事は、あなたのために新しいパーソナリティーを作る過程を開始さす。新しい習慣の体系が形成されている間、古い習慣の体系は使わないために消失し始める。つまり保持の喪失が起こる。だからその人は、古い習慣の体系によってますます支配されることが少なくなる。

われわれは、パーソナリティーを変えるために、何をしなければならないか。すでに学習したことをすてて、再学習すること（unlearning）（「すてて、再学習する」というのは積極的な無条件過程か、あるいは使わないことである）と新しいものを学習することである。そして学習は、いつも能動的な過程である。それゆえパーソナリティーを徹底的に変える唯一の方法は、新しい習慣が形成されねばならないように環境を変えて、その人を作り直すことである。習慣が完全に変えられれば変えられるほど、パーソナリティーは変化する。これを助けを借りないでできる人は少ない。これが、年々歳々われわれが同一の古いパーソナリティーでやって行ける理由である。将来われわれは、パーソナリティーを変える上に役立つ病院をもつだろう。というのは、鼻の形を変えることができるほどらくらくと、われわれはパーソナリティーを変えることができるからである。ただそれは、鼻の形を変えるよりもっと時間がかかる。

言語はパーソナリティーを変える途上に横たわる一つの困難である

環境を変えることによってパーソナリティーを変えるさいに、一つの困難がある。これまでこれについてはほとんど考えられたことがなかった。それはつぎの点である。われわれが個人の外部環境を変えてパーソナリティーを変えようとするとき、単語や単語の代理物の形でその人にくっついている古い内部環境を持ってこないようにすることはできない。あなたは、一生働いたことのない人、母親がいつも甘やかしていたかわいい子、舞台の女優にたえずくっついている人、都市の一流のレストランのお客、立派な小間物店のお客をコンゴ自由国〔旧ベルギー領コンゴの別名。今のコンゴ共和国の旧称〕に送り、その人がフロンティアの人になれるような状況におくことはできる。しかしその人は、母国語と彼が去った世界の代理をしている別のもの〔風俗、習慣〕をもって行く。われわれはさきに、言語を研究したとき、言語は十分発達すると、われわれが生きている世界の複写――しかも自由にあやつることのできる複写――になることを述べた。それゆえ、彼の現在の世界が、彼の心をとらえ始めないなら、ことによると、彼はフロンティアの世界から引っ込み、ことばという古い代理の世界の中で生きるだろう。このような人は、閉じ込められた人

——白日夢にふける人——になるかもしれない。

しかし途中には困難があるにせよ、人は、パーソナリティーを変えるし、変えることができる。友人、教師、演劇、映画はみな、われわれのパーソナリティーを作り、作りかえ、こわす上に役立つ。このような刺激に自己をさらさない人は、自己のパーソナリティーをよりよいものに変えることができないだろう。

行動主義は今後のあらゆる実験倫理学の基礎である

行動主義は、男性や女性に、自分自身の行動の原理の予備知識を与える一科学であるべきだし、また男性や女性が自分自身の生活を改善しようという気にさせるものであるべきだ。とくに、自分自身の子供を健康に育てる強い覚悟をいだかせるようなものであるべきだ。われわれが健康な子供をちゃんと作り、その子がその機構を使うことができるような宇宙——何千年まえの出来事についての伝説的な民間伝承によってがんじがらめになっていない宇宙、政治史上の不名誉な事件のない宇宙、ばかげた慣習や慣例のない宇宙（こういった慣習や慣例は、それ自体としてはなんら重要性がないが、きつい鋼鉄製のバンドのように個人を取り巻いている）——をその子のために準備してやりさえすれば、われわれはすべての健康な子を金持ちで、すばらしい人にすることができるということを、あなたに示せればいいと思う。私はここで革命を求めているのでもないし、神に見捨てられた場所に出掛けて、植民地を作り、裸で歩き、共同生活をせよと人々に命じているのでもないし、木の根や草の食事に変えよと命じているのでもないし、「自由恋愛[3]」をせよと命じているのでもない。私は、あなたの前に、一つの刺激を加えようとしているだけだ。つまり、この宇宙の子供を徐々に変化させる言語刺激を加えようとしているだけだ。というのは、もしあなたが、あなたの子供を、自由思想家の自由でなくて、行動主義的な自由――われわれはそれについてほとんど知らないのだから、ことばであらわすことさえできない自由――で育てるなら、宇宙は変化するだろうからである。そして今度は、よりよい生き方と考え方をもったこれらの子供たちが、社会としてのわれわれにとって代わり、さらにもっと科学的な方法で彼らの子供たちを育てるのではないだろうか。そして、ついにこの世の中は、人間が住むのに適した場所になるのではないだろうか。

注

（1）バートランド・ラッセルは、文学作品や芸術作品を、ドルで測ろうというこの試みについて、つぎのように批評している。

「ブッダ、キリスト、マホメット、ミルトン、ブレイクにこの規準をあてはめると、これらの人格の価値についてのわれわれの評価をかえなければならないことがわかる。すでに述べた点の他に、このくだりに暗黙のうちに含まれている二つの倫理的な金言がある。一つは、卓越ということはたやすく測定できるということであり、他は卓越ということは、法則に従って存在するということである。これらは二つとも、物理学にもとづいた一体系から倫理を演繹しようと試みるとき必然的にでてくる結果である。私としては、ワトソン博士の上のくだりによって示唆された倫理を受けいれることができない。私は、徳は収入に比例するということも、大衆に迎合しにくいことが悪だということも、信じることができない。あきらかに、この問題についての私の見解は、片よっている。というのは、私は貧乏で、不健康だからである。しかしこのことがあるにせよ、私の見解はやはり変わらない」（『懐疑的エッセイ』一九二八年、九六ページ）

ラッセルの言っていることには、かなりの真理が含まれていると思う。金銭的な基準が今日支配的なことは、非常に悪いことだ。それにもかかわらず、私はあえてつぎのように言いたい。書き、描き、歌っているわれわれはみな、交通機関によって運ばれてくるものを請求しているのではないか。またわれわれが実際に自分たちの仕事に対して請求する金額は、過去一〇年間に着実に増加したのではないかと（年々、われわれの作品がよくなっている証拠はないにせよ）。

われわれの市場は拡大し、われわれの仕事はもっと需要がある。われわれはもっとたくさん請求し、もっとたくさんの収入をえている。いいかえると、われわれの作品は日用品のように売られている。

（2）ジョンソンは、心理テストの価値について、タイムリーな警告の鐘をならしている。「メンタル・テストにおける科学と魔術」『ザ・フォラム（広場）』一九二九年一二月号。

（3）私はここで、自由ということ、とりわけ自由な言論については論じない。私はつねに自由な言論の主張者の話を聞いて大いに喜んだものだ。われわれが育てられたこの無茶苦茶な世界で、自由な言論を与えられるべき唯一のものは、オウムだけである。というのは、オウムのことばは、その肉体の行為と結びついていないし、肉体の行為の代わりをしていないからである。自由な言論はすべて、肉体の行為の代理をしている。それゆえ、組織化された社会は、自由な行為を許す（そんなことはだれも提唱していないが）権利がないように、自由な言論を許す権利がない。煽動者が、おれには自由な言論が与えられてない、とこぼすのは、彼が自由な行為をしようとすると、禁止されることを知っているからである。彼は自由な言論によって、だれか他の人を自由に〔奔放に、勝手気ままに〕行為させたいと思っている。すなわち彼自身がするのをこわがっていることを他人にさせたいと思っている。これに反して行動主義者は、彼の扱う多数の人々の言語と肉体の行動が集団の規準にふれないでどこでも等しく発揮されるように、彼らを生まれてからずっと育てたいと思っている。

訳者あとがき

本書は、行動主義の創始者ジョン・ブローダス・ワトソンの代表的な著書『行動主義』改訂版一九三〇年の全訳である（一九五九年版もあるが、これは三〇年版の紙型を使って印刷したもので、内容は同じである）。

ワトソンは一八七八年（明治一一年）一月九日サウス・カロライナ州の小さな町グリーンヴィルに貧しい農民の三男として生まれた。父、ピッケンスは、ハンサムであるが、粗暴で、衝動的で、怠け者で、酒飲みで、女の尻を追いかけるのが好きな人であった。一方母エンマは、美人で、勤勉で、バプティスト派の熱烈な信者であった。ワトソンは、この父とこの母の性格をあわせもった人物であったといわれる（しかし母のような熱烈な宗教心は受け継がなかったが）。

父はワトソンが幼いころ早くも、彼に馬に乗ること、乳をしぼること、靴の底革を貼ることのような手先の仕事を教えた。彼が後年に至るまで「手を使う習慣」を重んじたのは、父の感化のたまものであった。一方母は人一倍勤勉に働くことを教えた。勤労と努力の重視は、本書のなかにもあらわれている（二四九ページ）。一八九一年ワトソンが一三歳のとき、父は近くに住んでいたアメリカ原住民の女性と駈け落ちし、二度と姿を見せなかった（一九二〇年代に父は有名になった息子に会いに来たが、息子は父に会うことを断固として拒んだ）。この事件は少年ワトソンにはげしい衝撃を与えた。この事件を契機にして、彼は手におえない子供になった。彼は学校で教師をののしり、教師が教室から出て行くと、級友ととっ組み合いの喧嘩をし、どちらかが血を出すまでなぐり合いを止めなかった。また学校からの帰途には毎日黒人におそいかかり、一度などはピストルを発射して相手に重傷を負わせ、二度も逮捕された。彼を担任した教師は後年、「彼は怠け者で、理屈っぽく、規則を破り、かろうじて試験にパスすれば、それで満足しているといった少年だった」と述懐している。

成績も悪く、金もない彼が——さらに大学に行くという一般的な風潮がない前世紀の終わりに——どういう風の吹きまわしか、大学に行く決心をし、一八九三年、一五歳のとき、生地にあるバプティスト派の大学ファーマン大学に入学した。彼は大学でギリシア語とラテン語を修めたが、当時彼に大きな影響を与えたのは、ゴードン・ムーアの哲学と心理学（とくにヴントの心理学）の講義であった。彼は一八九八年夏大学を卒業することになっていたが、ムーアの試験に落第し、一年留年することになった。彼の後年の回想によると、大学は彼にはおもしろくなかった。彼は、大学は人生で歩む上の準備を与えてくれるところと考えていた。ところが、ファーマン大学は、そういう準備や指導を与えてくれなかった。それゆえ彼には、「大学は、職業人として立つ自覚を弱め、柔弱さや怠惰を助長し、赤ん坊時代を延長するためだけに存在している」ように思われた。

一八九九年ファーマン大学を卒業したとき、彼は一流大学に入り直したいと思った。しかし母が病気だったので、生地に留まる決心をし、学童数二〇名という小さな私立の小学校の校長になった。月給二五ドルであった。ところが翌年七月三日母が死んだ。それでワトソンは、グリーンヴィルに留まる理由がなくなった。彼はシカゴ大学医学部に入りたいと思ったが、経済的な余裕がなかったので、心理学を専攻する決心をし、同年夏シカゴ大学哲学科大学院に入学した（当時は、哲学科と心理学科はわかれていなかった）。

さて、彼がシカゴ大学に入る六年まえの一八九四年シカゴ大学哲学科に大異動があり、デューイーが哲学の教授に、ジョージ・ハーバート・ミードが助教授に、アディソン・ウェブスター・ムーアが助手に、ジェームズ・ローランド・エンジェルが心理学の助教授に就任した。そしてこれら若い学者（そのとき最年長のデューイーは三五歳、最年少のエンジェルは二五歳であった）は相協力して、ヴントの直流ティチナー（コーネル大学教授）の構成心理学（精神の構造の分析に重きをおく心理学）に反対し、機能心理学（精神の機能、とりわけ生体の適応を重んじる心理学）の創設に努力した。これが「シカゴ機能主義派」で、プラグマティズムと表裏一体をなした学派である。要するに、ワトソンがシカゴ大学に入った頃は、この大学の若い学者を中心にして、新しい心理学が生まれかかっているときであった。彼は後年、「私はここに入って、正しい所に来たとすぐに感じた」と回想している。

彼は、学生食堂の給仕、守衛、メッセンジャーボーイ等のアルバイトをしながら、エンジェルに心理学を、ドナルドソン（圧点、冷点、温点の発見者）に神経学を、ロエプ（向性の発見者）に生理学を学んだ。そして一九〇三年『動物の教育』という動物心理学的研究で、哲学博士の学位をえた。これは、ネズミの迷路学習（本訳書二四六ページ）についての先駆的な研究であるが、アメリカの大学で、動物心理学で哲学博士の学位をえたのは、彼が最初であった。そして翌一九〇四年講師になり、動物心理学を担当した。給料は年俸六〇〇ドルであった。

この頃彼の実験室に、メリー・イッキーズという心理学科の女子学生が出入りしていた。メリーはすぐさまハンサムなワトソンと恋におち、彼と結婚したいと思うようになった。一方ワトソンも、彼女と結婚したいと思った。メリーの兄ハロルド・イッキーズ（弁護士であったが、ルーズベルト大統領のとき内務長官になり、第二次大戦後トルーマン大統領と意見の相違を来たして閣外に去り、のち政治評論家として活躍した。ワトソンより四つ年上）は、ワトソンをドン・ファンな人間とみなし、この結婚に強く反対した。しかし二人はこの反対を押しきって、一九〇三年に結婚した。

　ワトソンは講師になるや、彼が設立した、世界でも最初の動物心理学実験室で、動物心理学的研究をつぎつぎ行った。それらは「運動感覚と器官感覚。シロネズミの迷路に対する反応のさいのその役割」（一九〇七年）、「サルの模倣」（一九〇八年）、「サルの色彩感覚に対する実験的研究」（一九〇九年）、「若いサルの発育についてのノート」（一九一三年）、「単色光に対するげっ歯類の反応の一研究」（妻との共同研究、一九一三年）等として発表された。当時アメリカの大学では七月と八月には給料が支払われなかった。薄給の彼はこれには閉口した。そこで彼は、夏にはフロリダ州のキー・ウエストにあるカーネギー財団の海洋生物学研究所で働き、そこでアジサシ（カモメの一種）の生態を研究した。これは一九〇七年と八年論文として発表された。こうして彼は、動物心理学の草創期に、この学問の創立に大きな役割を演じた。

　一九〇八年バルチモアにあるジョーンズ・ホプキンス大学医学部の動物学教授ジェンニングス（本訳書六一ページ）は、年俸二五〇〇ドルで助教授として彼を招こうとした。しかし彼は当時友人ヤーキスと一緒にしていた動物の色彩感覚の研究をやめて、シカゴを去りたくなかった。そこで彼は返事を渋っていた。ところが大学側は三〇〇〇ドルに値上げし、教授にすると言ってきた。彼は直ちに承諾した。こうしてかつての無法者は、今やすぐれた地位につき、高いサラリーをもらい、しかもアメリカ合衆国でいちばんすぐれた実験設備を自由に使える身分になった。年三〇歳であった。

シカゴ時代からジョーンズ・ホプキンス時代にかけて、彼が親しく文通し、つき合っていた人は、一人はハーバード大学のヤーキスであり、もう一人はコーネル大学教授のティチナーであった。ヤーキスは彼より三つ年上で、ウィリアム・ジェームズのもとで心理学を学んでから、動物心理学を専攻した人であった。当時ワトソンは、さきに述べたように、彼と動物の色彩感覚の研究をしていた（のちにヤーキスは、チンパンジーの研究で世界的に有名になった）。一方、ティチナーはイギリス人であったが、ヴントのもとで学んでからアメリカに来た人で、ヴントの直系をもって自ら任じていた。ワトソンはのちにティチナーの内観心理学にはげしく反対したが、個人的にはティチナーを心から尊敬し、終生変わらなかった。彼は、一九〇八年一二月ティチナーにつぎの手紙を書いた。

私はかつて、先生に対する尊敬を書いたと思います。エンジェルとドナルドソンは私にとっては両親のようでした。彼らは私が生きているかぎり、きっと私の記憶のなかに生き続けるでしょう。私はまず第一に彼らのおかげをうけています。知的、社会的、道徳的に彼らのおかげをうけています。これら二人の人のつぎに、先生のご著書と、私が個人的に先生について知っていることができます。私が彼らのおかげをうけているほど、先生のおかげをうけていないと思っていません。困難な、たえざる研究に対する刺激がどこから来たかを私が言わなければならないなら、それは先生からだと言わなければなりません。私は先生のご著書『教師の手引き』（『実験室の研究の手引き』第一巻定性篇、一九〇一年、定量篇、一九〇五年。それぞれが『教師の手引き』と『学生の手引き』にわかれていた――引用者）を手に入れるまで、実験心理学をそれほど知りませんでした。私はそれで研究をし続け、先生がそれを書かれるためになされたに違いないご研究の量を考え始めました。……夏に先生のところに伺えるなら、先生と研究についてお話ししたいと思います。ある人が私に、私が人間について研究しないのは間違っていると言いました。おそらくそうでしょう。しかし私は、だれも人間についての立派な研究と動物についての立派な研究を同時にできないと思います。私はできないので、落胆しています。ときどき私は、動物についての研究でえられた名声は非常にはかないのに違いないと思います。なるほど現在はそれについての関心は大きいのですが、果たしてそれがどれくらい続くでしょうか。……

この手紙からわかるように、ワトソンは動物の心理の研究者から人間の心理の研究者に変わりたがっていた。しかし両者は研究方法がまったく違っていた。動物の場合は、彼がこれまでしてきたように、動物の行動を観察すればよかった。ところが人間の心理の場合は、行動ではなく、意識が研究対象であり、「内観」が研究方法であった。「内観」というのは、自分自身の心の状態や心の動きを細大もらさず観察し、それを報告することである。そしてこの研究方法は、ヴントとティチナーが提唱したものであった。したがって、動物心理の研究方法を人間に大々的に適用することは、彼が尊敬しているティチナーを裏切ることになるだろう。ワトソンは煩悶した。一九一〇年二月六日ワトソンはヤーキスに、「私は、われわれが現在もっているような心理学を作り替えたい」と手紙に書いた。彼は、動物心理学で用いられている方法を人間の心理の研究に用い、意識の代わりに行動をおきたいと思った。しかし「私のテーゼが、私が発展させたいだけ発展するなら、私はきっと心理学者と不和になるでしょう。ティチナーは私を捨てるでしょうし、エンジェルも私を捨てやしないかと心配しています」と彼は書いた。彼がふんぎれないのは、「村八分になる」恐れであった。ヤーキスは慎重になってくれと忠告した。

一九一二年の秋、コロンビア大学教授マッキーン・キャテルから、明年二月連続講義をしてくれと頼まれた。ワトソンは承諾した。しかし彼は、講義の内容については、親友のヤーキスにさえ言わなかった。講義は一九一三年二月二四日から三月二六日まで行われた。この講義は同年『心理学評論』に「行動主義者が考えているような心理学」という表題で発表された。これが「行動主義」ということばが登場した最初であり、またこれは、在来の内観心理学に対する大胆な挑戦状であった。ワトソンはこの論文について、ヤーキスに「エンジェルは私が正気を失ったと思うだろう」と書いた。

行動主義者が考えているような心理学は自然科学の純粋に客観的・実験的な一部門である。その理論上の目標は、行動を予言し、制御（支配）することである。内観はその方法のなんら本質的な部分をなしていないし、またそのデータの科学的な価値は、データを意識という見地から解釈したことにあるのではない。行動主義者は、動物の反応の一体系を知ろうと努めているうちに、人間と動物との境界線がないことに気がついた。人間の行動は、洗練され、複雑であるとはいえ、行動主義者の観察体系の一部分をなすにすぎない。……

心理学が意識との関連を無視しなければならない時代、心理学は精神状態を観察対象にしているという考えにまどわされるには及ばない時代がやって来たように思われる。われわれは精神の要素とか、意識内容の性質とかいった思弁的な問題に巻き込まれてきたので、実験家たる私は、われわれの前提と、この前提から発展した課題にはなにか間違った点があるのではないかと思い始めている。……

私の心理学上の論争の相手は、体系的な構成心理学者だけではない。過去一五年間に、機能心理学といわれるものが成長してきた。それは意識状態を内観によって分離できる要素に分解する代わりに、意識過程の生物学的な意義を重視している。私は機能心理学と構成心理学の相違を知ろうと最善をつくした。ところがはっきりするどころか、私にはわけが分からなくなった。感覚、知覚、感情、情動、意志のような用語は、機能心理学者も、構成心理学者もよく使っている。……

今や心理学をピルスバリーがしたように（「行動の科学」として）書き、定義することが可能である。意識、精神状態、精神、内容、心像等々の用語を用いるべきではない。心理学を、刺激と反応、習慣形成、習慣の統合等々の見地から打ちたてることが可能である。私は今や実際にこの試みを行うだけの価値があると信じている。……

つまり彼は在来の心理学と、これらの心理学の土台をなしている「意識」と「内観」に反対し、行動を研究対象にすべきだと主張したのである。なお「行動」ということばは彼が最初に使ったことばではなく、一九〇八年マクドゥーガルによってはじめて使われ、ついで一九一一年、ミシガン大学の教授ピルスバリーによって用いられたものである（なお「行動」ということばは、conduct〈行為〉と違って、価値概念が含まれていない）。

ワトソンの革命的で、権威を否定した、勇ましいこの発言は、当時のアメリカの若い心理学者を感激させた。このことは、一九一五年アメリカ心理学会の会長選挙が行われたとき、三七歳の若さであったが、彼が絶対多数で会長に選出されたことからもうかがうことができる。

しかし上の論文はあくまでも行動主義のプログラムで、まだ実体がなかった。そこで一九一四年、彼は動物心理学でまずこれを具体化してみせた。これが『行動・比較心理学入門』である。彼はこの本の第一章にさきの論文「行動主義者が考えているような心理学」を全文転載し、第二章以下に、彼がこれまでにおこなった動物心理学的な研究をまとめて紹介した。

しかし人間の心理学に行動主義をあてはめるのは、彼がさきの論文（一九一三年）で宣言したほど容易でなかった。方法論がまだはっきりしなかった。彼は暗中を模索した。一九一五年の冬、彼はたまたまロシアの精神科医ウラジミール・ミハイロヴィッチ・ベヒテレフの『客観的心理学、すなわち心理反射学。連合反射の説』のドイツ語訳（一九一三年、ロシア語原文は一九一〇年）を手に入れて読み、感激した。彼は、助手のラシュレー（彼はのちに神経生理学者として有名になった）とともに、ベヒテレフの方法とパヴロフの条件反射法を使って研究した。本訳書四〇ページの人間の唾液反応は、この時期（一九一五年）の研究の成果の一つである。

この頃ワトソンは、赤ん坊を系統的に観察したいと思うようになった。一九一六年八月、彼は、ジョーンズ・ホプキンス大学精神科教授アドルフ・マイヤー（彼はアメリカ精神医学の父といわれた人である）の協力をえて、精神病院フィップス・クリニックに実験室を建てるのに成功した。彼はここに四〇人の赤ん坊を集め、毎日赤ん坊の発育を観察することにした。最初は利き手と、把握反射が主として研究された。しかしこの研究が完成しないうち、一九一七年四月アメリカは第一次大戦に参戦し、八月彼は空軍少佐として召集された。

彼ははじめ酸素欠乏状態における飛行士の反応を調べることを命じられた。彼ははじめは同僚とうまくやっていたが、やがて彼の上司の大佐と衝突し、伝書バト隊に廻された。しかし無線電信が発達し、伝書バトは時代遅れになったので、フランス戦線に派遣された。しかし三カ月後ワシントンによび戻され、航空医学隊で、飛行士の平衡感覚を調べることを命ぜられた。それは飛行士を大きな籠に入れて回転させる役であった。しかし彼は、こんなテストをしても平衡感覚はわからないし、五〇〇万ドルの浪費だと言って報告書を頑として書かなかった。それで、彼は軍法会議にかけるぞとおどかされた。航空医学隊長の大佐は、「おまえを前線にとばしてやるぞ」といきまいた。このとき幸い停戦（一八年一〇月）になり、彼は一命をとりとめることができた。彼は後年、この軍隊時代をふりかえり、「私はこんなに無能で、金使いが荒く、横柄で、低級な人間を見たことがない」と言った。

一一月復員し、大学にもどるやただちに、戦前からしていた赤ん坊の観察を続行した。それは赤ん坊の無学習反応と情動に関してだった（本訳書の第6章と第7章の一部で紹介されているもの）。彼はこれを一九一九年九月『行動主義者の見地に立つ心理学』としてまとめ、行動主義にもとづいた人間の心理学を樹立した。一九一九年の秋アルバートという赤ん坊がフィップス・クリニックの彼の実験室に連れて来られた。彼はこの子を使って、条件情動反応を起こすのに成功した（本訳書一八四ページ）。また彼はこの頃アルコールが学習に及ぼす影響を研究した（本訳書二五六ページ）。こういう研究は今日ならどうということもないが、禁酒法が施行されているさなかにこういう研究を行ったので、彼はひんしゅくを買った。

このとき、彼の運命を狂わせる事件が起こった。すなわち一九一九年秋、アメリカの名門女子大であるヴァサー女子大を卒業したばかりのロザリー・レイナーという一九歳の美しい女性が、フィップス・クリニックの彼の実験室に助手として入った。彼女の家はバルチモアの名門で、富豪であり、父は上院議員であった。やがてこの美貌の女性とハンサムな教授とのあいだに、恋が生まれ、やがて二人は、ロザリーの友人が手配してくれたニューヨークのアパートで週末をひそかに過ごすようになった。ワトソンの妻は、一九一九年の終わり夫の浮気にうすうす感づいたが、翌年二月夫のポケットにロザリーからのラヴ・レターを発見した。彼女は兄のジョン・イッキーズ（内務長官になったハロルドとは別人）に相談した。彼は、ワトソンがロザリーに送った手紙を捜すように入れ知恵をした。そこで、彼女は、レイナー家に夫とともに招待されたとき、頭痛をよそおって部屋を出て、ロザリーの居室を家さがしして、ワトソンがレイナーに与えた手紙を一四通見つけた。そこで彼女は、ワトソンにこの手紙をつきつけ、ロザリーのことは忘れてくれとつめよった。ワトソンは承諾した。つぎに彼女は、レイナー家を訪れ、娘を一年間ヨーロッパに留学させてくれと言った。ロザリーの父はこれに賛成したが、ロザリー自身はこれに断固として反対した。その結果、ワトソン夫婦は四月一四日から別居することになった。

九月ジョーンズ・ホプキンス大学の学長グッドナウにこのスキャンダルを密告した者があった。これは、ジョン・イッキーズか、ロザリー父アルバート・レイナーかのどちらかだったといわれている。グッドナウは事の重大さに驚き、九月二三日、精神科教授アドルフ・マイヤー、医学部長ウィロービー、教育学教授ラヴジョイにはかった。マイヤーは「このような問題では、はっきりとした原則がなければ、男女共学の学校をやって行くことができないし、公衆のまえやわれわれ自身のまえでさえ、名誉と責任のある地位を保つことができない」と強硬意見を吐いた。かくてワトソンは、罷免されることになった。ときにワトソン四二歳、日本流にいえば、厄年のときであった。彼が後年述べたところによると、彼は「学校と大学の産物であり、大学の壁の外の世界についてはなにも知らなかった」。そこで彼は、ヤーキスとティチナーに手紙を書き、教職を捜してくれとたのんだ。ところが、当時エール大学の教授をしていたヤーキスは返事もよこさなかった。ティチナーは、もし君が心理学にもどりたいなら、五年か一〇年姿をかくしていなければならないだろうと言い、マイヤーの仕打ちを憤る返事をよこした。ワトソンは絶望して、旧友ウィリアム・トーマスをたよってニューヨークに行き、彼のアパートに転がりこんだ。彼は後年「バルチモアでの体験で破滅して、虚脱状態になり、何をする気もなく、三日間トーマスのアパートのまわりをうろついた」と述べている。このとき、トーマスの友人が、広告代理店トンプソン・カンパニーの社長スタンレー・レザーに紹介してくれた。レザーは、ニューオリンズからカイロ（イリノイ州）に至るミシシッピー河沿岸地方のゴム長靴の市場調査をしてみないかといってくれた。彼は、金もなく、これといった職業も見つからなかったので、この困難で、骨の折れる仕事を引き受けた。「私は経験もなく、はにかみやだった。しかしやがて私は車を停めて、ドアの呼鈴を押し、『お宅ではどういう商標のゴム長を使っていらっしゃいます？』と聞くことができるようになった」。レザーはまたコーヒーや歯磨粉の市場調査をやることを命じた。

一九二〇年一一月離婚が成立し、妻に四五〇〇ドルの慰謝料、一万ドルの価値があるカナダの別荘および一万ドルの生命保険を贈り、長女に結婚まで毎年一二〇〇ドル、長男に二六歳まで同じく毎年一二〇〇ドルを支払うことに同意した。これはワトソンに大きな負担になった。

ワトソンは翌一九二一年三月一五日トンプソン・カンパニーの正式社員になった。彼は市場調査だけでなく、コピーライターの技術をもみがき、また消費者の心理を知るため、夏の二カ月間ニューヨーク第一のデパート、メーシーで店員として働いた。こうして彼は、一社員としてめきめき頭角をあらわし、一九二四年三人の副社長の一人に抜擢され、一九二八年には年俸五万ドル、一九三〇年（本書の出版された年）には実に七万ドルの年俸を受ける身になった。この額は、一九二〇年代には、夢のような金額といわれた。彼が思い起こすと、一九〇〇年には、彼は月額二五ドル、年俸三〇〇ドルのしがない田舎教師であった。彼が本書で「パーソナリティー、性格、能力を判定するさいのいちばん重要な要素の一つは、個人の毎年の業績の歴史である」（三三二ページ）と言っているのは、このような彼自身の体験にもとづいているのである。

しかし彼は、成功した実業家で満足している男ではなかった。彼は激務のあいだを割き、赤ん坊の観察を行った。一九二一年一一月二一日ロザリーとのあいだにビリーという子供が生まれた。彼はこの子の言語の発達をくわしく観察した（本訳書二六八、三〇九ページ）。また一九二三年からは、奏のロザリーの友人で、コロンビア大学で哲学博士の学位をえたメリー・カヴァー・ジョーンズを助手にして、恐れ反応を除去する研究を行った（本訳書第8章）。これは、行動療法の先駆になった研究である。

この副社長時代、彼はいくつかの書物を著わし、行動主義を一般人に知らせるのに努めた。すなわち一九二四年本訳書の前身である『行動主義』初版を、一九二八年に『行動主義の道』、『幼児と小児の心理学的な世話』（妻との共著）および『行動主義の戦い』を、そして一九三〇年本訳書の『行動主義』改訂版を出した。

この本が出たとき、アメリカのある書評家は「行動主義と精神分析は現代の西欧世界を二分しているに近い。しかしこの二つのうちで行動主義はアメリカ人の気質にぴったりである。そのわけは、それが希望にあふれ、民主的だからだ」といった。また『ニューヨーク・タイムズ』は、「これは人間の知性の歴史において一時期を画するものだ」と評し、また『シカゴ・トリビューン』は、「おそらくこれは、これまで書かれた本の中でいちばん重要なものだろう。人は一瞬大きな希望をいだいて幻惑される」といい、ロンドンの『ネイション』は、「彼の新著は、心理学の新しい方法論とその一体系だけでなく、倫理、宗教、精神分析——実際にはすべての精神科学や道徳科学——を変革するような一体系を提出したといわれている」と述べた。

一九二九年ワトソンは、バートランド・ラッセルが編集した『新世代』に「家族ののち――何が」を発表し、翌年三月ニューヨークで同名の講演をした。彼はこのなかで、大都市のアメリカ人の家庭生活は衰退の過程にあると説いた。それは、「離婚数の増加、婚姻の減少、男子の婚姻年齢の上昇、富裕者の間での子供の減少、遊び友達をもつ男子の数や夫以外の男に関心をもつ女性の数の増加」にあらわれている。「家庭は着替えをし、晩餐会に出掛けるまえにカクテルを飲み、数時間睡眠をとるための場所として存在しているにすぎない」。「家庭は時代遅れの場所になろうとしている」と、彼は言った。そして彼は、家族は将来つぎのように変わると予言した。第一に、青年男女のあいだで性的自由が確保され、自己の性的欲求を完全にみたしてくれる相手を選び、性的欲求がみたされるかぎり同棲生活を営み、その持続と解消は国家や教会の制約をうけないようになる。第二に、性教育が行われ、性病が予防されるようになる。第三に、青年男女は避妊法を学び、子供をもつかどうかは第二次的になり、また生まれた子供を自分で育てるか、保育園（あるいは託児所）に預けるかは、個人の自由に委ねられる。

今日ではこの「家族消滅論」はショッキングなものでないが、当時は大きな論議をよんだようである。マルクスとエンゲルスは家族の消滅を唱え、またロシア革命直後ソ連政府は事実婚の承認と子供の集団的養育という政策をとったこともあって、ワトソンの上の主張はこれと同じものとみなされ、彼は「ボルシェヴィーキ」と非難された（本訳書iiiページ）。一九三一年イギリスの人類学者マリノウスキーはBBC放送で、ワトソンの家族消滅論にはげしく反対し、ビヘイヴィオリスト（行動主義者）をもじって、彼をミスビヘイヴィオリスト（非行主義者）とよんだ。しかしワトソンは、ニューディールに反対するほど、政治的には保守的な男であった。それゆえ、彼の家族消滅論は、彼の極端な環境主義の論理的な帰結であったと考えられる。悪しき家庭で子供が条件づけされるから精神遅滞や精神障害の大人が出るのだと彼は考えていた。それゆえ、理想的な保育園を作り、そこで行動主義的に子供を養育すればそういう人間は出ないに違いない。現在のような家族はむしろ消滅したほうがいいのだ。彼はおそらくそう考えたのであろう。彼は、一九二〇年代後半のアメリカの状態をいたずらに憂えず、むしろそれに対処する処方箋を示したのである。アメリカの社会学者フォルサムは「家族の消滅を主張したのは、マルクス主義と行動主義のみ」と言っている（この問題については、マリノウスキー、ブリフォールト『婚姻――過去と現在』江守五夫訳・社会思想社、昭和四七年を見られたい）。

一九三五年末、同僚の副社長ウィリアム・エスティーがトンプソン・カンパニーをやめて独立したとき、彼もやめて翌年二月ウィリアム・エスティー広告会社に副社長として入社した。同年夏妻のロザリーが赤痢にかかった。抗生物質のない時代であった。妻はしばらく病んだだけで、あっけなく死んだ。三五歳の若さであった。妻の死とともに、闘志にみち、エネルギッシュなワトソンは消えた。彼は生きる気力も創造力も失い、朝から酒を飲み、泣き暮らした。一九四七年エスティー会社をやめ、一九五〇年には広大な邸宅も売り払い、お手伝いさんを相手に人知れず生きた。訪れる人もなかった。こうして、彼の存在は世間からまったく忘れられてしまった。

一九五六年グスタフ・ベルグマンが『心理学評論』で、彼の功績をたたえ、彼はまだ生きているとためらいがちに書いた。そこでにわかにアメリカの心理学者は彼のことを思い出し、アメリカ心理学会は彼に感謝状と金メダルを贈って表彰することにした。本書の冒頭の感謝状がそれである。一九五七年九月ワトソンは二人の息子と一緒にニューヨークに行った。しかし表彰式の当日彼は、この靴とこの靴下はこういう式に出るときつけるものでない、と言い張って表彰式に出なかった。副社長時代、ダンディーな彼は、超一流のものしか身につけなかった。しかしこのときは、それは口実でしかなかった。彼は心の中で「三七年まえおれを追い出したくせに。それを今さらなにをぬかすんだ！」とにがにがしくつぶやいたのに違いない。表彰式に出ないのは、彼の最後の反抗であった。それで、息子のビリーが代わりに出席した。翌年夏彼は胃痛になやんだ。一九五八年（昭和三三年）九月二五日、心理学者としては型破りの人物であったワトソンはニューヨークで、その波瀾にみちた一生を終えた。享年八〇歳であった。

今日、心理学は行動を研究する学問と定義されることが多いが、これはワトソンの行動主義の考えが今なお生きていることを示している。それでは彼が本書で述べたような個々のこまかい事実は、今日でも妥当するだろうか。そのままでは妥当しないが、先駆的な研究となったものが少なくないというのが、私の答えである。

彼が再条件法、あるいは無条件法とよんだ恐れの除去法は、さきにも述べたように、今日行動療法の先駆的な研究として——粗雑だという批判はあるが——高く評価されている。ワトソンは、この方法でなぜ恐れが除去されるのかという理由は述べなかったが、今日これは逆制止という概念で説明されている。すなわち、恐れを起こす刺激（ワトソンの実験の場合はウサギやネズミ）があるときに、恐れに対立する反応（おやつを食べる）を起こすのに成功すると、恐れを起こす刺激と恐れ反応との結びつきはゆるめられるというのである。あるいはネズミやウサギを見て起こった強力な交感神経反応（恐れ）が、副交感神経反応（おやつを食べる）によって消去されると考えるのである。

また彼が本書に思考の図式として挙げたもの（三一五ページ、第29図）は、のち新行動主義のクラーク・ハルによってもっと精緻なものに変えられた。今日行動科学では、人間の心をあらわす各種のシミュレーションが作られているが、その発端はワトソンのこの図式にあるのである。

また彼は、新生児や幼児の行動を観察し、「活動の流れ」という図表（一五七ページ）を作った。しかし彼は、「徹底的に発生的研究をするまで、この種の図を、各年齢の幼児ができることを測る物差しとして使ってはならない」という但し書をつけた。のちアーノルド・ゲゼルは、多数の乳幼児の観察をもとにして精密な発達の物差しを作った。ワトソンが条件反応を重んじたのに対して、ゲゼルは発達と成熟を重んじたので（本訳書一一八ページ参照）、二人の立場はまったく違っていたが、ゲゼルはワトソンの果たさなかったことをやり遂げたといえる。

われわれが本書の第3章、第4章の「人間のからだ」を読んで奇異に感じることは、彼が筋肉と腺だけを論じ、脳についてはなにも述べていないことである（一九一九年刊行の『行動主義者の見地に立つ心理学』にはまだ脳についての記載があった）。彼の心理学は精神がないのと同じく、脳がなかった。彼は一時、思考は喉頭に宿っていると考えていた（本訳書二八二ページ）。パヴロフはイヌにベルの音を聞かせて、唾液を流させた。ワトソンはパヴロフのこの条件反射を応用して、子供にウサギに対する恐れ反応を起こすのに成功した（本訳書一八四ページ）。ところでパヴロフとワトソンの関心の対象は、まったく違っていた。パヴロフにとって唾液は問題でなく、その増減で示される、背後にある脳の働きが問題であった。ところがワトソンにとっては、恐れが問題であって、恐れの背後にある脳の働きはどうでもよかった。条件反射（あるいは条件反応）に対するワトソンの態度からも、彼が脳を無視していたことがわかる。彼にとっては刺激と反応、あるいは受容器（感覚器官）と反応器（筋肉、腺、内臓）が重要で、その間には、なにも存在しないかのようであった。したがって、筋肉や腺のように末梢の反応器官が精神機能の座と考えられがちであった。

ワトソンの行動主義は、アメリカでは影響力が強かったが、ヨーロッパではほとんど無視されていた（一九三〇年代の日本でもそうであった）。これは、行動主義がきわめてアメリカ的な思想だったからである。

さて、イギリス経験論は心を白紙とみなし、感覚器官を通じて白紙の心に入って来た諸感覚が結びついて、観念、あるいは思想が形成されるとした。ヴントの心理学は、このイギリス経験論に立脚していた。ところでイギリス経験論では、形成された観念、思想が、真理であるかどうか、有効であるかどうか、をチェックする手段がない。これを乗り切るために打ち出されたのがプラグマティズムであった。それは、「およそ一つの思想の意義をあきらかにするには、その思想がいかなる行為に適しているかを決定しさえすればよい。その行為こそわれわれにとってはその思想の唯一の意義である」というジェームズのことば（一九〇七年）や、「あらゆる概念の要素は知覚という門を通って論理的思想の国に入り、目的をめざす行動という門を通ってこの国を出る。この二つの門で旅券を示すことのできないものは、理性の認可を受けていないものとして逮捕されるべきだ」というパースのことば（一八七八年）に如実に示されている。つまりプラグマティズムは、イギリス経験論のように感覚→思想ではなく、感覚→思想→行動である。ところでこの二人のアメリカの学者が期せずして、イギリス経験論のシェマの中に行動という環をいれたのは、たしかに経験論の行きづまりを打開するためであった。しかしそれはまた、荒野を切り拓いて祖国を作った彼らの祖先の生活感情の学問的な表現であったし、南北戦争後（一八六一〜六五年）急激に膨張し、ハワイへ、キューバへと武力を背景にして侵出していった（一八九八年）アメリカ産業資本家の意欲の反映であった。ワトソン自身は意識していなかったかもしれないが、行動主義はアメリカ・ブルジョアジーの思想であるプラグマティズムから大きな影響を受けていたのである。
本訳書は昭和四三年に刊行したものであるが、新版を出すにあたって、旧版の誤りに手を加えることにした。終わりに本書刊行にあたっていろいろお世話になった河出書房新社の野口雄二氏に厚くお礼を申し上げたい。

昭和五五年六月

安田一郎

付記

本訳書は昭和五五年に河出書房新社より刊行されたものを、再版するものである。再版にあたり、一部表現を変更した。

平成二九年三月

安田一郎

た

な

は

さ

索　引

Behaviorism (Rivised edition) by John B. Watson

Originally published by Norton & Company, Inc., 1930.

本書は，1980年に河出書房新社より『行動主義の心理学〔改訂版〕』として刊行された。本書では表現を一部修正した。

著者紹介

ジョン・B. ワトソン（John B. Watson）

1878 年サウス・カロライナ州生まれ。元ジョーンズ・ホプキンス大学教授。1915 年にアメリカ心理学会会長に選出。1920 年にスキャンダルのために教職を追われ，実業界に転身し，研究を続ける。1958 年にニューヨークにて死去。

訳者紹介

安田 一郎（やすだ・いちろう）

1926 年生まれ。元横浜市立大学教授。医学博士。主要著作に，『感情の心理学──脳と情動』（青土社，1993 年），『フロム』（新装版，清水書院，2016 年）。他に翻訳書多数。

行動主義《こうどうしゅぎ》の心理学《しんりがく》

2017 年 5 月 15 日　第 1 刷発行

著　者　ジョン・B. ワトソン
訳　者　安田 一郎
発行者　櫻井 堂雄
発行所　株式会社ちとせプレス
〒 154-0001
東京都世田谷区池尻 2-31-20　清水ビル 5F
電話　03-4285-0214
http://chitosepress.com
装　幀　髙林 昭太
印刷・製本　大日本法令印刷株式会社

ISBN 978-4-908736-02-5　C1011